JN132838

アマゾン銀行が誕生する日

2025年の次世代金融シナリオ

立教大学ビジネススクール教授
田中道昭

日経BP社

序章　2025年4月の近未来

２０２５年4月18日、鈴木和夫さん（仮名、32歳）は東京の四ツ谷駅から徒歩1分のところにある無人レジコンビニ「アマゾンゴー四谷店」でランチを買っていました。

この場所には、3年前までメガバンクの店舗がありましたが、現在では同じ建物の5階に「空中店舗」があるだけです。そのメガバンクの支店では現在、法人取引に特化した店舗展開をしています。

アマゾンゴーは２０２５年4月現在において北米で５０００店舗を超え、4年前から実験的にスタートした日本でもすでに３００店舗を超える状況になっています。

四谷店はアマゾンゴーが日本で展開する3つの店舗フォーマットの中でも最も店舗面積が広いものであり、イートインスペース以外にもオープンカフェスペースが併設され、利用者は自由に仕事や勉強ができるようになっています。

メガバンクの店舗だったこともあり、アマゾンゴーの入り口外右側のスペースには同銀行のＡＴＭが置かれています。もっとも、今この銀行がＡＴＭを置いているのは都内でも30か所に減っています。

ちょうど今、初老の男性がＡＴＭを使って通帳を記帳していましたが、通帳も今や有料制となっており、顧客はデジタルベースで口座を管理するのが一般的になっています。鈴木さんも銀行口座の管理はデジタル銀行アプリですべて行っています。通帳は今や高額の「レガシー」となりましたが、それでも希望者にはまだ提供されているのです。ＡＴＭの用途も近隣の商店で現金が使われた時の入金や、キャッシュレスに引き続き強い抵抗感を持つ人などに限られています。使いたい人にはそのための選択肢が残されているのが日本らしい展開であると評価されています。

鈴木さんは、同じ建物の5階にあるメガバンクの法人専用店舗に、一度だけクライアントと行ったことがあります。中国企業を買収するのに世界初の画期的なスキームを開発するということで、銀行の投資銀行業務担当者とリアルなミーティングを行いました。２０２５年においても、専門性が高く信頼性が必要な取引は銀行に任せたいという人が少なくないようです。

「2025年4月の近未来」

鈴木和夫さん
32歳
クリエイター

amazon goがある場所に3年前まであったメガバンクの支店は5階の「空中店舗」だけに。この銀行で都内に30か所しかないATMの1つが1階に残っている。通帳は有料制

○○銀行

PayPayで
仕事の報酬受け取りと
セミナー代金支払い

商品をピックアップ
して店から立ち去る
だけのIoT決済

amazon go
四谷店

新宿通り

ライドシェア会社Lyftの
自動運転タクシーで移動

楽天ペイで
代金支払い

銀行取引をしていることを感じない快適さ

アマゾンゴー四谷店には、スマホのQRコードをかざして入店する方式と顔認証だけで入店する方式の2種類のゲートが用意されています。顔認証だけで入店するという、よりスピーディーな方式にするかどうかは利用者の判断に委ねられています。キャッシュレス決済という視点から見ると、前者はIoT決済、後者は顔認証決済です。最近では企業側もプライバシーに配慮し、どのような手段で決済するのかは利用者の判断に委ねられるようになってきているのです。

鈴木さんは、アマゾンゴーでの支払いについて、自分のアマゾン銀行の口座からの自動引き落としを利用しています。決済通貨は、アマゾンが自社経済圏で使用されることを目的として発行している独自通貨「アマゾンコイン」が使われています。アマゾンでは米国に続き日本でも3年前からデジタル銀行を設立し、すでに多くの人がEC・リアル店舗での支払いや日常生活の支払い手段として使うようになってきています。「銀行取引していることを感じない快適な体験」をモットーとしているアマゾン銀行では、リアル店舗は一切ないことも大きな特徴となっています。

キャッシュレス化によって実現する社会の自動化

鈴木さんは今日のランチに500円のサンドイッチと150円のペットボトルのお茶を選び、それを手にして、ゲートから「ただ立ち去る」だけで買い物と決済を終えました。2年前まで駅の反対側にあった通常のコンビニは、ランチ時にはレジ待ち10人以上は当たり前の状況でしたが、アマゾンゴーでは混雑時に行っても常に「ただ立ち去るだけ」のスピーディーさです。しかも同店舗にあるサンドイッチの味は、近隣の洋食屋や喫茶店で出すものと比べても遜色ありません。おいしさの秘訣は、店舗のバックヤードで手作りしていることにあります。値段や手にするまでの時間を考えると、とってもお得なのです。

鈴木さんはアマゾンゴーを出ると、店舗前に停車していたライドシェア会社リフト(Lyft)の自動運転タクシーに乗り込みました。日本では同社に出資している楽天との提携で運行されており、鈴木さんはこちらの決済には楽天ペイを使いました。なお、鈴木さんは6年前に株式上場を果たしたリフトを企業としても評価しており、貯まっていた楽天ポイントを原資として、楽天ペイとアプリ内で連携されている楽天証券を使って、リフトに小額株式投資も行っています。その支払いと運用は、独自通貨である「楽天コイン」によるものです。

日本では2020年の東京オリンピックを契機として自動運転車が限定的に許可されまし

たが、２０２５年4月時点においては「自動化」がかなり広がっています。ＱＲコード決済やアマゾンゴーのようなＩｏＴ決済などのキャッシュレスが広がるのとともに、日本でも「自動化・無人化」やシェアリングが広がってきました。支払いの部分がキャッシュレスで無人になることは、他のサービスが自動化されるための前提なのです。

鈴木さんが自動運転タクシーで向かった先は四谷三丁目にあるコワーキングスペース＆シェアリングオフィスのウィワーク（WeWork）です。ソフトバンクグループが10兆円ファンドから出資している企業が運営するものですが、２０１８年12月の通信会社ソフトバンクの上場を契機として、同グループではウィワーク事業に日本でも力を入れ、現在では３００か所以上の展開となっています。鈴木さんは、コワーキングスペースで13時30分から開かれる「クリエイターのためのマーケティング入門講座」に参加するために訪れましたが、その前にオープンスペースでアマゾンゴーで調達したランチを食べることにしました。

ウィワークの特徴は、オフラインでのリアルなオフィススペースとリアルなコミュニティーの提供、そしてオンラインでのコミュニティーの提供です。副業だけではなくパラレルワークやいくつもの仕事を同時にこなす人が増えてきた中で、リアルなつながりを求める人にも人気を集め、現在ではオンラインコミュニティーの登録会員数は３００万人を突破しています。

ソフトバンクとヤフーが出資してできたペイペイ（PayPay）も現在では生活全体のプラットフォームと化しており、鈴木さんがウィワークを通じて受注したクリエイターとしての仕事への報酬の受け取り、参加したイベント代金の支払いもキャッシュレスでペイペイによって行われています。最近ではウィワークを通じた入金が多いことから、家賃支払いも独自通貨「ペイペイコイン」によって自動引き落しで行っています。鈴木さんが先月東南アジア3カ国に出張に行った際には、ペイペイはアリババのアリペイとも連携して使えるので現地でも便利に過ごすことができました。

価値観の変化が金融を変えていく

現在では、鈴木さんのように特定の会社という組織にとらわれずに、自分の強みや個性を活かしてフリーランスとして働く人が増えてきました。それは自分の強みや個性を活かすという価値観が日本でも重視されるようになってきたことと、リアルなつながりとデジタルなつながりで仕事が提供されるテクノロジーが進化してきたことによるものです。

鈴木さんは先日、市ケ谷から四谷に引っ越しました。現在はフリーランスとして働いている自分が、大企業に勤めていた時に借りたところから、もっとよい条件のところに引っ越しできるか不安でしたが、「信頼スコアバンク」という制度によって問題なく入居を果たすことができました。

中国のアリババグループが提供する信用スコアサービス「ジーマクレジット」は日本でも2018年頃から話題になっていましたが、日本では日本の文化や特性に沿ったかたちで、「似て非なる」サービスとして進化してきました。中国のシステムが人の信用への監視型・統制型モデルとも見られていた中で、日本のシステムはあくまでも人の信用への人の信頼の補完型モデルです。

例えば鈴木さんがマンションを借りるケースで言うと、鈴木さんの収入やフリーランスという形式的基準だけではなく、鈴木さんが日常的に有している周りからの「信頼」をスコアとして点数化し、形式的基準を補完する仕組みとなっているのです。学歴、勤務先、年収といった「信用」よりは、その人が本当に持っている「信頼」が重視されるようになってきており、人が本来大切にしてきた価値や価値観で生きることが金融テクノロジーによって可能になってきたのです。


従来型のキャリアパスを重ねる人がいる一方、鈴木さんのように同時にいくつものキャリアをこなす人が増えてくると、自然な結果として、会社の名前や会社での肩書よりは、自分のあり方や、仕事に対するやりがいの方がより重要になってきています。実際に様々な人が集まる交流会などでは、働いている会社の名刺だけではなく、自分が社外でやっている活動での名刺を出す人も増えてきました。まさに会社の名前や会社の肩書よりは、自分のライフスタイルやワークスタイルが重要になってきているのです。

人が1人ではなく社会の中で生きていくために最も重要なことは信頼であり、お金はそれを円滑にしていくための手段ではないかと思います。そして2025年における新たな社会においては、1人ひとりの個性や強み、その人のライフスタイルやワークスタイル、そして信頼という本来最も重要な価値が評価される、新たな金融システムが稼動しているのです。

本書に込めた思い

2025年4月の近未来ストーリーはいかがだったでしょうか。これは、私が2025年4月に起きていることを予測するとともに、金融サービス提供のあり方については、「こんな風になっていてほしい」「こんな風にあってほしい」という希望を込めた近未来ストーリーです。それは、私が産業や企業の未来予測を行う際に、市場やテクノロジーの進化の根底に存在している、人々の価値観の変化を重視しているからでもあります。

私は、2017年に『アマゾンが描く2022年の世界』、2018年に『2022年の次世代自動車産業』(ともにPHPビジネス新書)を上梓しました。前者では、国家や社会に大きな影響を与えているアマゾンという企業の戦略を筆者の専門である「ストラテジー&マーケティング」と「リーダーシップ&ミッションマネジメント」という視点から分析し、さらには同社を通じて近未来の予測を行いました。後者では、次世代自動車産業における戦いの構図を分析し、主要各社の戦略を読み解きながら、関連するテクノロジーを解説し、日本の活路について考察しました。

このような著作を発表してきましたが、私自身の出自は金融産業です。日本、米国、欧州の金融機関に勤務し、現在においても国内外の金融機関と様々な仕事を行っています。金融の専門誌である『週刊金融財政事情』において輪番制の評者も務めています。書籍という形としては、本書で初めて、自分自身の原点とも言える金融産業について発信していくことになります。だからこそ、本書は私にとって特別な意味を持つものなのです。

本書は、分析の対象を次世代金融産業に移し、同産業における戦いの構図を分析し、主要各社の戦略を読み解き、関連するテクノロジーを解説し、日本の活路について考察しました。前記の2作品と同様に、本書は次世代産業をモチーフとした「ストラテジー&マーケティング」と「リーダーシップ&ミッションマネジメント」の書籍でもあります。

本書では、世界の3大金融ディスラプター企業として、アマゾン、アリババ、テンセント、日本の金融ディスラプター企業として楽天、LINE、ヤフー・ソフトバンク連合、SBI、進化が進む米国金融機関としてゴールドマン・サックスとＪＰモルガン（持株会社名はＪＰモルガン・チェース）、日本のメガバンク3行、シンガポールのＤＢＳ銀行などを取り上げ、その競争戦略について詳細にわたって分析していきます。ディスラプターとは、既存の業界秩序をくつがえす「破壊者」です。

個別の金融プレイヤーを考察する前に、まずは第1部で金融産業で起きている戦いの構図を描写しています。目次をご覧いただいた後は、第1部で次世代金融産業全体を概観していただきたいと思っています。その上で、第2部では金融ディスラプター、第3部では既存金融機関の戦略シナリオを解説していきます。

実際には、冒頭の近未来予測ストーリーとは大きく異なり、米国金融機関による逆襲や中国の金融ディスラプターの上陸によって、２０２５年4月の日本の金融産業は、さらに過酷な状況になっているかもしれません。現実は人々が望むように物事が進むわけではありません。そこで最終章においては、バーゼル銀行監督委員会による金融の近未来シナリオを踏まえて、専門的な観点から、私自身が実際に考える２０２５年の次世代金融シナリオ予測を詳細にわたって提示しています。

本書が、新たな社会における新たな金融の創造に貢献していくことを、そして日本の金融の活路の一助となっていくことを切望しています。

アマゾン銀行が誕生する日
2025年の次世代金融シナリオ

第3部 既存金融機関の反撃

第1部

「金融のあるべき姿」を問い直す戦い

第1章

戦いの構図

もうすぐ到来する世界

今、旧来の金融業界が破壊され、次世代金融産業が誕生しようとしています。キャッシュレス決済をはじめとする、ＩＴを活用した革新的な金融商品・サービス＝フィンテックが、私たちの暮らしをより便利で快適なものに変えつつあることを実感している方も多いことでしょう。本書の狙いは第１に、数年単位での近い将来に到来するであろう、次世代金融産業の時代を活写するところにあります。

もっとも、次世代金融産業の全容を理解することは、なかなか容易ではありません。その進化の速度も、そこに参入しているテクノロジー企業たちの戦略も、我々がこれまで親しんできた既存金融機関のそれとはかけ離れているからです。

一例を挙げましょう。２０１８年は、楽天ペイやＬＩＮＥペイ、またソフトバンク・ヤフー連合によるペイペイなど、モバイルによる現金を使わない決済サービスが注目され、「キャッシュレス元年」とも言われました。ですが、キャッシュレスという潮流にも「この先」があるのです。

キャッシュレス4・0へ

ここで「キャッシュレス1・0」をクレジッドカードの時代、「キャッシュレス2・0」を電子マネーの時代とするならば、まさに今、隆盛を極めんとするモバイルペイメントの時代は「キャッシュレス3・0」にあたります。そして来たるべき「キャッシュレス4・0」とは、顔認証決済、音声決済、IoT決済の時代になるでしょう。一昔前なら夢物語に聞こえた技術かもしれませんが、実用化はかなりのところまで進んでいます。

「アリペイ」と「ウィーチャットペイ」の2大アプリによってキャッシュレス化が爆発的に進んだ中国は、キャッシュレス4・0においても先行することでしょう。中国のシリコンバレーと言われる深圳市にあるケンタッキーフライドチキンでは、顔認証によるキャッシュレス決済が導入されています。

さらには、中国の金融ディスラプターについて述べた第5章の最終項においては、2019年3月現在の中国について、私自身がアリババの本拠地である杭州のスマートシティーにおいて体験してきたことを事例としてまとめました。キャッシュレス4・0が既にそこまで来ていることをご理解いただけると思います。

ＩｏＴ決済、音声決済

２０１８年からアマゾンが一般向けに展開している無人レジコンビニ「アマゾンゴー」になると、もはや買い物をしている、支払いをしているという感覚すらありません。買い物客は自動改札機のようなゲートにスマホをかざしてＱＲコードによってアマゾンＩＤを認証させることで入店します。あとは陳列棚から商品をピックアップし、そのまま店を出ることができます。お店を出ると自動的に決済され、スマホにレシートが送信されるという仕組みです。技術的にはＩｏＴ決済の一種だと言えます。

また、同じくアマゾンの音声認識ＡＩアシスタント「アマゾンアレクサ」は、音声決済を可能にしました。アレクサを搭載するスマートスピーカーなどに「アレクサ、明治のチョコレートを買って」などと呼びかけるだけで買い物と決済が完了するスピード感は、モバイルペイメントすら凌駕しています。

モバイルペイメントの普及が進むかたわらで、モバイルすら不要な時代になりつつあるという、このスピード感。また、そこに登場するテクノロジー企業たちの存在感を、おわかりいただけますでしょうか。

真の新しさは「価値観」

しかし、次世代金融産業を理解するにあたって重要なことは、目新しい機能やサービスを追いかけることではありません。

次世代金融産業の真の新しさとは、それが体現する「価値観」であると私は考えています。現代において金融が果たすべき役割とは何か。時に「金が金を生む」マネーゲームとも揶揄される金融産業が今こそ担うべき、より本質的な価値とは何か。次世代金融産業とは、こうした問いに対する答えを再定義するものになるでしょう。そしてまた本書執筆の狙いも、そのような「金融のあるべき姿」を指し示すことにあります。

キャッシュレス化の本質と価値観

金融サービスに対する価値観が問われる例として、再びキャッシュレス化について考えてみましょう。キャッシュレス化は、単に現金が不要になるということだけでなく、もっと重大な意味があります。

３つの潮流

キャッシュレス化には３つの重要な潮流があります。それは、キャッシュレス化、無人化・自動化、シェアリング化・サービス化です。

これは中国で先行している例ですが、キャッシュレス化によって無人化・自動化が促進されています。またキャッシュレス化によりシェアリング化・サービス化が促進されています。

ちなみに前著『２０２２年の次世代自動車産業』においては、新しい潮流を次のように説明しました。テスラが、クリーンエネルギーのエコシステムを構築するために進めているのがＥＶ化です。グーグルが世界を利用しやすく便利にするという目的で進めているのが自動運転化です。ウーバー（Uber）やリフト（Lyft）が所有からシェア、そして都市デザインを変革するという使命感で進めているのがシェアリングサービスです。アマゾンが、話しかけるだけの優れたユーザーエクスペリエンスで様々なものをつなげて、スマートホーム、スマートカー、スマートシティーを実現しようとしているのがコネクティビティーです。

こうした動きを、ダイムラーは「ＣＡＳＥ」という概念で整理してみせました。そして、ＣＡＳＥにおいては、「自動運転化」という要因が他の３つの要因に大きな影響を与えるということが見逃せない点です。

同じように次世代金融産業においても「自動化」は極めて重要です。日本でこれだけ少子

図表1-1　3つの重要な潮流

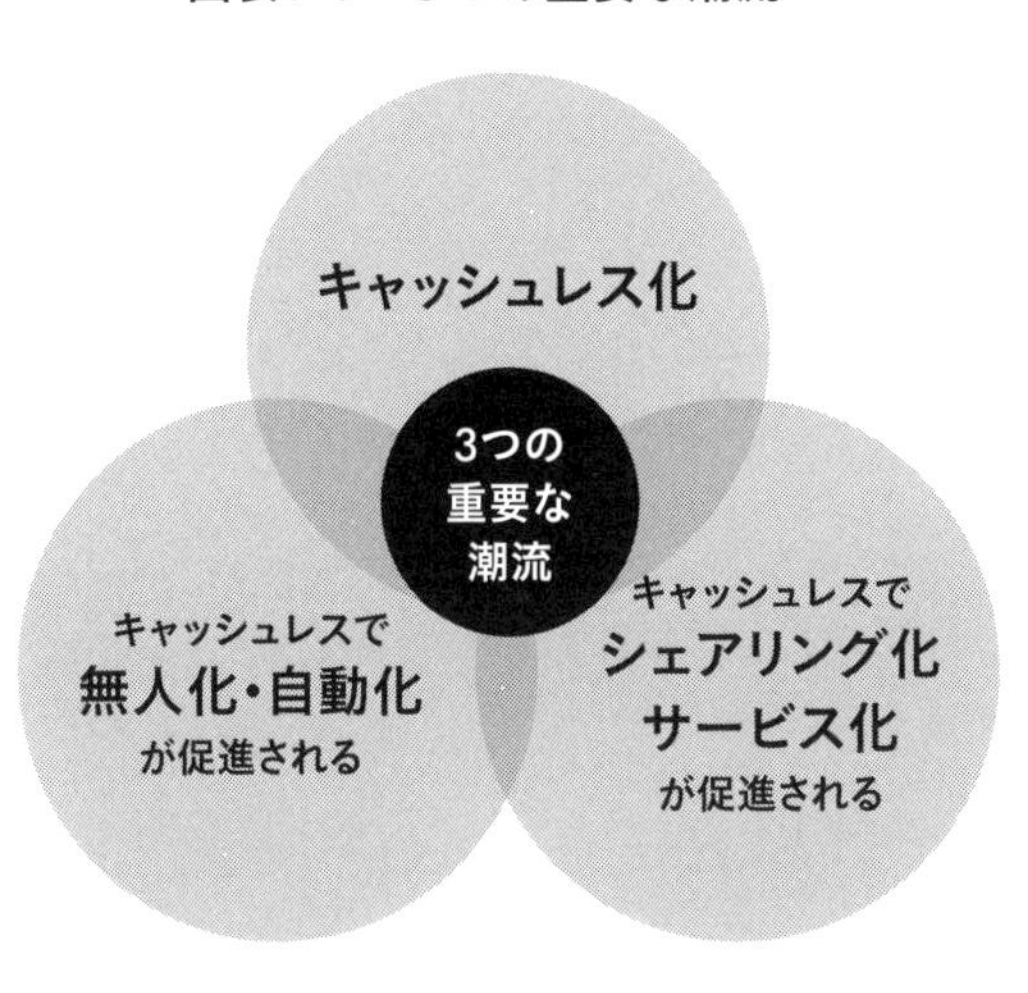

高齢化が進み、構造的に人手不足が進む中では、自動化による無人化に向かうのが当然の流れです。そこで不可欠なのがキャッシュレス化です。決済に人を介していては、無人化は不可能だからです。こうして、車の世界のみならず、様々な生活シーンで無人化・自動化が進んでいきます。

シェアリングとサステナビリティ

同時に、それ以上に重要なのがシェアリングサービスです。経営戦略を立案する際に、政治（Politics）、経済（Economy）、社会（Society）、技術（Technology）の視点に注目するPEST分析をすると、サステナビリティ（持続可能性）やシェアリングというキーワードが必ず出てきます。

ここで私が強調したいのは、どちらもすでにお題目ではない、ということです。2018年の夏の猛暑は、生活していくにも耐え難いと思わなかったでしょうか。多くの人が理屈ではなく、肌感覚的に「このままでは世界は立ち行かなくなるのではないか」「地球はまずいのではないか」と思ったのではないでしょうか。

こうした環境の変化を背景に、環境（Environment）、社会（Social）、企業統治（Governance）という視点で優れた経営をしている企業に投資するESGという考え方が世界的に広まっています。「サステナブルでない会社の株は売却する」といった動きも投資家の間では出てきています。

もはや、今に至ってはサステナビリティとは1つの重要な価値観です。ミレニアル世代の多くが、デフォルトで持ち始めている価値観でもあります。私には社会人2年目の娘がいますが、彼女は「お父さんの時代は車を買ってぜいたくをしていればよかった。でも私たちの時代になって、みんながそんなことをしていたら、地球はもっと暑くなってしまう」と言います。贅沢をするよりも、大切なものはシェアリングする、もっとシンプルにミニマムに過ごす方が合理的であるというのが、多くの若い人たちの当たり前の価値観になっています。

そんなわけで、シェアリング化、サービス化というのは、ビジネスというよりも価値観といった方がふさわしいかもしれません。

シェアリング化はキャッシュレス化とともに浸透していきます。キャッシュレス化と自動化、シェアリング化は三位一体の関係にあります。アリババやテンセントがどうやってキャッシュレス化を促進してきたのか、あるいはシェアリングがどうやって広まってきたのか。中国のライドシェアリングといえばディディですが、もともとアリババとテンセントがそれぞれ出資していた会社が合併したものです。合併する以前はそれらの2社が競っていました。

シェアリングというのは、自転車でも車でも、「キャッシュレスありき」のサービスなのです。スマホでの操作が大前提です。シェアリングとキャッシュレス化は表裏一体というのは、そういうことです。

覇権を巡る「3つの戦い」

次世代金融産業の「覇権」を巡る戦いは「3つの構図」に整理することができます。

図表1-2　次世代金融産業を巡る戦いの構図

1	テクノロジー企業vs.既存金融機関の戦い
2	顧客接点、カスタマーエクスペリエンス、顧客との継続的で良好な関係性を巡る戦い
3	すべての産業の秩序と領域を定義し直す戦い

テクノロジー企業vs.既存金融機関

第1の戦い、それは「テクノロジー企業vs.既存金融機関の戦い」です。

本書におけるテクノロジー企業とは、アマゾン、中国のアリババ、テンセントに代表されるメガテック企業、新興のフィンテック企業を含むものとします。彼らは既存金融機関とはまったく異なる出自を持ちながら、独自のプラットフォームや「ビッグデータ×AI」という最新テクノロジーを武器に金融サービスに参入し、従来の金融産業をディスラプト（破壊）するほどのインパクトをもたらしました。例えば、すべての業界を覆い尽くす「アマゾンエフェクト」は、金融産業にも届いています。アマゾンといえばEコマースであり「オンライン書店」だった時代は、今は昔です。「ワンクリック」に始まり、決済や現金チャージ、融資などの金融サービスを、アマゾンは着々と築いています。

既存金融機関として本書で主に論じるのは、日本のメガバンク3社、米国のゴールドマン・サックスやJPモルガンです。彼ら既存金融機関の強みは、なんといっても強力なブランド力と信用力です。それは各国の政治経済にも影響力を行使できるほどのものであり、中国勢が提供してきたような抜本的なフィンテックの進展を遅らせてまで金融産業の覇権を維持してきた側面すらあります。その彼らが、デジタルトランスフォーメーションを進め、テクノロジー企業への脱皮を図ろうとしているのが、現在です。

顧客との継続的で良好な関係性を巡る戦い

第2の戦いは、「顧客接点やカスタマーエクスペリエンス、顧客との継続的で良好な関係性を巡る戦い」です。

これまで、あらゆるビジネスにおいて「当たり前」とされていた便利さや手軽さが、既存金融産業においては「当たり前」ではありませんでした。そこには、顧客接点やカスタマーエクスペリエンスの重視により、顧客と良好な関係性を築こうとする発想そのものが欠けていたのです。端的にいえば、既存金融産業といえば不便でわかりにくく、消費者に嫌われている。窓口で長時間待たされる銀行の支店を利用するユーザーが減り、モバイルからの利用にシフトしているのも、当たり前といえば、当たり前です。そしてテクノロジー企業が既存金融機関より優れているのは、まさに「顧客接点やカスタマーエクスペリエンスの重視により、顧客と良好な関係性を築く」という点に他なりません。

米国のGAFA（グーグル、アップル、フェイスブック、アマゾン）や中国のアリババ、テンセントといったテクノロジー企業によるカスタマーエクスペリエンスの追求は、とどまるところを知りません。彼らによる新しい「当たり前」が、既存金融産業の古い「当たり前」を刷新しようとしているのです。次世代金融産業は、既存の金融産業とはまったく異なるルールで勝敗が決まることになります。

すべての産業の秩序と領域を定義し直す戦い

そして第3の戦いは、「すべての産業の秩序と領域を定義し直す戦い」です。

「突き詰めると、自動車やレストランの食事、あるいは洋服といった消費財やサービスとは違って、金融サービスはそれ自体に価値があるわけではない。朝起きて『今日は金融サービスを楽しみたい気分だ』とは言わない」（アデア・ターナー著『債務、さもなくば悪魔』高遠裕子訳、日経BP社）。しかし同時に金融は、あらゆる消費財やサービスに絡むかたちで全産業に影響を及ぼすものでもあります。ならば次世代金融産業の登場が、すべての産業の秩序と領域を定義し直すのは当然の帰結です。「金融そのもの」に創造的破壊、あるいは破壊的創造が生じる中、覇権を握るのは大手金融機関でも、テクノロジー企業でもない可能性すらあるかもしれません。

以下、こうした戦いを繰り広げる、主要プレイヤーたちの動向を概観してみましょう。

次世代金融産業のメインプレイヤーたち

アマゾン

決済機能をはじめ主要な金融サービスを網羅

オンライン書店に始まり、家電もファッションも生活用品も扱う「エブリシング・ストア」へと進化したアマゾンは、物流もクラウドも動画配信も無人レジコンビニも、そして宇宙事業も展開する「エブリシング・カンパニー」へと変貌を遂げました。金融事業への進出も、最近始まった話ではありません。アマゾンに出店している法人向けの融資サービス「アマゾンレンディング」、決済サービスとしての「アマゾンペイ」などはその一例です。また銀行口座やクレジットカードを持たない人のネット通販を可能とする「アマゾンキャッシュ」や「アマゾンギフトカード」は、広義の預金サービスと捉えられるでしょう。このように決済、融資、預金と主要な金融業務を網羅している状況下、「バンク・オブ・アマゾン(アマゾン銀行)」の誕生は時間の問題とも噂されています。

アマゾンは、テクノロジー企業による金融産業の刷新という、次世代金融産業の潮流を象徴する存在ですが、ここで強調しておくべきは、アマゾンは決して金融事業そのものを拡大しようとは考えていない、ということです。

この点は、アマゾンと合わせて3大メガテックとして本書で論じる、アリババやテンセントと明確に異なります。アマゾンの創業者にしてCEOであるジェフ・ベゾスの念頭にあるのは、あくまで顧客の経験価値の向上や小売・ECの強化であり、それによって実現されるアマゾン経済圏の拡大です。金融は、そのための一手段です。その最もわかりやすい例として「ワンクリック決済」が挙げられます。クレジットカード情報や住所などの入力が煩雑だったECでの決済〜配送までの手続きを、文字通りワンクリックに短縮した革命的な金融サービスです。この利便性が受け、アマゾンは小売・ECの売上を爆発的に増大させました。

今後新たに登場する金融サービスも、「アマゾン銀行」を含め、アマゾン経済圏の拡大に貢献するものとして位置づけられることになるでしょう。

アリババ、テンセント
世界最先端のフィンテック大国となった中国

世界最先端のフィンテック大国は中国です。金融機関の付随業務や周辺業務ばかりでなく、より固有業務的部分でフィンテックやデジタル化が進捗しているのが中国なのです。

その中国におけるメインプレイヤーが、アリババとテンセントです。日米欧ではまだアマゾンほどのなじみがなく、そのためにアリババやテンセントのポテンシャルが軽んじられているきらいがあります。しかし現状を分析すればするほど、「アリババこそがフィンテックの王者である」「そのアリババをテンセントが猛追している」という事実を思い知らされるばかりです。

アリババは、検索大手のバイドゥ、ソーシャル・ネットワーキング・サービス（SNS）のテンセントと並ぶ、中国3強のIT企業の1社です。事業の柱は、企業間取引の「アリババドットコム」、C2Cマーケットプレイスの「タオバオ」、B2Cショッピングモールの

「Tモール（天猫）」など複数のECサイトです。ECにとどまらず、物流事業やリアルショップ、クラウド、そして金融事業へと進出しながら「アリババ経済圏」を広げている点を見ると、アマゾンの成長過程とアリババのそれは酷似しています。

しかしアリババがアマゾンと異なるのは、当初から金融としての「決済」に注力した点にあります。アントフィナンシャルという別会社を立ち上げ、QRコード決済アプリの「アリペイ」を軸にした金融事業を推し進めているのです。言い換えるなら、アリババ経済圏はアリペイありきなのです。アリペイという決済アプリを入り口に、アリババグループが提供する様々な生活サービスへとユーザーを誘導し、アリババ経済圏を拡大していくのが、アリババの大戦略です。

「アリペイ」は中国に浸透し切っており、大都市圏では「アリペイでなければ支払いができない」お店も珍しくありません。もはやアリペイは中国において欠かせない社会インフラと化しているのです。

そのほかのアリババの金融サービスを見ても、銀行を超えるものがあります。すべての金融商品を含めた実質的な資金量はすでにメガバンク並みです。『アマゾンが描く2022年の世界』でも指摘しましたが、金融においてはアリババがアマゾンを完全に凌駕しています。

そして何より驚かされるのは、既存金融機関が取り逃している「金融の本質」を、アリババが捉えている点です。金融の存在意義や金融のあるべき姿が問われている現在、アリババが体現しようとしていることこそが、最も「金融のあるべき姿」に近いのではないでしょうか。私のように既存金融機関に従事してきた者は「残念ながら」と付け加えたくなるところですが、それは否定できない事実であると思えてなりません。この点については、のちほど詳しく論じたいと思います。

一方、テンセントはコミュニケーションアプリ「ウィーチャット」で有名なIT企業です。ウィーチャットに紐付いた決済サービス「ウィーチャットペイ」は、中国ではアリペイと並ぶポピュラーな決済手段となっています。

アリペイとウィーチャットとの比較においては、前者が決済アプリであるのに対し、後者は母体がコミュニケーションアプリである点が見逃せません。前述の通り、次世代金融産業を巡る戦いの1つは「顧客接点、カスタマーエクスペリエンス、顧客との継続的で良好な関係性を巡る戦い」です。アリペイもウィーチャットも、優れた顧客接点であることは間違いありません。しかしアリペイ自体は単独の決済アプリであり、それ自体の使用機会は「買い物」などの支払いが中心です。

これに対してウィーチャットペイは、コミュニケーションアプリと連携しているため、友人知人にメッセージを送るたびに接点が生まれます。1日の使用頻度で上回るのは、明らか

においては、アリババよりもテンセントが優位にあると考えられます。次世代金融産業の覇権争いの舞台の1つ「顧客接点」においては、ウィーチャットです。

優れた顧客接点としてのコミュニケーションアプリであるウィーチャットを中核に、決済をはじめとする金融サービスを垂直統合し、生活サービス全般の支配を目論む。それがテンセントです。

なお同様の分析から、日本における新たな決済サービスの覇権を最終的に取る可能性が大きい企業の1社となるのは、あとで述べる条件を充足していけば「LINEペイ」であると私は予想しています。コミュニケーションアプリとしてのLINEのシェアは盤石です。1日の使用頻度＝顧客接点が最も多いプラットフォームだからです。

楽天、LINE、ヤフー・ソフトバンク連合、SBI
日本の金融ディスラプター

日本においても、テクノロジー企業vs.既存金融機関という構図は鮮明です。本書では特に、楽天、LINE、ヤフー・ソフトバンク連合、SBIを金融ディスラプターとして取り上げます。

彼らの多くは、メガテック企業のビジネスモデルを踏襲しようとしています。すなわち、オンラインにプラットフォームを構築するところから始まり、続いて決済アプリをリリースします。このビジネスモデルにおいてまず重要なのは、スマホ上のプラットフォームです。次世代金融産業はどれだけ親密で頻度の高い顧客接点を持っているかがモノを言うからです。

この点において優位なポジションにあるといえるのは、日本最大のコミュニケーションアプリを展開するＬＩＮＥです。コミュニケーションアプリとして拡大するにつれて、ユーザーの生活全般をサポートする「スマートポータル」へと進化しています。それに伴い、ユーザーの生活において欠かせない決済機能を加えるべく、２０１４年12月にＬＩＮＥペイをリリースしました。これを起点にＬＩＮＥはフィンテック事業を展開しています。２０１８年には、野村證券との共同によるＬＩＮＥ証券、みずほ銀行と組んだＬＩＮＥ銀行をスマートポータルに加える計画を発表しました。

楽天は、日本の金融ディスラプターの中でも一番の「総合プレイヤー」です。言わずと知れた日本における最大級のインターネット・ショッピングモールですが、実は売上を見ればすでに全体の35・7％がフィンテックセグメントによるものです（２０１８年第3四半期）。国内クレジットカードでは取扱高ナンバーワンを誇る楽天カードに始まり、楽天ペイ、楽天Ｅｄｙ、楽天ポイントカード、楽天銀行、楽天証券、楽天生命、楽天損保と、フルラインナップの金融サービスを提供しています。楽天が持つ最大のアセットは、楽天会員を中心としたメンバーシップ、データ、ブランドです。会員が共通IDを用いて楽天ブランドのサービスを回遊することで巨大な楽天エコシステム（経済圏）を形成しています。

2018年秋にQRコード決済サービス「ペイペイ」をスタートさせたヤフー・ソフトバンク連合もまた、コマースや決済の商流をベースに、データを活かして、借りる（ローン）、増やす（投資）、備える（保険）といった金融事業をワンストップで展開しようとしている点で、楽天と重なります。

そしてSBIホールディングスです。大手証券会社が苦戦する中、傘下のSBI証券はインターネット証券におけるナンバーワンです。口座数も2012年以降、年平均10・3％というハイペースで伸び続け、今や最大手の野村證券に次ぐ第2位のポジションにつけています。SBIが描いている大戦略は、「金融」や「日本」の枠にとどまるものではありません。SBIのスローガンは「金融を核に金融を超える」。仮想通貨やブロックチェーンなど新たなテクノロジーもいち早く取り入れながら、ローカル及びグローバルに事業を拡大しています。グループ230社が多角重層的に提供するサービスにより「社会」そのものを変革しようとしているのが、SBIなのです。

ゴールドマン・サックス、JPモルガン

米国金融機関の逆襲

現状、既存金融機関が3大メガテックをはじめとするインターネット企業に押されているという戦況は明らかです。

しかしリーマンショック以降、米国金融機関の逆襲が始まっていることも見逃せません。彼らは「選択と集中」という生き残り戦略を取りました。事業規模を見れば拡大していますが、実態的には縮小均衡に近いと言えます。特にシティバンクの事業範囲を絞った結果としての収益向上が目立ちます。シティバンクといえば2015年に個人向け銀行業務を三井住友銀行に売却し、日本の同部門からいったん撤退しましたが、その分、全社的にはコア事業にリソースを集中しています。これも「選択と集中」の一環と言えます。

もう1つのキーワードは、「デジタルトランスフォーメーション」です。ゴールドマン・サックス、JPモルガンの2社は、数年前から先行してテクノロジー企業への脱皮を図っています。後で詳しく論じますが、本書において強調したいデジタルトランスフォーメーションとは、単なるサービスのデジタル化ではありません。JPモルガン・チェースのジェイミー・ダイモンCEOは、「グーグル、フェイスブックが今後の我々の競争相手になる」と断

言しました。彼らが推進するデジタルトランスフォーメーションは「企業ＤＮＡからの刷新」という言葉がふさわしい、根源的なものです。

ゴールドマン・サックスが、自身のメイン業務ともいえるトレーディング部門の縮小とＡＩ化に踏み切ったのは象徴的です。ゴールドマン・サックスは日本でいえば機関投資家や大企業に特化した証券会社のような投資銀行ですが、２０１６年に個人向けのインターネット銀行「ＧＳ Ｂａｎｋ」を設立し、中間層をターゲットにしたデジタル銀行のプラットフォーム「マーカス」の提供を始めました。日本参入も検討されています。

マーカスは、同じオンライン銀行でも、日本で十数年前に登場したインターネット銀行とは大きく趣が異なる点に注目です。かつてのインターネット銀行は極論すると既存銀行の一部業務をインターネットに置き換えただけのものも少なくありませんでした。しかしマーカスは全プロセスをデジタルで行うスタイルや強力なモバイル戦略など、次世代金融産業の潮流を色濃く反映しています。

「ベストインベストバンク」と謳われるゴールドマン・サックスがリテールに参入するというのは衝撃的なこと。しかしゴールドマン・サックスのブランド力を持って新たな価値を提供すれば、日本でも相当のマーケットシェアを獲得することでしょう。

ＭＵＦＧ、みずほＦＧ、ＳＭＢＣグループ

日本のメガバンクのデジタルトランスフォーメーション

日本のメガバンクは、オンラインでのサービス提供で遅れをとっていることに危機感を募らせています。そして遅ればせながら、米国のゴールドマン・サックスやＪＰモルガンと同じように、デジタルトランスフォーメーションに着手しました。三菱ＵＦＪフィナンシャル・グループ（ＭＵＦＧ）が先行し、それをみずほフィナンシャルグループ（みずほＦＧ）と三井住友フィナンシャルグループ（ＳＭＢＣグループ）が追いかけるという構図です。

ここではＭＵＦＧの取り組みをご紹介しておきましょう。ＭＵＦＧは２０１７年９月に「デジタルトランスフォーメーション戦略」を発表し、伝統的な銀行業務からの変革に踏み出すことを宣言しています。また、２０１８年度にスタートした中期経営計画においては、11ある構造改革の柱を「デジタライゼーション戦略」が横断的に推進しています。これは「会社の芯まで変える」デジタルトランスフォーメーションの本質を摑んでいる証左であると、私は見ます。

具体的な取り組みとしては、第1に「チャネル強化」が挙げられます。ＭＵＦＧでは、店頭への来店客数が２００７年度以降で約４割減少する一方で、ネット決済を選ぶユーザーは

5年で約4割増加しています。こうした取引スタイルの変化に合わせて、多様な取引チャネルを提供するということです。そのために、まずはスマホアプリや電話のFAQの自動応答などをはじめとする非対面チャンネルを拡大しています。そこには個人向けインターネットバンキングの利用促進、ユーザーインターフェース／ユーザーエクスペリエンスの改善、機能拡充などが含まれています。キャッシュカードや通帳の再発行、住所変更など、従来ならリアル店舗でしかできなかった手続きも実装するとしています。

同時に、国内に500強（2018年3月時点）ある有人店舗のうち70〜100店舗を次世代型店舗「MUFG NEXT」に変革します。そこではテレビ電話での対応や税金・公共料金などの取引も処理できる新型ATM「STM」を導入し、店頭事務の効率化を図ります。新端末の導入割合を2023年度に100％にすることを目指しています。

もちろん、「AI・ビッグデータの活用」はいわずもがなです。ヘルプデスクや帳票処理、検索、営業支援、審査などの5つのテーマにおいて、AIによる業務代替を進めていく方針を掲げており、今後10年間でそれらの約4割をAIに代替可能としています。

もっとも、デジタルトランスフォーメーションの進捗度において、日本の3大メガバンクは米国金融機関の後塵を拝している事実は否定しようがありません。またカスタマーエクスペリエンスの追求においても、ネットサービスにルーツを持つ日本の金融ディスラプターたちには及びません。

しかし、だからといって「日本のメガバンクに勝ち目なし」と結論づけるのは時期尚早でしょう。シンガポールのＤＢＳ銀行が、生き残りのヒントを授けてくれるでしょう。

ＤＢＳ銀行
「世界一のデジタルバンク」

既存金融機関がデジタルトランスフォーメーションを進める中、その進捗において「世界一」といって差し支えないのがシンガポールのＤＢＳ銀行です。ＤＢＳ銀行は、２０１６年と２０１８年に金融情報専門誌『ユーロマネー』の「World's best digital bank」を受賞している、文字通り「世界一のデジタルバンク」です。シンガポールを拠点とし、主な市場は中国、香港、台湾、インド、インドネシア、シンガポールです。

デベロップメント・バンク・オブ・シンガポールの名の通り、シンガポールの開発銀行として約50年前に誕生した彼らが、デジタルトランスフォーメーションに大きく舵を切ったのが２００９年のことです。その背景にはアマゾン、アリババ、テンセントといったメガテック企業の躍進があります。他の既存金融機関がメガテック企業に脅威を感じつつも、デジタル化に二の足を踏んだのとは対照的に、「避けて通れば座して死を待つのみ」という経営陣の危機感が強かったのが、DBS銀行であったように思われます。

この意思決定の速さは、日本のメガバンクとは大きく異なるところです。なぜDBSはこれほど速かったのか。それはシンガポールという国が持つ地理的・歴史的な特性が関係しています。「日本はガラパゴスであり、海外に対して閉ざされている」とは典型的なジャパン・パッシング（閉ざされているが故に海外からはスルーされてしまうこと）の1つですが、裏を返せば、国内に閉じていられるほどの豊かな市場が日本にはあります。ところがシンガポールは東京23区ほどの領土しかなく、資源もほとんどない小国であり、自国だけではビジネスが成り立たないのは明白です。シンガポールはそれを逆手に取りました。東南アジアのど真ん中に位置する好立地を活かし、各国から多くの企業や産業、テクノロジーを取り込んできたのです。つまりシンガポールは、はじめからガラパゴスではあり得なかった。そのためDBS銀行は、欧米や日本の既存金融機関よりはるかに早くから、対アマゾン、対アリババ、対テンセントの策を打ってきたのです。

この文脈は極めて重要です。すなわちDBS銀行がベンチマークしてきたのは欧米の金融機関ではなく、テクノロジー企業だったということです。DBS銀行は、テクノロジー企業が金融産業にもたらした新しいルールも熟知しています。既存金融産業に出自を持つにもかかわらず、ＤＢＳのデジタルトランスフォーメーションが本質を突いたものである理由がここにあります。

ＤＢＳ銀行が提供しようとしているのは優れたカスタマーエクスペリエンスであり、カスタマージャーニーです。またデジタルプロダクトやデジタルサービスといった表面的なデジタル化に終わらず、それらの裏側にある業務アプリケーションや業務インフラ、さらには人や企業文化まで変革しようとしています。

「会社の芯までデジタルに変革する」とは彼ら自身の言葉です。会社としての枠は残しておきながら、中身は総入れ替えしようとしているのです。それほどの大改革をＤＢＳ銀行は実行しています。そこには、ようやくデジタルトランスフォーメーション戦略を打ち出したばかりの日本の金融機関が見習うべき点が多分に含まれていることでしょう。

第2章

新しい当たり前

金融がDuplicate（擬似的に創造）できる時代

第2章では、これから本書を読み進めるにあたって念頭に置いていただきたい論点をまとめておきます。

第1に、金融はもはやDuplicate（擬似的に創造）できるということです。今まで銀行が独占していた預金、貸出、為替といった業務が、銀行の独占ではなくなりつつあります。厳しい規制に縛られる銀行の免許を取得しなくても、金融業務はすべて擬似的に創造することが可能です。金融ディスラプターはまさにそれを実現しており、アマゾンはその象徴です。

ディスラプターによる垂直統合

第2に、金融ディスラプターが金融サービスを垂直統合するということです。

垂直統合は、前著『アマゾンが描く2022年の世界』『2022年の次世代自動車産業』においても重要なキーワードでした。それは新しいプレイヤーが本来の領域ではないところの事業を統合し、覇権を握る動きです。アマゾンは、小売・ECの売上増大のために決済機能を進化させました。以降も金融業務を拡大させ、今では主要な金融業務を網羅するに

図表2-1　筆者の問題意識：次世代金融産業を巡る戦いの構図と状況

1	金融はもはや「Duplicate」（擬似的に創造）できる
2	金融ディスラプター企業が金融を垂直統合してくる（既存金融機関よりも本来の「金融」機能を実現している）
3	金融にも「当たり前」のことが求められてくる（いる）

至っています。アリババはより直接的です。決済機能を入り口として他の生活サービスにまで拡大しました。テンセントは、コミュニケーションアプリを入り口に金融を垂直統合し、生活サービス全般を支配しました。

そこで勝者になるのは、顧客との継続的で良好な関係性を築いたプレイヤーです。次世代金融というゲームに勝ち残るにはまず、スマホ上のプラットフォームにおいて、より親密で高頻度の接点を持っているかどうかがカギとなります。

問われるのがカスタマーエクスペリエンスです。カスタマーエクスペリエンスに劣るプラットフォームは早晩、淘汰されます。その結果として、顧客はプラットフォームあるいは企業に対してフラットな関係性を持ち、継続的で良好な関係性を築いていきます。次世代金融産業を巡る戦いとは、プラットフォームの戦いのようでいて、最終的には顧客との関係性を巡る戦いなのです。

レガシーは破壊される

そして第3に、こうした時代においては、金融にも「当たり前」のことが求められてくる、ということです。これまで日本の銀行は「不便」が当たり前でした。何でもオンラインで済ませることができるこの時代に、わざわざ店舗に足を運ぶと窓口で待たされ、説明もフレンドリーでない。そんな銀行の支店に行きたいかと言われたら誰も行きたくないでしょう。

一方、インターネット企業側では、どうでしょう。彼らが提供しているのは、「便利」「手間がかからない」「時間がかからない」「自動でしてくれる」「楽しい」「取引をしていることを意識しないで済む」という、ユーザーエクスペリエンスに優れたサービスです。既存金融機関とは、正反対です。

次世代金融産業を巡る戦いにおいて、変革を迫られるのは、当然ながら既存金融機関です。金融機関の「当たり前」ではなく、インターネット企業にとっての「当たり前」を取り込んでいくことが喫緊の課題です。

図表2-2　当たり前だったこと、これから当たり前になること

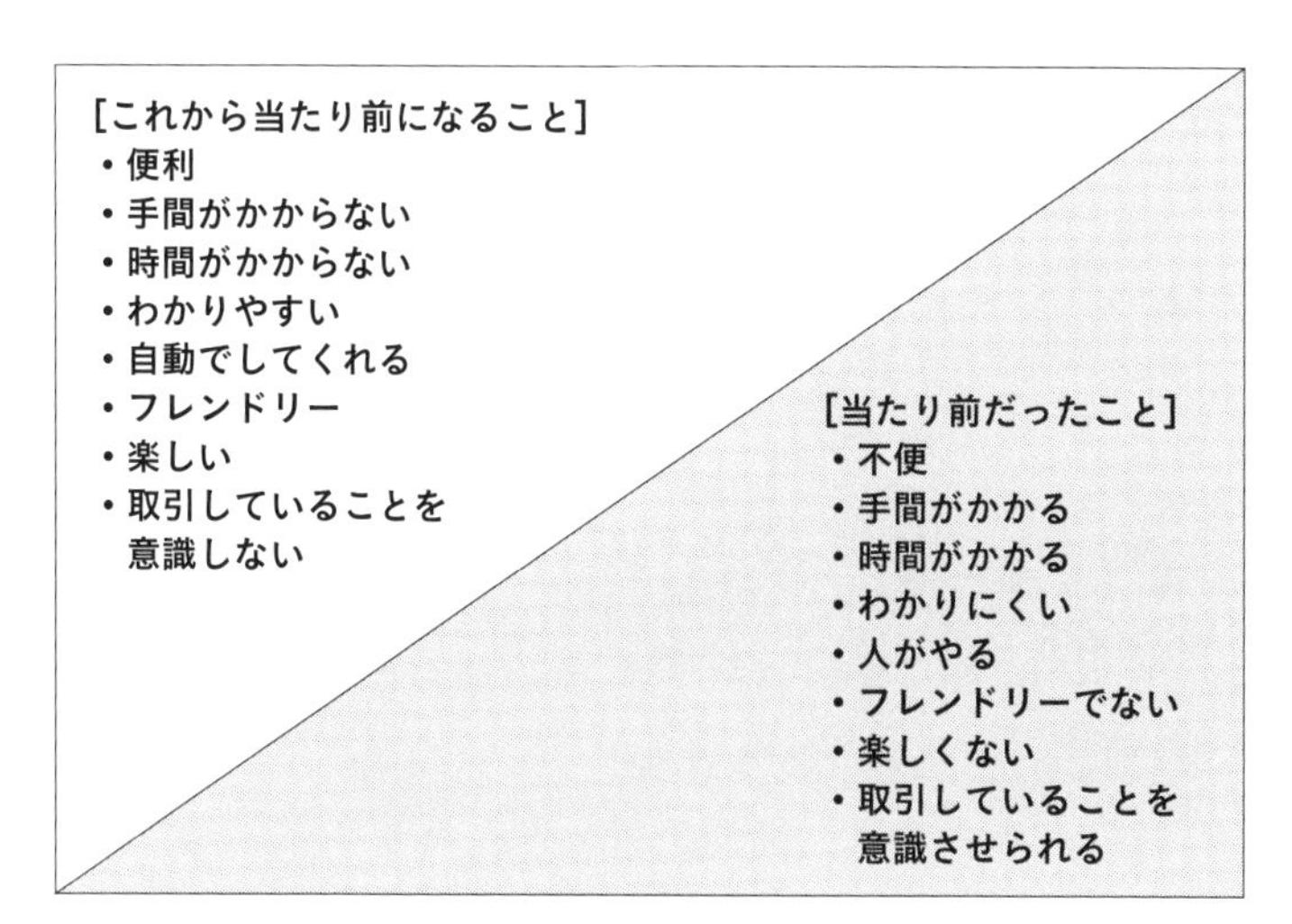

その結果、私たちがよく知る既存金融機関は、大きく姿を変えることになります。その時、何が破壊され、何が残るのでしょうか。

破壊されるものは、いわゆる「レガシー」と呼ばれるものです。具体的には店舗や人、システムです。また金融業界の秩序も破壊されるでしょう。業界の領域も破壊されるでしょう。業界としての地位や影響力も破壊されるでしょう。従来の機能や存在意義も破壊されるでしょう。そして金融システムそのものが破壊されるでしょう。

銀行の役割と担保主義の限界

ここで金融機関の役割について整理してみましょう。

銀行の3大機能は金融仲介、信用創造、決済です。その機能を提供する銀行の3大業務が預金、貸出、為替です。ここでフォーカスしたいのは金融仲介です。つまり預金を集めて貸し出す業務です。

金融仲介は要するに、お金が余っているところからお金を集めて、お金を必要としているところに融通する機能です。戦後、銀行の金融仲介は十分に機能していました。特に日本においては大企業と基幹産業を中心に資金需要が旺盛でした。当時は直接金融が発達しておらず、またそれ以上に資金需要が旺盛だったために、銀行による金融仲介が必要とされました。

銀行は企業や個人の資金需要に応えて、お金を貸し出そうとします。貸出の審査では、銀行は担保主義をとっていました。また個人向け融資は、支払い能力を重視しました。具体的にはその人の職業や年収を見るものです。

銀行の担保主義は今も大きくは変わっていません。企業は、担保をどれだけ持っているかで信用力が大きく左右されます。個人向けの貸出では、その人が形式的にどれだけの支払い

図表2-3　銀行の3大機能

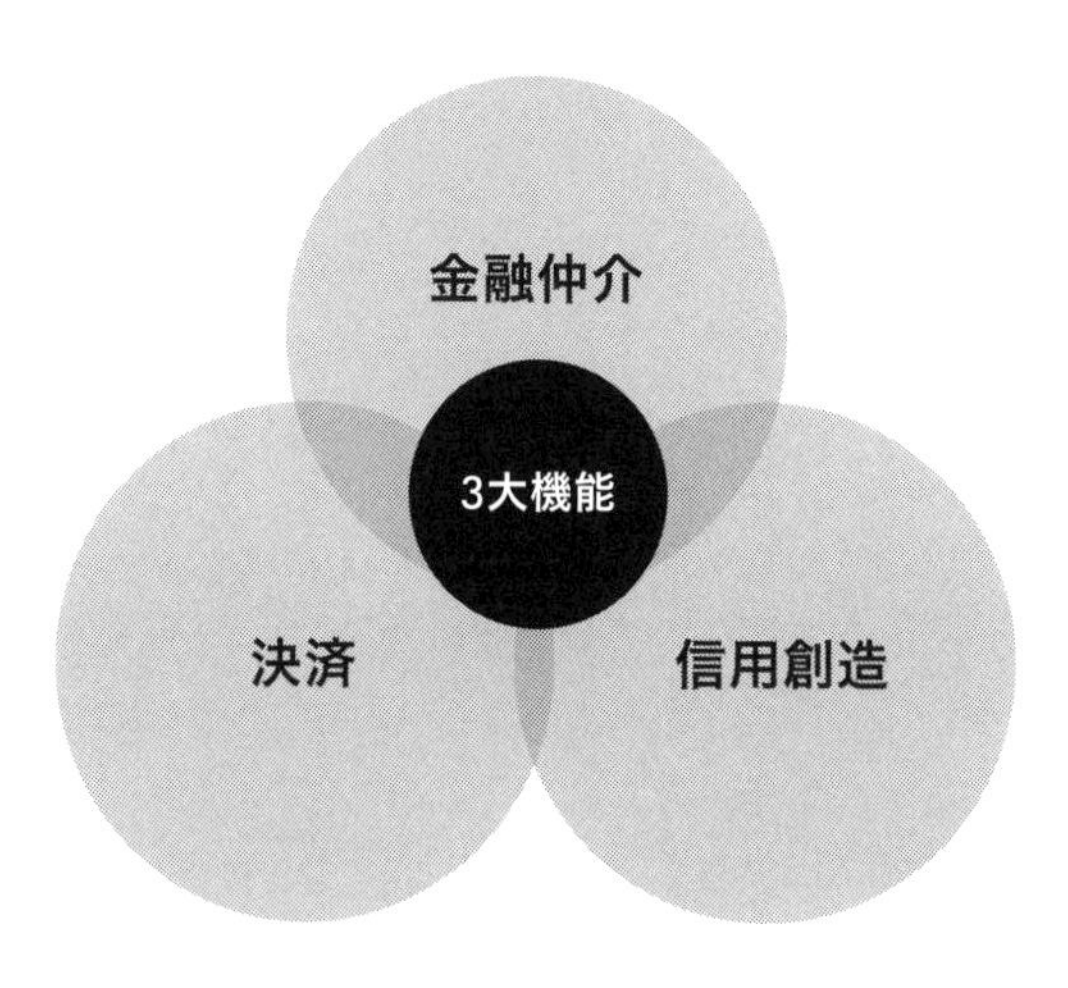

図表2-4　銀行の3大業務

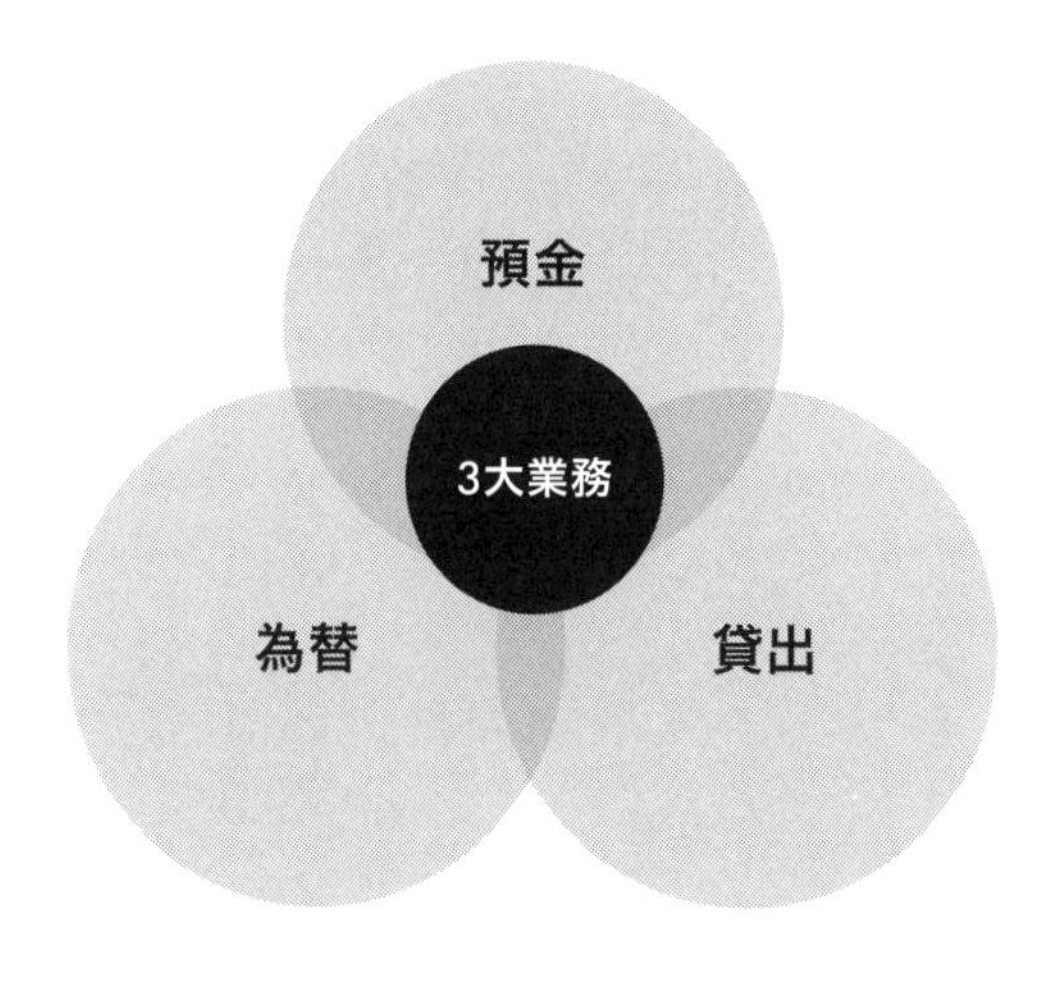

能力があるかがチェックされます。そこでは年収と銀行側で捕捉可能な既存借入額が重視されます。高度成長期からしばらくはその仕組みが機能しており、また金融当局の金融政策も機能していました。

零細企業や個人を審査する能力が不足

ところが近年、もはや大企業にも基幹産業にも旺盛な資金需要がありません。さらには投資家に出資してもらう直接金融という手段も十分に浸透しています。

代わって、今どこに資金需要があるかというと、中小企業、零細企業、あるいは個人です。では銀行は、彼らに対して十分な金融仲介機能を果たしているのでしょうか。答えはノーです。銀行は、自らの3大機能であるはずの金融仲介を果たすことができていません。なぜなら、零細企業や個人の真の信用力を審査する能力が、担保主義をとる銀行には不足しているからです。

データに基づく本質的な審査

一方、アマゾンやアリババといった金融ディスラプターは、貸出を行うにあたって担保主義ではなく本質的な信用を見ています。この点が極めて重要です。彼らのプラットフォーム上に、より本質的な個人の信用情報をビッグデータとして蓄積して、それを貸出に活用しているのです。この点において、金融ディスラプターは、既存金融機関よりも、金融の本質に近づいています。

銀行は担保のある企業の信用力を審査することはできても、商流を中核に見て審査するという手法はそもそも銀行の世界には存在しませんでした。企業の商流データを利活用していなかったからです。企業から企業への振込情報という「宝」を持っていましたが、それをビッグデータとして活かすことはできずにいたのです。

一方、次世代金融プレイヤーが持つ巨大なプラットフォームは、商流、物流、金流の３つを抱え込んでいます。これを次世代金融プレイヤーの３大機能と呼びましょう。例えば「アマゾンレンディング」や、アリババが行う中小企業向けの貸出は商流に紐づくものです。アマゾンは、アマゾンを利用している販売事業者が、誰に何をどれぐらいのボリュームで売っ

図表2-5　金融ディスラプターの3大機能

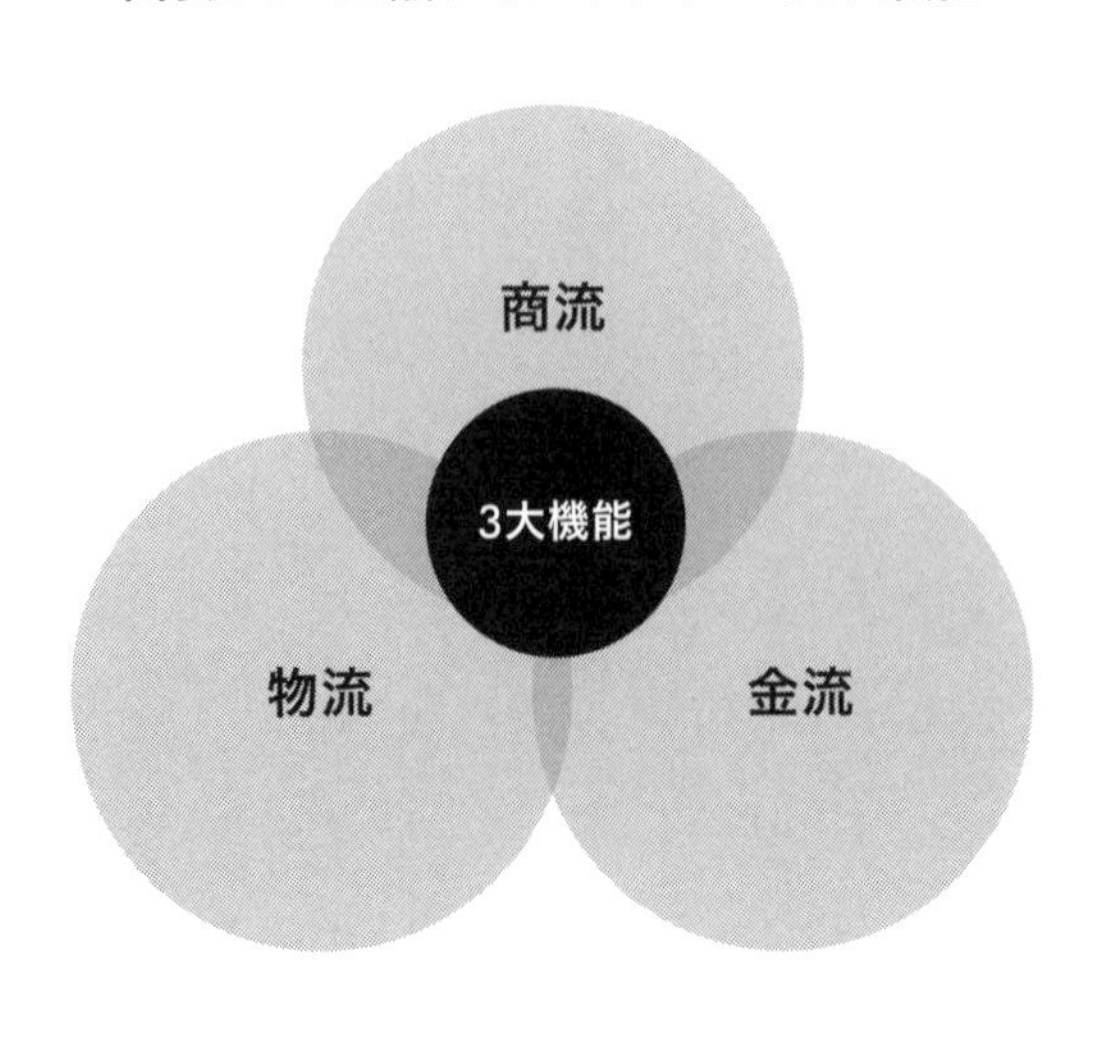

ているのかを把握しています。さらには、「フルフィルメントby Amazon」によって、物流まで押さえています。そのデータの蓄積から信用力を審査し、お金を貸し出すのです。

本当に資金を必要としている人に貸し出せる

つまり、こういうことです。銀行は、法人取引において従来通りの担保主義でお金を貸そうとします。対する次世代金融プレイヤーは主には商流を見てお金を貸すことができます。

個人への融資においては、これまで銀行は支払い能力を見てきました。しかしそれは形式的なもので、本当の収入や借入残高も完全には捕捉できず、オーバーローンになる危険もあったのです。次世代金融プレイヤーはここでも商流を見てお金を貸します。蓄積されているビッグデータが「これまで約束を守ってきているのか」「そもそも支払いの意思があるか」といった個人の信用力を裏付けるのです。

日本を含む先進国において、本当に資金を必要としているのは零細企業や個人です。彼らに対する貸出ができるのは、担保主義を中核としている銀行ではなく、アリババやアマゾンなのではないでしょうか。こうした現状を目の当たりにするにつけ、金融のあり方を変革し、今の時代に合わせた金融のあり方を追求しているのは、既存金融機関ではなく、彼らをディスラプトしようとしている次世代金融プレイヤーであると思えてきます。

既存金融機関に残される優位性

もっとも、既存金融機関の店舗、人、システムがすべて破壊されるわけではありません。それらは新たに定義され、新しい店舗、人、システムとして存続することになります。そして新たな業界の秩序が生まれ、新たな業界の領域が生まれるのです。

図表2-6　破壊されるもの、残るもの

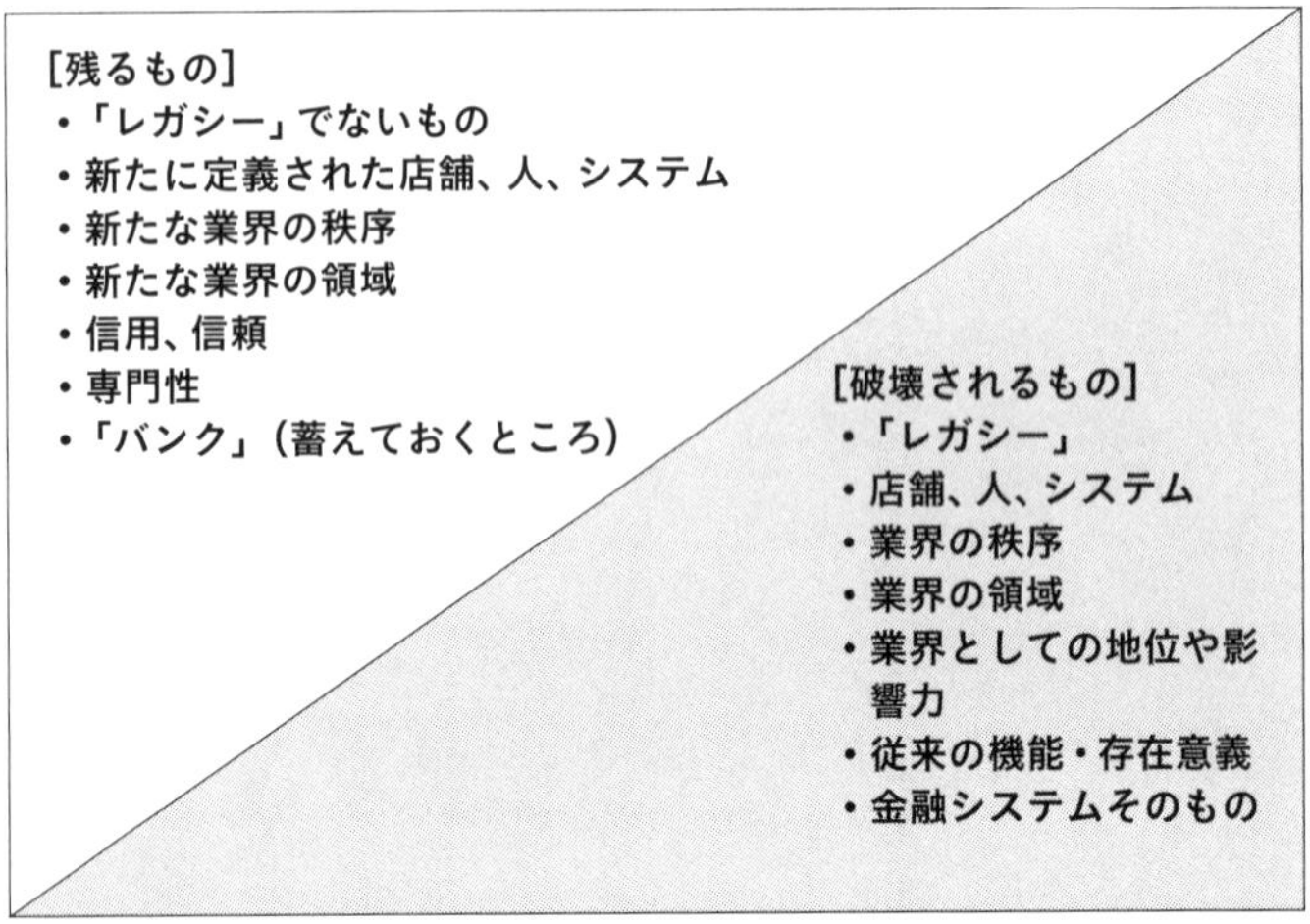

[残るもの]
- 「レガシー」でないもの
- 新たに定義された店舗、人、システム
- 新たな業界の秩序
- 新たな業界の領域
- 信用、信頼
- 専門性
- 「バンク」(蓄えておくところ)

[破壊されるもの]
- 「レガシー」
- 店舗、人、システム
- 業界の秩序
- 業界の領域
- 業界としての地位や影響力
- 従来の機能・存在意義
- 金融システムそのもの

銀行としての信用、信頼も残ります。信用と信頼は、金融ディスラプターたちには簡単に代替できないはずの、既存金融機関のレーゾンデートルだと私は考えています。コミュニケーションアプリと一体となったLINEペイは確かに便利で、私たちの暮らしを一変させるかもしれません。

しかし、LINE銀行やLINEに多額の資金を預けたいと思うでしょうか。今のところは、5000円をLINEペイにチャージして使うことはあっても、「もしアカウントを盗まれたら」という不安から、LINEペイと銀行口座をマッチングさせることには抵抗があるという方が少なくないと思われます。

インターネット企業と比較して既存金融機関が有利であるのは、こうした信用であり信頼です。逆にいえば銀行がそれすら失ったら終わりです。加えていうなら「蓄える」場所としての専門性も残るでしょう。「バンク」とは「蓄えるところ」の意です。情報やデータを蓄える場所になろうと目論んでいます。

しかし、「Eコマース情報のバンクになる」「ビッグデータのバンクになる」と言ったところで、インターネット企業と戦って勝ち目はありません。むしろ、その戦いには自分の首を絞める危険があります。「データの時代」と言われるようになってきた一方で、プライバシーへの配慮も求められるようになってきました。米国でもアップルやマイクロソフトはプライバシー重視の姿勢が高い評価を得ています。ビッグデータの利活用という点において巨大プラットフォーム企業の後塵を拝する日本の銀行が、自己の論理でデータの利活用を唱え、最も重要であるはずの顧客からの信用・信頼を失うことだけは絶対に避けなければならないことだと思うのです。

第3章

金融実務経験に基づく自戒と問題意識

リーマンショックの元凶

この章では、著者の経歴や価値観、問題意識を述べておきたいと思います。それは、私が次世代金融産業を論じる必然をご理解いただく一助になると考えているためでもあります。

私は専門とする「ストラテジー＆マーケティング」と「リーダーシップ＆ミッションマネジメント」の視点から、「アマゾン」や「次世代自動車産業」を分析し、それぞれを書籍『アマゾンが描く2022年の世界』『2022年の次世代自動車産業』にまとめ、発表しました。しかし、私のビジネスパーソンとしてのルーツは、ITでも自動車でもなく、金融業界にあります。

私は1987年に旧三菱銀行に入行しました。入行1年目は神保町支店に配属され、中小企業向けの融資業務や外国為替業務を担当しました。まだ都銀が13行あった時代のことですが、独身寮で朝、歯を磨いている時に「太陽神戸と三井が合併する」というニュースを耳にしたのを覚えています。

3年目で本社に転勤し、以降は国内外の大企業の大型プロジェクトファイナンスを経験しました。プロジェクト開発部／プロジェクト営業部では、海外の製油所、LNG基地、発電所、ホテルやショッピングセンター、オフィスなど大型開発のファイナンスや、米国工場進出のレバレッジドリース組成業務などに従事しました。シカゴ大学ビジネススクールへの海外留学をはさみ、1997年7月にはシンガポール現地法人に配属となり、非日系大手財閥企業のM&Aやファイナンス組成などの投資銀行業務を担当しました。

その後、外資系金融機関に転じ、1998年からはシティバンク資産証券部のトランザクター（バイスプレジデント）、バンクオブアメリカ証券会社のストラクチャード・ファイナンス部長（プリンシパル）、ABNアムロ証券会社のオリジネーション本部長（マネージングディレクター）と、外資系金融機関のポストを歴任しました。

ここで明記しておきたいのは、私は一貫して金融実務に関わっていたこと、中でもプロジェクト・ファイナンスや証券化などのストラクチャードファイナンスのビジネスに長年携わっていた、ということです。以下、述べていく私の問題意識は、そのような環境の中で養われていきました。

サブプライム問題の構造と本質

リーマンショック真っ只中というタイミングで、私は銀行専門誌「銀行法務21」に「サブプライムローン問題の構造と本質」という論考を発表しました（2007年10月）。ここで私は

「リーマンショックは証券化の問題が顕在化したもの」だと主張し、7つの問題点を指摘しました。金融のプロ向けの解説なので少し難しいかもしれませんが、7つの問題とは次のようなものです。

「問題の所在と本質――問題が複雑で関係当事者が多く、かつ、関係当事者が世界の金融の主要プレーヤーであること」

「レバレッジという金融の基本的な機能のデメリットが顕在化していること」

「金融、金融手法、金融商品の重要な前提や仮定がチャレンジ（挑戦）されていること」

「マーケットにおいてインパクトの大きい金融商品のウイークポイントもチャレンジ（挑戦）されていること」

「ＡＢＣＰ（注：短期の証券化商品のこと）の流動性低下問題の長期化や米銀や米当局の証券化商品見直し論議により、大規模な信用収縮が起きる可能性があること」

「原債権であるサブプライムローンから派生商品であるＣＤＯに至るまでのプロセスが複雑で、関係当事者も多岐に及ぶためワークアウトが困難であること」

「複合的にプリンシパル・エージェント問題が問われていること」

証券化ビジネスの中枢にいた人間が、その原因を詳細にわたって論述したものは当時としては希少であったのではないかと思います。

金融のあるべき姿

こうした論考を発表した理由の1つは、サブプライムローン問題とリーマンショックの原因をつくり出した、証券化ビジネスの当事者としての反省と、使命感です。私は日本における証券化ビジネスの黎明期に、会計士、税理士、弁護士とともに新たなスキームを開発し、時には金融庁を訪れて協議し、新たなビジネスを創造していきました。「新しいものをつくる」ことが好きだった私は、その仕事に打ち込みました。

それだけに、自分の仕事が結果として不動産バブルを助長し、サブプライムローン問題、リーマンショックという未曾有の事態を引き起こした一端となったという事実から目をそらすことができません。

そのため私は、現代の金融が抱える問題点と、金融の「あるべき姿」を考え続けてきました。その一端は、自著『ミッションの経営学』(すばる舎リンケージ)にも記しています。長くなりますが、私が抱いている問題意識を説明するものとして、引用します。

「(中略)とはいえ、結局企業は利益を出し、厳しい競争を勝ち残らなければいけない。社会的使命や役割を掲げたところで、利益を追求する姿勢を失ったら企業活動が維持できないのでは、という声が聞こえてきそうです。また、人は美しいミッションに賛同して集まる前に、お金がたくさんある方に集まるのではないかという声も聞こえてきそうです。

　確かに利益を追求することは企業が存続し、成長していくための必要条件です。それがうまくいかなければ、当然健全な経営は望めない。社員に対する報酬も株主に対する配当も満足に支払えず、さまざまなステークホルダーから見放されてしまいます。大切なのはミッション的な概念と利益追求のバランスなのです。

　最近、持続可能性（サステナビリティ）という言葉をよく耳にします。そもそもの概念は、水産資源をいかに減らさずに、継続的な漁獲高を確保するかという考えから始まったものです。この持続可能性の概念が、いまや経営にも波及しています。企業が長期的に存在するために、どのような戦略を取るべきか。

　たとえば利益至上主義。儲けるだけ儲けて、社員や社会に十分に還元しない経営。短期的に業績を上げ、企業を成長させる方法としては、最もふさわしい方法かもしれません。しかし、そのような傲慢な経営はいずれ社員や顧客、社会全体からスポイルされてしまい、長続きはしません。そうではなく、より多くのステークホルダーに利益を還元することで、急激な成長は望めずとも持続的な経営が可能になる。

　じつはリーマンショックが起こる直前までは、持続可能性という概念よりも、多くの企業はむしろ短期主義に走っていました。短期主義とは企業が投資家の意向に沿うべく、株価を上げるために短期的な結果を求める経営姿勢です。利益至上主義や効率主義が中心であり、ミッション的な概念はあまり顧みられることはありませんでした。

ところがサブプライム問題からリーマンショックという、100年に1度とも言われる金融危機が世界経済を襲ったことで状況は一変しました。株主優先の短期主義の経営では、最終的には経済全体が破たんしてしまう恐れがある。持続可能性をビルトインした新たな経営が望まれるようになったのです。

私自身、リーマンショックの前、当時、飛ぶ鳥を落とす勢いで成長を続けていた上場不動産会社をクライアントとしていくつか担当していました。正直なところミッション的な概念はまだ明確に形になっておらず、企業の株主価値をいかに高めるか？　上場して、さらに株価を上げるにはどうしたらいいか？　といった、当時主流だった戦略コンサルティングを行っていたのです。その中のいくつかの企業の顚末は、まさに経営にとってミッション的な視点がいかに大切なものかを如実に示すものでした。

私が担当していた不動産会社A社は、急成長していた上場新興不動産会社でした。いわゆるサブプライムローンに見られるような、不動産を証券化して販売する不動産流動化が流行っていた頃、A社もまたそれによって利益を上げていた不動産会社でした。当時、新興の不動産会社のほとんどは、A社のように不動産流動化によって利益を上げるとともに、それによって自社の株価を上げ、株主価値を高めるというのが一般的。そこではいかに短期的に効率よく業績を上げるか、上げた業績をいかに自社の株価に反映させるかというのが経営の最優先の課題でした。

社長は若く才能にあふれた人でカリスマ性もあり、これからの不動産業界を担っていく人物と嘱望されていました。ところがA社がまさに華々しい成長を遂げていたその最中、サブプライム問題が起き、リーマンショックが業界を襲ったのです。その結果、当時上場新興不動産会社のほとんどが経営破たん、倒産の憂き目に遭いましたが、A社も同様に経営困難に陥り、ついには倒産してしまいました。

いまにしてみれば明らかに不動産バブルだったのですが、上場新興不動産会社の多くがそのゲームの流れにどっぷりと浸かってしまっていた。ゲームの中で利益を上げ、パイの奪い合いに専念してしまった。正直なところ、当時企業の社会的使命とか存在意義などと言っても、ほとんどの経営者はまともに向き合ってはくれなかったでしょう。ミッション的な概念など、ほとんど顧みられなかったのが現実でした」

本項において振り返るべきは、「リーマンショックが起こる直前までは、多くの企業が短期的な結果を求め、利益至上主義や効率主義に走った。ミッションは顧みられることはなかった」という部分だと私は考えます。そして、それは私自身も同様だったのです。

「金融は科学である」の限界

利益至上主義や効率主義は、徹底した合理主義に裏打ちされたものです。特に米銀の経営は合理的の一言です。私がシカゴ大学のMBAに留学した際に学んだファイナンスや計量経済学も、合理主義の極地でした。米国の合理主義、とりわけシカゴ大学の計量経済学は、いうなれば「すべてを数量化」しようとするものです。それは米銀の経営においても同様でした。

あらゆるリスクを計量化して分析

私は銀行専門誌「銀行法務21」（2007年1月号）に、「ABLの意義と本質」という題の論考を寄稿しました。ABLとは、アセット・ベースド・レンディングの意です。動産・在庫、不動産、金銭債権、知的財産権などのアセットをベースとするファイナンスを包括した表現です。

ＡＢＬが発達したのは米国です。当時、米銀は、ＲＡＲＯＣ（リスク調整後資本収益率）や取引格付けなどに代表されるエコノミックキャピタル経営を導入していました。それは、米銀経営の本質ともいえる「あらゆるリスクを計量化、分析して経営する手法」だったのです。

金融に関わる人間は総じて「金融とは科学である」という意識があります。正確には「科学であると『思いたい』」というべきかもしれません。エコノミックキャピタル経営にしても、信用リスクのみならずビジネスリスク、カントリーリスク、ビジネスリスクを計量化し、収益率を導くものです。各部門、各営業場所、各取引先、各取引においてもリスクを管理します。科学と呼ぶにふさわしく細密なものです。私もそれを高く評価していました。

増え過ぎた前提と仮説

ところが現実には、リーマンショックによってその破綻が明らかになりました。つまり「金融は科学になれなかった」のです。

問題はどこにあったのでしょうか。あらゆる理論がそうであるように、理論は様々な前提や仮説に基づいています。金融においても、理論的に高度になれば前提や仮説が増えるという宿命があります。そして、１つずつの前提条件を取り出して見ると、「本当にこれは常に正しいのだろうか？」と首をかしげるようなものも含まれてしまう。証券化ビジネスも前提や仮説の塊でした。

数量化して捉えようとする試みそのものは、ビジネスにおいては、合理的であり、また必要不可欠でもあります。しかしすべてを数値化して解決しようとするのは無理があります。こうした現実が顕在化したのが、サブプライムローン問題でありリーマンショックであると、私は結論づけています。

ならば、金融はどうあるべきか。私が金融のキャリアをいったん離れたのは、そうした問いに背中を押されてのことでした。

こうした問題点を再考し、またこれからの金融の「あるべき姿」を考え続けることを忘れれば、リーマンショックは繰り返されることでしょう。

バブルは繰り返される

『バブルの物語』を記した経済学者ジョン・ケネス・ガルブレイスも「常にバブルは起きる」と語りました。なぜバブルは繰り返されるのでしょうか。それはバブル崩壊を経験した者はそこでいったん市場から退場してしまうからです。リーマンショックの経験者も多くが退場しました。かつて「痛い目に遭った」者の経験が引き継がれることがなければ、次の世代が同じ過ちを繰り返すのを食い止めることはできません。バブルの度に「今回こそバブルではない」という議論が起こるのはそのためです。リーマンショック以前の不動産金融市場でも「昔はディスカウントキャッシュフローという考え方がなかった。ノンリコースローンなんてなかった」などといい、「昔の金融は科学ではなかったが、今の金融は科学である」とする声が大勢でした。

しかし結果はご覧の通りです。ガルブレイスが指摘するのは「新規なものが生まれているように見えても本質は何も変わっていない」ということです。バブルの絶頂期にあっては、優れたプレイヤーもそれをバブルと見抜けないのです。

今でも鮮明に覚えているのは、1998年10月、日本長期信用銀行が経営破綻した前後のことです。「次は○○が潰れる」といった噂が絶えず、翌年にはルノーによる日産自動車の支援が決まりました。私は当時シティバンクに在籍し、日産本体や金融子会社の証券化を担当していました。巨額の証券化取引を日産グループと行っていた中で、M&A担当や日産の担当者が奔走するのを間近で見ていたのです。まさに「ラストリゾート」としてルノーが日産の救済を決定し、取引も無事に収束したことを今でも鮮明に覚えています。

日本の金融危機からほぼ10年が経過した時、リーマンショックが起きてしまいました。証券化ビジネスに携わっていた者がそれまで抱いていた自負心は一転、強烈な自戒、反省に変わりました。私がその後、金融のキャリアから離れたのも、これが大きな契機となっています。

それ以降も私は、「金融は本当に価値を生み出しているのか」「金融は顧客の問題を本当に解決しているのか」と、自問自答し続けてきました。

なお、私は、ガルブレイスの「新規なものが生まれているように見えても本質は何も変わっていない」という指摘は、現在の「ビッグデータ×ＡＩ」主義にも当てはまるものであると考えるべきだと思っています。

自負心と暴走

結局のところ、リーマンショックまでの米国金融産業は、私を含めて「金融が価値を生み出す」ということに自負心を持ち過ぎていたのだと思います。金融とは本来、単体ではなく、様々な産業と組み合わさることで価値を生み出す機能だと言えます。ところが、金融が独り歩きするうち、「金が金を生み出す」という側面が暴走を始めてしまいました。

暴走の一端が、前述したエコノミックキャピタル経営です。

エコノミックキャピタル経営そのものは非常に優れた経営手法であると、私は今も考えています。

しかし、それが行き過ぎてしまったのです。信用リスクや市場リスク、ビジネスリスク、カントリーリスクなどすべてを定量化しようとしたことに無理がありました。先ほども指摘したように、定量化においては「すべてのものが正規分布する」などの前提条件の設定が欠かせません。しかしすべてが正規分布になるとは限りません。こうした前提条件の誤りが、科学のように精密に見えたエコノミックキャピタル経営を破綻に追いやったのです。

顧客を忘れたビジネスモデル

米国の金融機関の行き過ぎは、投資家重視の行き過ぎ、自社利益追求の行き過ぎでもありました。

リーマンショック以前の米国金融機関のビジネスモデルを一言で述べるならば、それは「投資家に金融商品を販売するために金融資産を創造する戦略」「オリジネート・トゥー・ディストリビュート戦略」（Originate to Distribute戦略）です。

当時の米国金融機関の3大業務は、オリジネーション、ディストリビューション、トレーディングであるとされていました。

オリジネーションとは一般的にプライマリー業務と呼ばれ、金融商品を創造する（オリジネートする）業務です。代表的なものは、シンジケート・ローンの組成や、株式発行の組成、債券発行の組成です。ストラクチャード・ファイナンスや証券化商品の組成もこれに含まれます。発行体側の企業との仕事がメインであり、資金調達サイドの仕事とも言えます。

ディストリビューションは、組成された株式や債券、ローンなどを投資家に販売する業務です。

トレーディングは、自社の資金で株や債券を売り買いする業務です。

「オリジネート・トゥー・ディストリビュート戦略」とはすなわち、投資家に販売するために金融商品を組成する、という戦略です。

その戦略自体の是非はともかく、「行き過ぎ」が生じたことは間違いありません。例えば「サブプライム」と言われる返済能力が高くない人に対して組成されたローンが、サブプライムローンです。このローン債権を売却して証券化するのが証券化取引ですが、途中から多くの金融機関が、子会社や関連会社を使って証券化の対象となっていた消費者向けローンまで創造し始めたのです。それがリーマンショックに相当大きく影響しました。それは、証券化商品とその裏付け資産となっていた消費者ローンの双方が危機に直面したからです。

米国金融機関も、そもそもは伝統的な銀行の3大業務である融資、決済、預金が収益の柱です。直接金融が発達しておらず、また大企業による資金需要が旺盛だった時代にはそれで問題ありませんでした。しかし時代が進むにつれ、大企業の資金需要は低迷しました。その穴埋めのため証券化ビジネスが誕生し、ついに自分たちでローンを組成するところまで手を広げました。

儲かるのは投資家と金融機関だけ

こうしてリスクの高い金融商品が収益源となった結果、米国金融機関はROE（自己資本利益率）15％超という、とてつもなく高い数字を叩き出しました。経営陣や実務にあたる金融マンが手にする成功報酬も、数億〜数十億円という莫大なものとなっていきました。

報酬が高額だからといって正当でないとは言い切れません。しかし、「オリジネート・トゥー・ディストリビュート戦略」によって豊かになるのは、投資家と金融機関だけでした。

金融機関にとっての顧客は、投資家だけではありません。市民＝預金者や融資先の企業も顧客であり、重要なステークホルダーです。

しかし「オリジネート・トゥー・ディストリビュート戦略」は、残念ながら、投資家の利益に大きく傾いていました。同時に、どこまでいっても「銀行の論理」に貫かれていました。

それは自身の財務諸表を潤し、経営指標を改善し、株主を満足させるための戦略であって、預金者や融資先の企業といったそのほかのステークホルダーをなんら潤すものではなかったのです。

そこには顧客志向という視点が決定的に不足していました。おそらく当時の金融機関には、その自覚すらなかったことでしょう。私自身も錯覚していたと反省しています。

本来果たすべき金融の役割を軽んじ、金儲けに走るばかりの金融機関に対して、批判の声は高まり続けました。

金融は本当に価値を生み出すのか？

結局のところ、私が考え続けているのは「何が本物（オーセンティック）なのか」ということです。金融においては、仮需に対して実需、投機要因に対してファンダメンタルズ要因がより本質的でオーセンティックなものと考えられています。本物について考えるならば、実需（ファンダメンタルズ）について、当然考えることになります。

不動産バブルが弾け、リーマンショックが起きた時、何が起こっていたのか。それまでに数十社、ジャスダックに上場していた新興の不動産企業は数社を除いて潰れました。生き残ったのは、銀行が支援した企業だけです。かつて１９９１年にバブルが弾けた時と同じでした。会社が生き残るかどうかは、最後は銀行が支援するかどうかに尽きるのです。そして銀行が支援したのは、無難に経営してきた企業、社会性の強い事業を展開していた企業など、ファンダメンタルズが良好な数社でした。

こうした事態を目の当たりにして私は、「金融は本当に価値を生み出すのか」「金融の役割とは何か」「金融とは本来どうあるべきなのか」ということを考えざるを得ませんでした。そこでは短期主義を脱し、「より長いタームで見据える」ということが重要になります。リーマンショックは「１００年に一度の危機」と言われましたが、２００年、３００年と、より長い時間を意識することで、短期的な限界を超えることが可能になると思ったのです。

「r＞g」の真実

「お金がお金を生む」という議論があります。仏の経済学者トマ・ピケティによる大ベストセラー『21世紀の資本』のキーワードでもあったr＞gの数式は有名です。これは、「r＝資本収益率＝株式や不動産から生み出される儲け」は、「g＝経済成長率＝働いて得ることができる所得の伸び」を上回っていることを意味します。

いわゆる普通の事業は、何か物を作って売って稼ぐか、あるいはサービスを提供して稼ぎます。これに対して、金融の世界においては、お金自体に狭義の「働く」という行為はありません。しかし、お金がお金を生むことで、普通の事業を上回る資本収益率を上げるというわけです。

では、金融はどうやって価値を生み出しているのでしょうか。

リーマンショックは「r＞g」の矛盾を示したのであり、本当は金融は価値を生んでいなかったとする見方もあるでしょう。しかし「そうではない」と私は考えます。金融の本来の役割は別のところにあるはずです。

今誕生している次世代金融を考察する上でも、これは重要な論点であると私は考えています。こうした本質的な問いから考えなければ、デジタル化に出遅れている日本の既存金融機関は、金融ディスラプターたちに太刀打ちできないでしょう。なぜなら、こうした本質を突いているのが、まさしく金融ディスラプターだからです。

次章から、金融ディスラプターと既存金融産業のプレイヤーたちの動向を追いかけながら、次世代金融産業の全貌を見ていくことにします。

第2部

金融ディスラプターの戦略

第4章

アマゾン銀行が誕生する日

「エブリシング・カンパニー」にとっての金融事業

既存金融産業をディスラプトするプレイヤーとして最初に紹介したいのは、アマゾンです。「アマゾンは何の会社だったか」と問われて「金融の会社」と答える方は少数派でしょう。

しかし、「アマゾンは世界一のオンライン書店である」という回答も十分ではありません。アマゾンは今や本のみならず、生活用品や家電、デジタルコンテンツ、生鮮食品などを含めた、あらゆるものを売る「エブリシング・ストア」と化しています。さらには「ストア」の枠すら超え、クラウドサービスや音声ＡＩ、はては宇宙事業に至るまで、あらゆる事業を展開する「エブリシング・カンパニー」へと成長を遂げているのです。

収益構造を見れば、最も重要なのは「アマゾンウェブサービス（ＡＷＳ）」です。アマゾンのネット通販事業を支えるために、多大な人、モノ、カネを投じて開発したクラウドコンピューティングの仕組みであり、それを社外に開放してビジネスにしているのです。このＡＷＳは世界のクラウド市場のシェア３割を占めています。売上を見てもアマゾン全体の10％、営業利益においては全体の70％を占めるに至っています。

すべての経済活動が完結する

結果として、すべての経済活動が「アマゾンという要塞」の中で完結する、アマゾン経済圏が誕生しました。「もはやアマゾンなしの生活は想像できない」。そんな人たちも多いことでしょう。

直近1～2年を見ても、アマゾン経済圏の拡大を示すトピックが相次いでいます。2017年には高級スーパー「ホールフーズ」を137億ドルで買収、また2018年1月には無人レジコンビニ「アマゾンゴー」の一般営業を開始しました。これはアマゾンの小売が、「オンライン＝EC」から「オフライン＝実店舗」に進出して、オンラインとオフラインの統合であるOMO（Online Merges with Offline）にまで進化していることを意味します。

音声認識AIアシスタントの「アマゾンアレクサ」も快進撃を続けています。アマゾンは、アレクサをサードパーティに公開することで生活サービス全般にアレクサを浸透させ、独自のエコシステムを形成しようと目論みました。

果たして、アレクサはスマートスピーカーをはじめとする様々な家電製品に搭載され、音声認識AIとして定着しつつあります。2018年8月からは、車に搭載されたアレクサを通じてホールフーズに注文すると、ホールフーズの店舗で商品をピックアップできるサービスの提供を開始しています。

２０１９年1月に開催されたラスベガスでの家電ショー「ＣＥＳ２０１９」ではアレクサ搭載機器がすでに2万に達していると発表されました。

こうして、あらゆる事業を飲み込もうとしているアマゾンが、中小企業向け貸出の「アマゾンレンディング」や、オンラインでの決済サービス「アマゾンペイ」といった金融関連事業を展開していることは、今さら驚くにはあたらないかもしれません。かねて「バンク・オブ・アマゾン（アマゾン銀行）」の誕生も噂されているのです。

しかし個別のニュースを追いかけているだけでは、その質量と速度に翻弄されるばかりです。アマゾンの現状を把握することも、アマゾンの未来を予測することもかないません。

3つのこだわり

アマゾンにとって金融とはどのような意味を持つのか。それを知るには、アマゾンとはどのような会社かを振り返る必要があります。

アマゾンを知るには、アマゾンの創業者でありＣＥＯのジェフ・ベゾスが持つ、強烈にしてユニークなミッションとビジョンにフォーカスを当てなければなりません。それは『アマゾンが描く２０２２年の世界』から一貫して私が申し上げていることです。詳しくはそちらを参照していただくとして、本書においては次の3点を指摘したいと思います。

図表4-1　アマゾンの哲学・想い・こだわり

1	「地球上で最も顧客第1主義の会社」というミッションとそれと表裏一体であるカスタマーエクスペリエンスへのこだわり
2	「低価格×豊富な品揃え×迅速な配達」へのこだわり
3	「大胆なビジョン×高速のPDCA」へのこだわり

1つ目は、「地球上で最も顧客第1主義の会社」というミッションと、それと表裏一体であるカスタマーエクスペリエンスへのこだわりです。

2つ目は、「低価格×豊富な品揃え×迅速な配達」へのこだわりです。

3つ目は、「大胆なビジョン×高速のPDCA」へのこだわりです。

アマゾンでは、創業経営者であるベゾスのこれらのこだわりが哲学にまで高められて、社員に共有されていることが大きな強みなのです。そしてアマゾンの金融事業を読み解く上でも、これらのこだわりがどのように反映されているのかに着目していきましょう。

「地球上で最も顧客第1主義の会社」

アマゾンとは、「地球上で最も顧客第1主義の会社」というミッションとビジョン、それと表裏一体であるカスタマーエクスペクスペリエンスへのこだわりを持った企業です。

ここでいうカスタマーとは、ECサイトとしてのアマゾンにおける「消費者」のみを意味するものではありません。アマゾンに出店しているショップや、クラウドコンピューティングのAWSを利用する企業、あるいは「アマゾンプライム・ビデオ」など動画配信サービスに参画しているクリエイターなどを含めた、アマゾンという「エコシステム」に集まる人々の総称だとご理解ください。

カスタマーエクスペリエンスという言葉自体は珍しいものではないかもしれません。ウェブやマーケティングに関わる方なら日常的に耳にしていることでしょう。しかしミッションとビジョンの両方に「地球上で最も顧客第1主義の会社」という言葉を掲げているアマゾンは、その徹底ぶりが違います。

ベゾスが紙ナプキンに描いたビジネスモデル

ベゾスがアマゾンの創業前、紙ナプキンにメモしたというビジネスモデル（詳しくは後述）にも「カスタマーエクスペリエンス」という言葉が登場しています。このエピソードは、アマゾンにおけるカスタマーエクスペリエンスの優先度の高さを示すものとして、注目に値します。

ここであらためて、カスタマーエクスペリエンスとは何かを考えてみましょう。一般的には「顧客の経験価値」と訳され、製品やサービスを通じて顧客が得られる経験の総称だとされています。例えば「使いやすい」「楽しい」「わかりやすい」などです。もともとは、マーケティング専門家のバーンド・H・シュミット教授が提供した概念です。

今ではウェブマーケティングにおける重要概念の1つになっていますが、今後は、リアルワールドでのマーケティングにおいても最重要概念の1つになると、私は考えています。なぜなら、どれだけ高機能なサービスでも、それだけでは他社製品と差別化ができないこの時代、サービスへの期待は極限まで高まっているからです。どれだけ高機能でも、カスタマーエクスペリエンスが劣っていたら、カスタマーに「選ばれる」ことはありません。

アマゾンにとってのカスタマーエクスペリエンス

ここで私が論じたいのは「アマゾンにとっての」カスタマーエクスペリエンスの意味です。「カスタマーエクスペリエンスを重視する」と言うは易し。多くの企業が類似のビジョンを掲げていても、アマゾンはその徹底ぶりにおいて突出しています。

長年ベゾスをウォッチしていた私は、「ベゾスはきっとこう考えているのではないか」との推測から、アマゾンにとってのカスタマーエクスペリエンスを次のように定義したいと思います。

第1に、人間として持っている本能や欲望に応えることです。

第2に、テクノロジーの進化により高度化する「問題」や「ストレス」を解決することです。

第3に、「察する」テクノロジーです。

第4に、顧客に「○○取引をしている」ことを感じさせないことです。

人間の本能や欲望に応える

1つずつ見ていきましょう。

アマゾンにとってのカスタマーエクスペリエンスとは第1に、人間として当たり前に持っている本能や欲望を察知し、それに応えることです。私たちカスタマーの「わがまま」な要求にアマゾンは真っ向から応えようとしています。

私たちが日常的に利用しているアマゾンのウェブサイトにしても、「(サイトを)見つけやすい」「(画面が)見やすい」「わかりやすい」「(目当ての商品を)検索しやすい」「選びやすい」「購入しやすい」「受け取りやすい」「使いやすい」「継続しやすい」を追求したデザインになっています。

アマゾンのビジネスモデルにおいては、カスタマーエクスペリエンスこそが最上位概念です。だからカスタマーエクスペリエンスの低い商品やサービスは、決してリリースしません。

経営学の世界では電子書籍リーダーの「キンドル」がよい例として語られています。キンドル登場以前、電子書籍リーダーの市場には、ソニーをはじめとする先行プレイヤーが複数いました。しかし彼らは先行者利益を焦るあまり、カスタマーエクスペリエンスが低い段階でローンチしてしまいました。そのため市場を席巻するには至りませんでした。

一方、アマゾンはどうだったか。ベゾスは、キンドルの開発にあたって厳しい条件を課しました。例えば、一度読み始めたらデバイスの存在を忘れるほどに自然な操作感があること。ダウンロードにかかる通信料をユーザーに求めないこと。キンドル発売までに10万タイトルをダウンロード可能な状態にすること。これらをすべてクリアしたキンドルだからこそ、電子書籍リーダーの覇権を取ることができたのです。

また「消費者は決して満足しない（never be satisfied）」という言葉もベゾス・ウォッチャーにはおなじみです。ベゾスはこんな発言もしています。

「僕は、例えばレストランに入ったら、このレストランはどうしたらもっとよくなるかを考えている……」

つまりベゾスは、決して満足しないはずの消費者を、それでも満足させようと考え続けている。その執着は尋常のものではありません。もとよりベゾスは時に「火星人」に例えられるほど常識はずれの人物です。性格面でも同様で、フレンドリーかと思えば怒り狂ったりする人物像で知られています。もしかしたら1対1の人間関係においてはあまり好ましい人物ではないのかもしれません。しかしアマゾンの顧客第1主義がお題目に終わらず、あらゆるビジネスにおいて貫徹されているのは、ベゾスの極端なパーソナリティあってこそでしょう。それこそが、アマゾンをアマゾンたらしめているのです。

テクノロジーで問題を解決する

アマゾンにとってのカスタマーエクスペリエンスとは第2に、テクノロジーの進化によって、高度化する「問題」や「ストレス」を解決することです。

カスタマーエクスペリエンスの追求には終わりがありません。なぜなら、テクノロジーの進化によってサービスの利便性が増せば増すほど、消費者の欲望が満たされなかった時に感じるストレスも高度化するからです。

試しに、ご自身の生活空間を見渡してみてください。以前なら気にならなかった些細なことにまで、ストレスを感じるようになっている、ということはないでしょうか。例えば、サクサク動くスマホの快適さに慣れてしまうと、たった数秒のタイムラグに耐えられません。また、一度買い物をしたECサイトから興味のないメールマガジンを送りつけられるのも、昔なら当たり前でしたが、今はうっとうしいばかりです。

「キャッシュレス元年」と言われた2018年前後にも大きな変化がありました。コンビニやスーパーのレジ前で小銭を出すのに手間取っている人がいる場面は、たった1年前なら平然と待っていられたかもしれません。でもキャッシュレス決済を始めた人はストレスを感じてしまいます。

こうした時代においては、求められるカスタマーエクスペリエンスも高度化する一方です。まさしく「消費者は決して満足しない」のです。

察する

しかしアマゾンが提供するカスタマーエクスペリエンスは、年々高度化するカスタマーの要求に応えるものになっています。それは「察する」テクノロジーを手にしたアマゾンだからできることでもあります。

「察する」とは、五感を駆使することで、相手が何に困っていて、何を望んでいるのかを推測することとです。これは人間が持つ優れた能力ですが、アマゾンは「ＩｏＴ×ビッグデータ×ＡＩ」という掛け算によって人間以上の「察する」能力を手に入れようとしています。これがカスタマーエクスペリエンスの重要な一部を形成しています。

高精度のレコメンド機能は、その一例です。アマゾンの元チーフ・データサイエンティストでベゾスとも一緒に仕事をしていたアンドレアス・ワイガンドは、著書『アマゾノミクス』（土方奈美訳、文藝春秋）の中で「０・１人規模でセグメントするアマゾン」と書いています。これは、ユーザー１人ひとりの刻一刻と変化するニーズを反映したマーケティングを意味します。ユーザーが購入した商品やチェックした商品の履歴、検索のために入力した単語などのビッグデータをもとに、特定ユーザーの心理や行動パターンなどをＡＩで分析して、ユーザー１人ひとりの嗜好に合わせたリコメンデーションにつなげているのです。つまりアマゾンは「ビッグデータ×ＡＩ」によって、リアルタイムでユーザーとの１対１のマーケテ

図表4-2　カスタマーエクスペリエンスに対する哲学・想い・こだわり

アマゾンにとってのカスタマーエクスペリエンスとは何か？

- 人が人間として持っている本能や欲望に応えること
- テクノロジーの進化により高度化する「問題」や「ストレス」を解決すること
- 「察する」テクノロジー
- 顧客に「○○取引している」ことを感じさせないこと

イングを行っているわけです。

「取引している」と感じさせない

そして今では、アマゾンのカスタマーエクスペリエンスは、顧客に「○○取引をしている」ことを感じさせないレベルまで進化しました。

それは無人レジコンビニ「アマゾンゴー」に顕著であるように、買い物をしていること、支払いをしていることすら感じさせない、快適でスピーディーなサービスを指しています。アマゾンゴーの買い物客は自動改札機のようなゲートにスマホをかざしてアマゾンIDを認証させて入店し、あとは陳列棚から商品をピックアップするだけ。そのまま店を出ると自動的に決済され、スマホにレシートが送信されるという仕組みです。アマゾンのサービスは、買い物していることを意識することもないほどに、私たちの暮らしに浸透し切ろうとしているのです。

なお、私はシアトルで実際にアマゾンゴーを体験してみて確信したことがあります。それはアマゾンがこの無人レジコンビニを展開しているのは、生産性向上や人手不足対策といった企業側の論理からではなく、あくまでも顧客のカスタマーエクスペリエンス向上のためであるということです。

低価格×豊富な品揃え×迅速な配達

ベゾスのこだわりの2つ目、「低価格×豊富な品揃え×迅速な配達」についても、ベゾスは度々発言しています。

前述したように、先鋭化し続ける顧客の要求を満たし続けるのは容易なことではありませんが、顧客の要求にも変わらない部分があります。「アマゾンの10年後の姿」をしばしば問われるベゾスは、「わからない」ととぼけつつも、「消費者が低価格、豊富な品揃え、迅速な配達を求め続けることは10年後も不変である」としているのです。

ただし10年前と今、そして10年後では「低価格、豊富な品揃え、迅速な配達」に期待される水準は、大きく異なります。カスタマーエクスペリエンスと同様に、要求水準は先鋭化しています。そして10年後の低価格、10年後の豊富な品揃え、10年後の迅速な配達は、今よりもはるかに進化したものになっているはずです。

AIが予測して自動的に届ける

中でも「迅速な配達」に対する期待の高まりは、実感しやすいところではないでしょうか。20年前にそんなものを求めているユーザーは少なく、それが可能であるとも考えられていなかったのです。しかし今では即日配送が当たり前で、たった2~3日の待ち時間にストレスを感じてしまうほどです。私の想像では、ベゾスはさらに迅速な配達を実現してくるはずです。それこそ「注文不要、必要なものをAIが予測して届ける」といったスピード感が現実のものになることでしょう。

それを実行するには綿密な事業構造、収益構造、コスト構造の構築が欠かせないとベゾスは強調しています。図表4-4に示したアマゾンのビジネスモデルにおいても、カスタマーエクスペリエンスの1つ手前に「低価格」と「品揃え」が置かれており、「顧客は第1に低価格と品揃え」というベゾスの認識が示されています。また「低価格」の1つ前に「低コストストラクチャー」が置かれているのは低コスト体質を構築することで初めて低価格な商品を継続的に提供できる、ということです。

大胆なビジョンと高速のPDCA

ベゾスのこだわり、その3つ目は「大胆なビジョンと高速のPDCAへのこだわり」です。すなわち、「地球上で最も顧客主義の会社」になるという途方もなく大きなビジョンを打ち立てると同時に、そこからの逆算で「今、ここ」で何をすべきかを導き出して実行する。そして超高速でPDCAを回す。言い換えれば、超長期思考とスピードのかけ合わせです。それはまた、短期の利益を追わず、長期的なキャッシュフローを重視する経営であり、本質的なイノベーションを追い続けることを重視する経営でもあります。

この手法は、アマゾンに限らず、米中のメガテック企業や、日本の金融ディスラプターにも共通します。少し長くなりますが、詳しく説明しましょう。

エクスポネンシャルな成長

現代のテクノロジー企業の成長は、時に「エクスポネンシャル（指数関数的）」と表現されます。対義語である「リニア（線形関数的）」が一定期間ごとに1、2、3、4と増えていくのを指すのに対し、エクスポネンシャルは1、2、4、8と倍増していくことを指す言葉です。これが今、米国のテクノロジー業界において最重要概念の1つになっています。

提唱したのはシンギュラリティ大学のファウンダー、ピーター・ディアマンディスです。ディアマンディスはXプライズ財団のCEOであり、15を超える宇宙・ハイテク関連の会社を持つ起業家でもあります。一言でいうなら、彼は米国テクノロジー業界の「グル」です。ベゾスを含め多くの起業家に影響を与えている彼の教えは、自著『BOLD 突き抜ける力』（土方奈美訳、日経BP社）にまとめられています。

その真髄が「大胆に発想、しかし小さく始めて超高速PDCAを回し、軌道修正を図る」というものです。それがエクスポネンシャルな成長を手に入れる道なのだと、ディアマンディスは言います。

6つのD

加えて、彼はエキスポネンシャルな成長に「6つのD」があるとしました。それは

図表4-3　エクスポネンシャル企業の「6つのD」

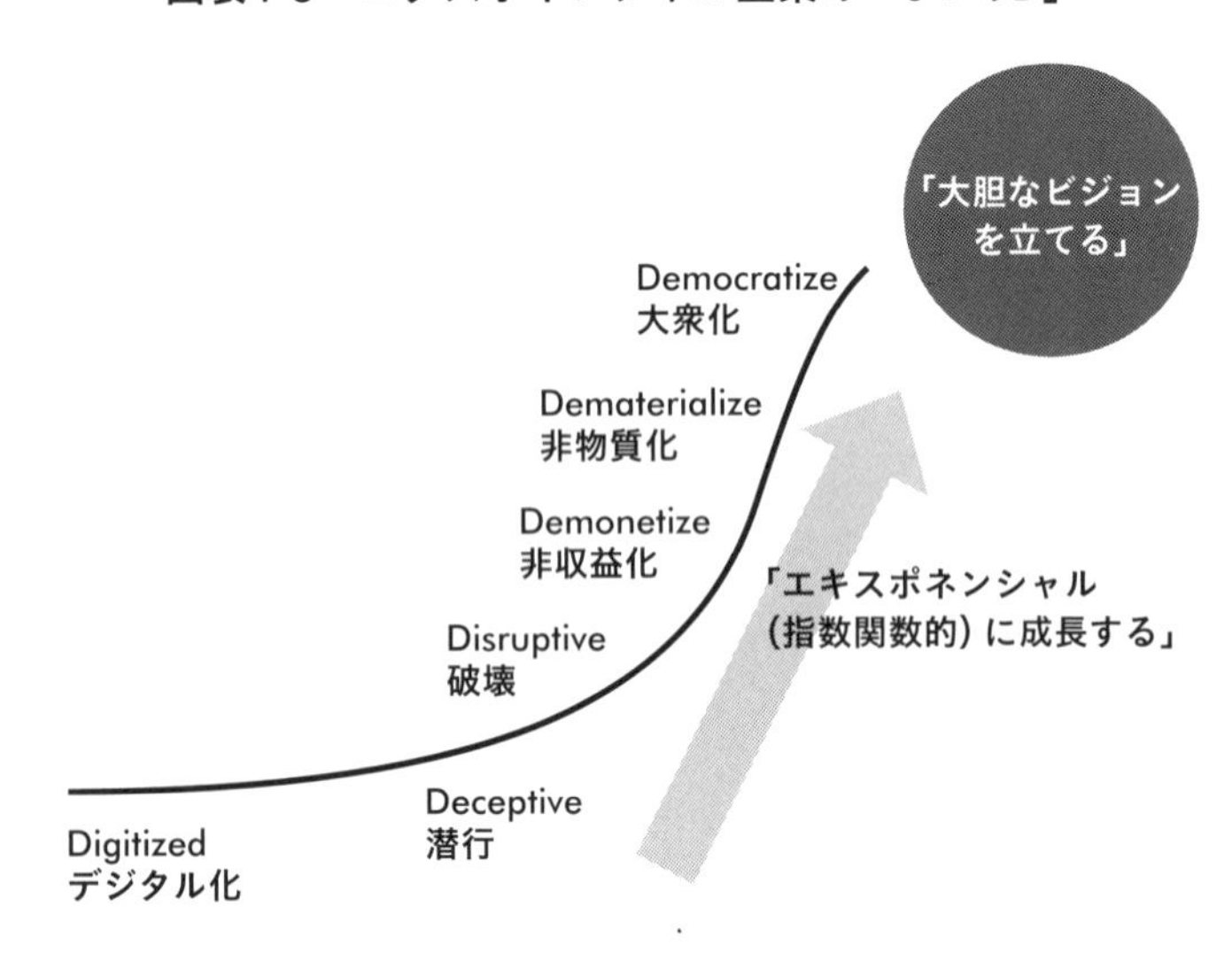

Digitized（デジタル化）によって始まります。しかし一足飛びには成長できません。指数関数は「倍々で伸びていく」ものですが、0・01が0・02になったところで成長は目には見えません。0・02が0・04になっても同様。そのためDigitizedの後はDeceptive（潜行）の時期が続きます。

ところが倍々ゲームを続けていくと、ある瞬間から爆発的な伸びが始まります。ディアマンティスはこう書きました。

「たとえば私がサンタモニカの自宅の居間からリニアに30歩（1歩あたり1メートル進むとしよう）進むと、30メートル先にたどりつく。家の前の道を渡ったあたりだろう。一方、同じ地点から出発し、エクスポネンシャルに30回歩を進めると、10億メートル先に行きつく。地球を26周する計算だ」（『BOLD　突き抜ける力』）

その結果、Disruptive（破壊）の段階が訪れます。ある企業のエクスポネンシャルな成長に伴い、関連業界や企業が破壊的な影響を受けるのです。その典型が「アマゾンエフェクト」です。アマゾンの成長により、多くの小売業者が閉店に追い込まれました。ILSR（Institute for Local Self-Reliance）の集計によれば、2015年までに1億3500万平方フィート以上の実店舗物件が空室になったといいます。

私たちはその巨大なインパクトの真っ只中にいます。ここ数年、世の中が変化する速度が増していると感じている方は多いと思います。様々な領域で密かに進行していたデジタル化の動きが、ついにDisruptive（破壊）の段階を迎えたのです。近年のバズワードとなっているディープラーニングや自動運転も、そのようなプロセスを経て今日に至ります。

なお、Disruptive（破壊）の後は、Demonetize（非収益化）、Dematerialize（非物質化）、Democratize（大衆化）と続きます。

デジタル化からすべてが始まる

ディアマンディスは、エクスポネンシャルな成長プロセスを説明するにあたり、デジタルカメラを例に挙げました。フィルムカメラがデジタル化した時、いきなり市場を席巻できたわけではありません。世界初のデジタルカメラが誕生した当時の画素数は0・01メガピクセル。それが倍々で増えても、変わり映えしない時期がしばらく続きます。これが「潜行」です。しかし、やがて爆発的な成長が始まり、あっという間に画素数は「億」の壁を超えました。そこまで画素数を増やしたデジタルカメラはフィルムカメラ市場を「破壊」し「非収益化」し、間もなくデジタルカメラはスマホに内蔵されて「非物質化」しました。そして最後には誰もがそれを所有する「大衆化」の時代がやってきたのです。

さて、ここであらためて強調したいのは、エクスポネンシャルな成長は「デジタル化」から始まるという点です。

「デジタルトランスフォーメーション」という言葉を見聞きしたことのある方は多いでしょう。一般的には「ITの浸透によって私たちの暮らしがよりよい方向に変化すること」を意味します。それは例えば、システム化、ネットワーク化、クラウド化の話であり、モバイルやSNS、ビッグデータ、AI、IoT、RPA（ロボットによる業務自動化）の話でもあり、テクノロジー戦略の話であり、経営戦略の話でもあります。

しかし「それだけではない」というところが極めて重要です。

なぜなら、デジタルトランスフォーメーションが変えるものは、企業の一部ではなく、

「すべて」です。ミッション、ビジョン、バリュー、戦略までを刷新することが、デジタルトランスフォーメーションの本質なのです。企業のＤＮＡすらデジタル化しない限り、エクスポネンシャルな成長は期待できません。形式的に「新しいシステムやサービスを導入して終わり」ではないのです。

「DAY1」の精神

ここでアマゾンの高速ＰＤＣＡの話に戻ります。

ベゾスの話には必ず「ＤＡＹ１」という言葉が出てきます。それだけではありません。アマゾンの公式ブログの名は「day one」です。ベゾスのオフィスが入るビルも必ず「ＤＡＹ１」と名付けられています。さらに、アマゾンのアニュアルレポートには１９９７年、つまりアマゾン創業年の株主レターが添付されていますが、そこにも「Still DAY1」という言葉が記されているのです。

その言葉に込められたメッセージは「アマゾンにとってはいつでも今日が創業日だ」です。

対照的にベゾスは、「DAY2」という言葉を、創業当時の精神を忘れ衰退していく『大企業病』を非難する文脈で用いています。

スタートアップのままの企業文化

ベゾスがここまで「DAY1」にこだわるのは、アマゾンの生命線であるイノベーションを失わないためです。イノベーションを継続的に生み出すために重要なものとして人、モノ、カネ、テクノロジーと様々挙げられますが、何より重要なのはスタートアップのようにスピーディな企業文化です。だからベゾスは「Still DAY1」と語り続けているのです。

加えていうなら、ベゾスは「顧客への執着こそがDAY1のバイタリティーを保つ最も効果的な方法」とも語っています。アニュアルレポートの中で、ベゾスはこう書きました。

「顧客は、常に、美しいまでに、そして素晴らしいまでに不満を持っている。顧客が幸せで、ビジネスは順調という時でさえも」。

「地球上で最も顧客第1主義の会社」であろうとする限り、アマゾンは大企業病に陥ることはありません。これはまた、既存金融産業がデジタルトランスフォーメーションを推し進めていくにあたって「企業DNAの刷新＝大企業病からの脱却」が不可欠である証左でもあります。

「ワンクリック」から始まった決済の進化と金融事業

以上、アマゾンという会社の特異性、強みを駆け足でご紹介しました。続いて「アマゾンにとっての金融」を考えていきましょう。

私の問題意識は、次の3点に集約できます。

第1に、前述したように、銀行の3大業務である預金、貸出、為替はDuplicate（擬似的に創造）できるものになっています。銀行業の免許を取らなくても、デジタルテクノロジーを使って銀行と同じような事業を開始することができるのです。数ある金融ディスラプターの中でもアマゾンは、その先駆者ともいえる存在です。

アマゾンに加えて、アリババ、テンセントを含めた3大メガテックの事業領域はすでに、大手金融機関や数多のフィンテック企業を凌駕しています。アリババは決済アプリ「アリペイ」を入り口にしてサービスの拡大を目論んでいます。テンセントはコミュニケーションアプリ「ウィーチャット」を入り口に金融事業を垂直統合して生活サービス全般を支配しようとしています。

アマゾンもまた、すでに銀行の3大業務である預金・貸出・為替をデュプリケートし、事業を展開しています。例えば、小売、・ECの売上を増大させるために決済機能（例「ワンクリック」）を進化させ、貸出業務を行い（例「アマゾンレンディング」）、実質的な預金機能を提供しています（例「アマゾンギフトカード」）。

また他の金融ディスラプターや銀行との決定的な違いとして商流、物流、金流を三位一体で押さえている点も指摘しておきます。アマゾンレンディングはサプライヤーやセラーに対する貸出業務であり、サプライチェーンに対する金融という側面が非常に大きいものです。

第2に、金融ディスラプター企業は、既存金融機関よりも本来的な金融機能を実現しているという点です。先進国において、資金需要があるのは零細企業や個人です。彼らに対して資金を提供しているのは、担保主義を中核とする銀行ではなく、「商流」を見てお金を貸すことができる金融ディスラプターたちです。それはアリババに顕著ですが、アマゾンもまた同様の役割を果たしています。

第3に、テクノロジー企業における「当たり前」を金融産業に持ち込んだという点です。特にアマゾンが持ち込んだものは「カスタマーエクスペリエンス」というゲームのルールです。グローバルに俯瞰してみれば、この点でも中国メガテックが先行しているとする向きもありますが、アリババやテンセントのサービスが中国以外の国々に浸透していない状況下、その凄みを理解しやすいのはアマゾンのカスタマーエクスペリエンスです。

ビジネスモデルの循環を強化

しかしなぜアマゾンは金融事業に参入するのか。銀行の3大業務である預金、貸出、為替を事実上、展開しているのはなぜなのか。まずはこの点を深掘りしていきましょう。

アマゾンはベゾスが創業時に紙ナプキンにメモしたビジネスモデル（図表4－4）を回すことで、アマゾン経済圏を拡大させています。

ビジネスモデルの中心に置かれているのは「成長（growth）」という言葉です。その周辺に次のような循環図が描かれています。

「セレクション（品揃え）を増やす」、すなわち多くの商品を取扱い、お客様にとっての選択肢が増えると「お客様の満足度が上がる」。満足度が上がると「トラフィックが増える」、つまりアマゾンに人が集まる。すると「そこで物を売りたい」という販売者が集まる。ますます「選択肢が増え」「お客様の満足度が上がる」。これがアマゾンの経済圏が成長していく循環構造になっています。

さて結論めいたことを述べるならば、アマゾンの金融事業とは、この循環構造を強化するかたちでアマゾン経済圏の拡大を促すものです。売り手の数を増やし、売り手の事業を直接的に支援し、品揃えの拡大にも貢献するものです。その結果として、アマゾン経済圏全体のトラフィックが拡大するのです。

図表4-4　アマゾンのビジネスモデルと金融ビジネスとの関係

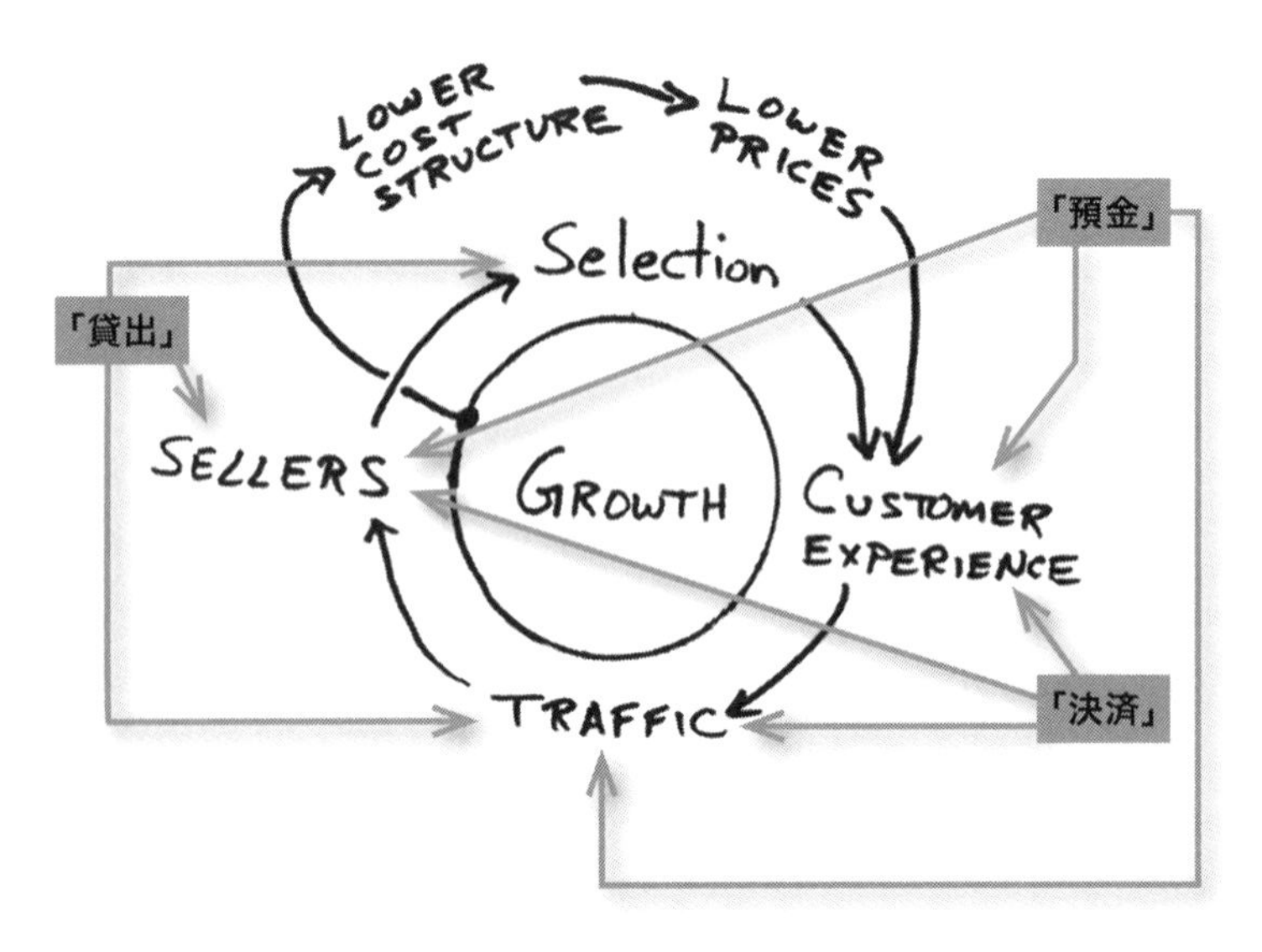

具体的に見てみましょう。アマゾンが提供する「貸出」機能の1つ、アマゾンレンディングは、アマゾンに出店している事業者（セラー）について、売上の推移、顧客からの評価などを含むデータをもとに信用力を評価します。この融資により、販売者が提供する品揃えはより豊富になり、ビジネスが成長することでしょう。

「決済」機能も同様です。周知の通り、ワンクリック決済はアマゾンを爆発的に成長させたきっかけの1つです。以降もアマゾンは、アマゾンペイやアマゾンゴー、そして音声決済であるアマゾンアレクサといった、イノベーティブな決済機能を投入し続けています。これまたカスタマーエクスペリエンスの向上やトラフィックの増大につながるわけです。

創業以来、アマゾンは「地球上で最も顧客第1主義の会社」として、カスタマーエクスペリエンスを追求してきました。そのビジョンも、前述のビジネスモデルにも一切変更はありません。金融事業もその一環です。ワンクリック決済がどれだけカスタマーエクスペリエンスを向上させたことか。アマゾンが金融事業に参入するのは、アマゾン経済圏の拡大を促す手段としてです。したがってアマゾンは、金融事業そのもので覇権を握ろうとは考えていないのだと、読み解くべきです。

これまでの「当たり前」を破壊

アマゾンが金融産業にもたらした破壊的なインパクトをシンプルに表現するなら、「これまで当たり前でなかったことが当たり前になった」というものです。

今やあらゆる業界で、このような変化が生じています。旧態依然とした古い業界においては、「不便」「手間がかかる」「時間がかかる」「人がやる」「フレンドリーでない」「楽しくない」「取引していることを意識させられる」といったことが「当たり前」でした。それは金融だけではありません。小売にも、広告業界にも、出版業界にも言えること。あえていうなら、ほとんどすべてのリアルな業種に当てはまります。

ところが、カスタマーエクスペリエンスの追求を自家薬籠中のものとするテクノロジー企業が、その「当たり前」を反転させてみせました。オンラインにおいては「便利」「手間がかからない」「時間がかからない」「わかりやすい」「自動でしてくれる」「フレンドリー」「楽しい」「取引していることを意識しない」といったサービスが当たり前です。

今後、あらゆる業界でデジタルトランスフォーメーションが進んでいく中、このような新しい「当たり前」が浸透していきます。アマゾンは、そのようなデジタルトランスフォーメーションの先導役と言えます。

以下、銀行の3大業務である預金・貸出・為替と紐づけながら、アマゾンが展開する主要な金融サービスを見ていきましょう。

決済を意識させないテクノロジー

アマゾンが最も早くに始めた金融サービスは「為替（決済）」関連のサービスです。決済機能の利便性を高めることが、リピートを促し、ＥＣ・小売の売上を増大させるために最も効果が高いと思われるからです。だからこそアマゾンは決済にこだわってきました。

アマゾンの創業は1994年。そして1997年にはワンクリックを発明しています。このスピード感から察するに、ベゾスはおそらく創業前から「決済を意識させない」というカスタマーエクスペリエンスの実現を目指していたはずです。

さてワンクリックとは文字通り、ワンクリックで決済、発送の手続きができる機能です。買い物の度にメールアドレスやカード情報、配達先の住所などを入力する手間が省かれ、「欲しいものがすぐ買える」ようになります。これにより、ECサイトとしてのアマゾンの利便性は飛躍的に向上しました。今となっては、ワンクリックで買い物が終わらないと、ストレスを感じるほどです。私自身、アマゾン以外のECサイトで買い物をしようとすると、決済までのプロセスでつまずいてしまうことが少なくありません。その手間を思えば、「買い物は全部アマゾンで、ワンクリックで」済ませてしまうライフスタイルが自然と強化されていくのは明らかです。

それほどに「決済を意識させない」サービスは、カスタマーエクスペリエンスの向上に寄与します。当然、アマゾン自身も「決済を意識させない」重要性を認識した上で、ワンクリック以降の決済サービスをデザインしているはずです。今、店舗数を増やしつつある無人レジコンビニ「アマゾンゴー」にはレジがなく、「支払い」を意識する必要がなくなりました。

その端緒はワンクリックにあったのです。

アマゾンペイによる劇的なトランザクション向上

そうなると、「アマゾンペイ」が持つ重要性もおわかりいただけるでしょう。アマゾンペイは、アマゾン以外のＥＣサイトにアマゾンのアカウントでログインし、アカウントに登録されている情報を利用して購入ができる決済サービスです。ＥＣサイトがアマゾンペイを導入することで、配送先住所やメールアドレス、クレジットカードなどの情報入力の手間を省略することができます。ワンクリックとはいきませんが、最短2クリックで、安全かつスムーズに買い物ができる環境をユーザーに提供します。２０１７年からは実店舗での決済「アマゾンペイプレイシズ」が始まりました。また、２０１８年からは実店舗でのＱＲコード決済も始まりました。

サービス提供から3年がたち、アマゾンペイを導入するＥＣサイトは数千社を超えました。アマゾンによると、導入前後でコンバージョン率（購入率）は１・5倍、新規顧客獲得数は56％増に達しているとのことです。アマゾンペイのサービスページには、ＥＣ事業者のコメントや事例が詳しく掲載されています。

日本の眼鏡ブランド「ＪＩＮＳ（ジンズ）」も、アマゾンペイを導入した企業の1社です。

同社は2007年にECを開設し、取扱額を伸ばしてきましたが、クレジットカード払い、コンビニ払い、代引き払いという3つの決済方法があり、そのすべてに会員登録が必要でした。メガネの買い替えサイクルは、せいぜい1年単位です。たまにしか購入しないのにわざわざ会員登録をすることがユーザーの負担になり、買い物の途中でページを離脱することが多かったそうです。そこで2016年にアマゾンペイを導入しました。すると、コンバージョン率は30％も増加したといいます。

「Amazon Payを支払方法に選ぶお客様は、商品の返品率が低いという結果が弊社サイトでは出ています。また、人気オンラインゲームとのコラボレーション商品においてはAmazon Payの利用率が全体の4割を超えたこともあります。Amazon Payの利用者は、ECに慣れ、インターネットに親和性のあるお客様が多いと感じます」（アマゾンペイのサービスページより）

アマゾンは顧客数を公表しない企業ですが、2016年には170の国と地域の3300万人がアマゾンペイを利用していることを明らかにしました。

音声決済の「アマゾンアレクサ」

音声決済手段としてのアマゾンアレクサも、存在感を増しています。アマゾンエコーなどアレクサ搭載デバイスを使って買い物をしている人はまだまだ少ないのですが、利用者は増加中です。「ボイスペイメント」という表現は米国ではもう一般的です。

使い勝手も、進化の一途をたどっています。私も何度か利用したことがあります。ある日、チョコレートを購入しようと、「アレクサ、明治のチョコレートを注文して」と命じました。するとアレクサは「明治のチョコレートは、○○があります。注文しますか」と答えました。そこでノーと答えると、また別のチョコレートを提案してくるのです。

文字入力に比べて音声入力は、簡単で、手がふさがっていても使えるなどの利点があります。何より「ただ話しかけるだけで買い物ができる」というカスタマーエクスペリエンスが最大の価値です。「米国では音声アシスタントによる決済（Voice Payments）がすでにヒートアップしている。2017年4月時点で、音声決済を利用している米国成人は8％。今後5年間で31％まで増えるとBIIは予測した。人数にすると1800万人から7800万人に浸透。2022年までに米国成人の3人に1人が音声決済を使うようになる」（佐藤元則著『金融破壊者たちの野望』東洋経済新報社）。

アマゾンダッシュボタンは、すべてのものがインターネットにつながるIoT時代の決済デバイスとして登場しました。Wi-Fi接続機能と2つのボタンを搭載するのみの小さなIoT機器で、ボタンを押せば事前に設定した商品を注文できます。つまり「商品の検索」すら不要なのです。CES2019に参加して驚いたのは、韓国LGがデジタルですべてのアマゾンダッシュボタンを表示する機能を持つＩｏＴ冷蔵庫を展示していたことです。この決済デバイスすらデジタル化しているのです。

もっともアマゾンダッシュボタンは、今となってはアレクサ登場以前のサービス、という印象があるかもしれません。洗剤やトイレットペーパー、飲料水など、購買頻度が高い生活用品に利用されることが多いのですが、一度アレクサで注文すれば以後はその商品を推奨してくるとあって、今後普及する音声決済によって代替される可能性は高いとも思います。実際にアマゾンでは２０１９年に入ってアマゾンダッシュボタンの新たな展開を中止することを明らかにしています。

ＩｏＴ決済の「アマゾンゴー」

そしてアマゾンゴーです。アマゾンゴーは新しい流通業のかたちとして取り上げられがちですが、本書においては新しい決済手段として注目したいと思います。

アマゾンゴーは２０１６年にアマゾン本社のあるシアトルで試験運用が始まり、２０１９年1月時点ではまだ9店舗ですが、アマゾンは２０２1年までに３０００店舗をオープンさせる計画を検討中とも言われています。ＣＥＳ２０１９では、「アマゾンなら実際にそれを実現するのではないか」と指摘する人も少なくありませんでした。

アマゾンゴーの仕組みをあらためて説明すると、買い物客は自動改札機のようなゲートにスマホをかざして、ＱＲコードでアマゾンＩＤを認証させて入店します。あとは陳列棚から商品をピックアップして、そのまま店を出ていいのです。店を出る時に自動的に決済され、スマホにレシートが送られてきます。その技術的背景は詳しく語られていませんが、アマゾンが公開している情報を見れば、そこに用いられているＩｏＴ技術が、メガテック企業らしい最先端のものであることがわかります。

その技術は「Just Walk Out（ただ歩き去るだけ）」と名付けられています。「コンピュータビジョン」が店内のカメラを通じてお客の顔などを認識し、どこで何をしているかを観察します。「センサーフュージョン」は、お客がどこでどのような商品を手に取ったかを認識します。そして「ディープラーニング」によってＡＩがお客の行動を学習し、超高速でＰＤＣＡを回し、ユーザーエクスペリエンスをさらに高めていくのです。

事業者向け融資「アマゾンレンディング」の革新性

続いて、アマゾンが提供する「貸出」を見てみましょう。サービス名は「アマゾンレンディング」です。

アマゾンのコーポレートサイトには「法人の販売事業者のさらなるビジネス拡大を支援する短期運転資金型ローン」とあります。そのメリットとして、オンライン手続きで最短で5営業日で完了するというタイムリーな資金調達が可能である点、販売事業者の売上が決済されるアマゾンのアカウントから毎月自動で引き落とされるというシンプルな返済手続き、そして最大5000万円までの融資額が挙げられています。

繰り返しになりますが、アマゾンが融資に際して審査しているのは、事業計画や不動産担保ではありません。端的にいえば、アマゾンが抱える商流、物流、金流に蓄積された膨大なデータが判断材料です。過去の販売実績や決済データなどを基にして審査しているのです。

これができるのは、商流、物流、金流を三位一体で押さえているからに他なりません。アマゾンは「フルフィルメントby Amazon」の名で物流機能をセラーに提供しています。事業者の商品販売状況も、在庫状況も、アマゾンには筒抜けなのです。これまで融資のビジネスは、銀行やノンバンクの独壇場でしたが、アマゾンは商流、物流、金流のデータを活用することで、法人向け融資のメインプレイヤーに躍り出ようとしているのです。

しかし、狙いはあくまでもアマゾン経済圏の拡大です。販売事業者に融資をすることで利息収入を得られるだけでなく、彼らのビジネスの成長により、アマゾンの売上高も増えることになります。

預金機能としての「アマゾンギフトカード」「アマゾンキャッシュ」

銀行の3大業務の中でも、最も規制を受けているのが「預金」です。お金を人から預かる業務は、銀行の一番のレゾンデートル（存在意義）といっても過言ではないでしょう。自己資本比率をはじめとする、ガチガチの規制があります。

ところが、アマゾンギフトカードやアマゾンキャッシュ（アマゾンチャージ）は「ユーザーからお金を預かる」という点で、広義の預金といって差し支えない機能を持っています。

また金利という形ではありませんが、ポイント付与というかたちで銀行預金ではあり得ない水準の実質的な利息をつけています。

アマゾンギフトカードは、アマゾン内でのショッピングに使えるギフトカードです。コンビニで購入したり、オンラインで購入できます。「ギフトカード」とあるように贈呈用に購入するユーザーも多いのですが、自分自身の支払い手段としても使われています。好きな金額をチャージできるタイプのギフトカードを選び、コンビニやATM、ネットバンキング払いで残高を追加する度に、通常会員は最大2・0%、プライム会員は最大2・5%のアマゾンポイントが貯まるのです。メガバンクの普通預金金利が0・001%、定期預金金利でも0・01%という時代にあって、これは非常に魅力的です。

アマゾンキャッシュは、いわゆるプリペイド口座です。通常、アマゾンで買い物をするには、アカウントを作成して、銀行口座あるいはクレジットカード番号を登録する必要があります。アマゾンキャッシュはこの手間を省き、アマゾン口座に入金した現金で買い物ができる、というサービスです。

ユーザーは、銀行口座やクレジットカードを持たない人たちです。米国には「アンバンク」という言葉があります。それは銀行口座を持たないか、あるいは銀行以外の金融サービスを受けている人たちを指す言葉です。米連邦預金保険公社（FDIC）の調査によると、米国で銀行口座を持たない層は3350万世帯と推定されています。彼らはこれまでアマゾンを利用できませんでしたが、アマゾンキャッシュによって彼らをもアマゾン経済圏に取り込むことが可能になります。

既存金融機関には「土管機能」すら残らない？

近年、金融業界を巡る議論において、「フィンテックがこれからマーケットの覇権を握る結果、既存の金融機関は『土管機能』しか残らない」という指摘があります。その点について、『FinTechの衝撃』（城田真琴著、東洋経済新報社）から引用しましょう。

「（中略）銀行の業務が口座の維持管理に限定されてしまうことを意味する。フィンテック企業は、ユーザーの口座に入出金したり、残高確認のために銀行との接続を必要とするが、その他のサービスは自分たちで提供する。極論すると、既存の金融機関の業務は口座の維持管理のみになってしまう可能性がある。そうなると当然、他社と差別化することは難しくなる。

日本の携帯3社がいずれもiPhoneを扱うようになった結果、消費者は携帯電話会社の選択にこだわりがなくなったように、金融機関の顧客も口座を開設できれば、どこの銀行でも構わないと考えるようになり、通信事業者と同じ状況に陥る恐れがある」

しかし、アマゾンキャッシュのように預金機能がフィンテックによって提供できるようになると「口座の維持管理」すら金融機関の役割ではなくなってくるかもしれません。アマゾンキャッシュにお金をチャージすれば銀行口座を持っていなくても日常生活には困らない、ということです。2018年には「厚労省、電子マネーでの給与支払い解禁検討」（共同通信、2018年10月24日）という報道もありました。「スマートフォンの資金決済アプリなどへの入金が想定されている」とのことです。そうなると土管機能すら銀行に残らないかもしれません。なお、私自身がこの点についてどのように分析しているのかは第8章で論述しました。あわせて参照してください。

レイヤー構造で考えるアマゾン銀行の詳細予測

ここまで見てきたように、アマゾン経済圏の拡大のため、そして「地球上で最も顧客第1主義の会社」という使命の実現のため、金融事業の推進はごく自然な帰結であるように思われます。ならば「アマゾン銀行」誕生は、予想しない方がおかしいというものです。

実際のところ、アマゾンは銀行業への本格進出を狙いながらも、複雑で多岐にわたる規制や米銀行業界からの反対などにより、実現できないままでいます。その一方で、現行の規制下でも可能なクレジットカード事業や、アマゾンレンディング、アマゾンペイなどの金融サービスを展開してきました。

しかしアマゾンなど米大手ＩＴ企業の銀行業参入が阻まれてきた中で、中国のアリババやテンセントが中国人向けに決済サービスなどのネットワークを米国においても急速に拡大中です。このような状況下、米国の金融当局は中国ＩＴ大手の攻勢に危機感を持ち始め、銀行と商業の分離を義務付ける規制の見直しを真剣に検討しています。今後はＩＴ大手の参入を認めて競争を促進し、米銀にもこの分野での競争力を高めることを求める方向に舵を切ると見るのが妥当でしょう。私は、米金融当局がアマゾンを含めたＩＴ大手に銀行業本格参入を認めるのは時間の問題だと予想しています。

独自の仮想通貨を基軸に「ビッグデータ×ＡＩ」を駆使

アマゾンが銀行業に参入することになった場合は、アマゾンはまずは預貸業務や決済業務から開始するものと考えられます。

ＡＷＳ部門のクライアントである銀行に対して、業務のＡＩ化を支援してきたアマゾン自身が銀行業に乗り出すとすれば、アリババやテンセント以上の破壊的なインパクトを業界に与えると見ておくべきでしょう。

より具体的には、アマゾン独自の仮想通貨を基軸としてアマゾン経済圏を拡大すること、テクノロジー企業としての技術力を活かしてブロックチェーンとＡＩを活用した新たな金融・商業のプラットフォームを構築することなどが予想されます。

そして「ビッグデータ×ＡＩ」を駆使し、多くの銀行によるＡＷＳ活用の知見をフルに活かした「ＡＩ銀行」としての「アマゾン銀行」が誕生するのではないでしょうか。最終章で述べている「金融４・０」を提供する先駆者は、アマゾンになるのかもしれません。アマゾンが自社経済圏で使える「アマゾンコイン」を発行した場合、まさに巨大なアマゾン経済圏が名実ともに誕生するといえるでしょう。

既存のリアル店舗、スタッフ、過大なシステムといった「レガシー」を持たないデジタル銀行やＡＩ銀行としてのアマゾン銀行が誕生し、顧客の利便性向上に特化して優れたカスタマーエクスペリエンスやスピーディーなサービスを提供するようになった時、近未来型店舗としてアマゾンゴーの銀行版リアル店舗も展開するようになった時、既存金融機関にとって大きな脅威になることは確実でしょう。アマゾン銀行の誕生を完全に否定できる根拠にも乏しいのです。

アマゾン銀行を中核とするレイヤー構造

図表4-5は、アマゾン銀行を中核とするアマゾンビジネスのレイヤー構造をまとめたものです。アマゾン銀行が実際に展開された場合の事業構造を予測したものです。

まずはすべてのビジネスのインフラとして位置づけられるのがクラウドコンピューティングのAWSです。AWSはアマゾン銀行のブレイン的な機能を果たしていくとともに、アマゾン銀行で蓄積されていくAI銀行としてのノウハウを新たな基盤として外部に公開していくのではないでしょうか。

AWSの上に位置するのが、EC・小売の生命線としてのロジスティックス部門です。物流を押さえていることがアマゾンの特徴の1つです。アマゾン銀行の展開とともに、まさに商流・物流・金流を三位一体で押さえていくことになります。

そして、アマゾン銀行はアマゾン全体の金流を担うとともに、決済部分であるアマゾンペイ（各種決済）、アマゾンアレクサ（音声決済）、アマゾンゴー（IoT決済）をつないでいく役割を担うことになります。さらには、「バンク」の意味でもある「蓄える」という観点においては、商流・物流・金流を三位一体で押さえていく「情報銀行」としても事業展開できる潜在力を有していると思います。

図表4-5　アマゾン銀行を中核とするレイヤー構造

金融サービス	EC・小売	エンターテインメント	モビリティサービス	スマートホーム	その他サービス
「決済」	アマゾンペイ（各種決済）		アマゾンアレクサ（音声決済）		アマゾンゴー（IoT決済）
「銀行」		アマゾン銀行			
「ロジスティックス」			FBA（フルフィルメント by Amazon）		
「クラウドコンピューティング」			AWS（アマゾンウェブサービス）		

決済という機能だけ見ても、アマゾン銀行設立によって、アマゾンが中央銀行決済システムや民間銀行システムにつながり、各種決済、音声決済、ＩｏＴ決済などがアマゾン銀行の口座振替に直結するという意味があります。序章の「２０２５年４月の近未来」ストーリーで予測したように、独自通貨としてのアマゾンコインが登場したとしても、銀行口座ができることによってアマゾンと消費者双方にとって利便性が高まることは確実です。

アマゾン銀行を抱えた上での顧客接点としての決済部分であるアマゾンペイ、アマゾンアレクサ、アマゾンゴーからは、アマゾンが展開する様々な商品・サービス・コンテンツに顧客を誘導することが可能になるでしょう。これらの対象としては、銀行・証券・保険などの金融サービス、EC・小売、エンターテインメント、アマゾンアレクサの搭載が進むモビリティーサービス、アマゾンアレクサをエコシステムとするスマート生活サービスなどが指摘できるでしょう。

「顧客をその人の宇宙の中心に置いてあげる」

アマゾン銀行が誕生した時、既存金融機関にとっての最大の脅威は、「世界で最も顧客第1主義の会社」というミッションと、それと表裏一体の優れたカスタマーエクスペリエンスの中で、銀行業務を展開してくることです。序章の「2025年4月の近未来」ストーリーの中で予測したように、アマゾン銀行は「銀行取引していることを感じない快適な体験」をモットーとして展開される可能性が高いでしょう。

ジェフ・ベゾス本人の定義によれば、顧客第1主義とは「聞く」「発明する」「パーソナライズする」の3点から構成されています。顧客の声に耳を傾け、それに応えるべく、発明とイノベーションを行う。3つ目の「パーソナライズ」の定義が絶妙で、put them at their own universe、つまり、顧客をその人の宇宙の中心に置いてあげることがパーソナライゼーションだと言っているのです。

私は、アマゾンが銀行業務に乗り出す際には、培ってきた「ビッグデータ×ＡＩ」のテクノロジーを活用して、同時に多数の人に対してカスタマイゼーションを行うという、マス・カスタマイゼーションの金融サービスを提供してくるのではないかと予測しています。

例えば、アマゾンのＥＣサイトで取引を行っているセラーとしての中小企業に対しては、アマゾンで蓄積された商流・物流・金流での三位一体のデータを活用して、その企業が本当に必要とする金額やタイミングで、そして「ダイナミックプライシング」（ＡＩを活用した動的な価格決定方式）としての利率で、ローンはもとより、損害保険や余資運用などの提案が可能になってくるでしょう。

音声ＡＩアシスタントであるアマゾンアレクサを搭載する次世代自動車もさらに広がりを見せる中で、「走った分に応じた自動車保険の提供」などもアマゾンの視野に入っているかもしれません。

「使った分だけ・使いたい分だけ」のローンや保険、「残った分だけ」の余資運用などは、既存金融機関よりアマゾンが得意とするものではないでしょうか。

ジェフ・ベゾスが長年言い続けてきた「パーソナライズする」という行為は、「ビッグデータ×ＡＩ」と掛け合わされて、アマゾン銀行でも実現される合理性が高いのです。

2025年、あなたはどちらの銀行を選ぶか？

これまでの議論をもとに分析してみると、私が考えるアマゾン銀行の特徴とは、第2章の図表2－2にも示した「これから当たり前になること」の8項目です。

- 便利
- 手間がかからない
- 時間がかからない
- わかりやすい
- 自動でしてくれる
- フレンドリー
- 楽しい
- 取引していることを意識しない

そして何よりも、アマゾン銀行が誕生した時の脅威とは、序章の近未来ストーリーで描いたように、本業であるEC・小売事業から金融事業を垂直統合できるという強み、生活サービス全般の中で金融サービスを提供できるという強みなのです。

2025年、あなたは、「AI化する銀行」と「銀行も始めるアマゾン」のどちらと取引したいと考えるでしょうか。それが、「アマゾン銀行が誕生する日」が本当に到来するか否かを決めるのです。

第9章で取り上げるDBS銀行のグレッドヒルCIOは、「もしアマゾンのジェフ・ベゾスが銀行業を行うとしたら、何をするだろうか?」という視点で徹底的に考え、その結果、同行は「世界一のデジタル銀行」に変革されました。本章の真価は、読者が同じように思考するためのデザインシンキングやクリティカルシンキングを身につけることにもあるのです。

第5章

中国を世界最先端のフィンテック大国に変えたアリババ、テンセント

金融をビジネスモデルの核として生活サービスを展開

アマゾンと並ぶ、世界の3大メガテックとして取り上げたいのは、アリババとテンセントです。世界最先端のフィンテック大国となった中国からの2社です。

「世界最先端のフィンテック大国」という表現がオーバーだと思われた方には、本章の最終項である「世界最先端のフィンテック大国、中国の現在」を先にお読みいただくことをお勧めします。さらには、日本にいる中国人の知り合いにアリババグループのアプリである「アリペイ」を見せてもらうことをお勧めします。「中国からの渡航者向けの金融サービス」という位置づけですが、同アプリからは、詳細な加盟店情報はもとより、銀行・証券・保険・投資信託など、一連の金融サービス、ECやその他サービスまで、シームレスに取引が可能になっていることに驚くはずです。

そして詳細は本章で述べていくようにアリババの金融での凄さはアリペイの表面的な機能だけにとどまりません。キャッシュレスやQRコード決済だけが凄いわけではないのです。アリババは、ECサイトをルーツにしながら、物流事業やリアルショップ、クラウド、宇宙、そして金融と、あらゆる事業に進出するエブリシング・カンパニーへと変化し、独自の経済圏を広げている点でアマゾンと類似します。

特に金融については、アマゾンをはるかに超える事業展開を行っています。同社は当初から金融サービスに注力し、とりわけ決済機能に注力しました。

アリババの決済アプリ「アリペイ」には約8億7000万人の年間アクティブユーザーがいるとされ（2018年3月期プレスリリース）、現在40以上の国・地域でアリペイによる決済が可能となっています。

一方で、テンセントのウィーチャットペイは、コミュニケーションアプリ「ウィーチャット」のウォレット機能として提供されています。ウィーチャットには約10億5700万人の月間アクティブユーザーがいるとされています（2018年6月期四半期報告）。

この2つのアプリを軸に、中国のキャッシュレス決済の比率は8割以上にのぼっています。

アマゾン以上に「金融の覇権」へ強い意志

それでは、アリババとテンセントが決済に注力する目的は何なのでしょう。

第4章で論じたように、アマゾンにとっての金融事業とは、アマゾン経済圏の拡大を促すためのものであり、あくまで手段に過ぎません。そのためアマゾンは「金融事業そのもので覇権を握ろうとは考えていない」のです。

一方、アリババとテンセントはどうかというと、両社にとって金融はビジネスモデルの核となるものです。アリババ経済圏の中心にあるのはアリペイです。アリババは、アントフィナンシャルという別の戦略会社で金融事業を推し進めています。

テンセントもウィーチャットの圧倒的な存在感を背景に生活サービス全般の支配を目論んでいます。圧倒的に優位な顧客接点と、そこから得られる膨大なデータがあれば、金融サービスの質量で先行したアリババに追いつくのも、難しいことではないはず。むしろ、アリババを参考にすることで、後発の有利さを思う存分享受できるかもしれません。

いずれにせよ、中国の金融ディスラプター2社のビジネスモデルにとって、金融はなくてはならないものであり、「覇権」を握ろうとする意志も強烈です。それだけに、既存金融産業にとってはアマゾン以上の脅威となる存在です。

既存金融機関よりも「金融の本質」に近づく

アリペイはアリババのＥＣプラットフォームの決済手段として、ウィーチャットペイはテンセントの通話やメッセンジャーといったソーシャル・コミュニケーション・プラットフォームの多角化の一環として成長してきました。つまりアリババとテンセントは、出自としては金融プレイヤーではないのです。しかし今や、世界最先端のフィンテック大国における、2大プレイヤーになっています。

彼らが金融産業にもたらした価値とは、一体どのようなものか。私はそれを「既存金融機関よりも金融の本質に近づいた点にある」と考えています。

第2章において私は、巨大なプラットフォームの中に商流・金流・物流を抱え込んでいることが次世代金融プレイヤーの3大機能であると述べました。アリババとテンセントは、生活サービスのプラットフォームの中に商流・金流・物流を囲い込み、ユーザー1人ひとりに関するビッグデータを蓄積しています。そのデータが新たなサービスの開発に活用されるのはもちろんのことですが、さらに重要なのは、ユーザー1人ひとりの信用を測る物差し、すなわち信用情報になる点です。

既存金融機関は、伝統的な担保主義から脱することができず、そのため本当に資金需要のある中小企業、零細企業、あるいは個人への金融仲介を十分にできていません。つまり既存金融機関は、金融としての本来的な役割を果たすことができていないのです。

これに対して、アリババとテンセントは、そのプラットフォーム上に、商流・金流・物流のデータを蓄積し、それを主な判断材料にして資金需要がある個人や中小企業の信用力を審査し、お金を貸し出しています。この事実をもって私は、既存金融機関が取り逃している金融の本質をアリババやテンセントが体現していると評価しているのです。

アリババ創業者のジャック・マーは、次のように考えたそうです。

「『企業を金持ちと貧乏人に分けるなら、インターネットはまさに貧乏人の世界だ。なぜなら、大企業は自社独自の情報ルートを持っており、巨額の広告予算もある。小企業には何もない。小企業こそ最もインターネットを必要としているのだ。私は貧乏人を率いて革命を起こす』。民営の中小企業に活気がある浙江省で生まれ育ったジャック・マーは、中小企業の生存競争や発展をめぐる苦境を深く理解していた」（廉薇、辺慧、蘇向輝、曹鵬程著『アントフィナンシャル 1匹のアリがつくる新金融エコシステム』永井麻生子訳、みすず書房）

アリババであればECの利用者が増えれば増えるほど、テンセントであれば通話やメッセンジャーの利用者が増えれば増えるほど、それぞれのプラットフォーム上の商流・金流・物流が促進されます。例えば金流のプロセスでは、アリペイ口座やウィーチャットのウォレットに滞留する資金が発生します。すると、そこに紐づく様々な金融サービスが開発・提供され、プラットフォーム内外のサービスとも結びついていきます。

このようにしてアリババとテンセントは、伝統的な銀行が本来提供すべき機能をプラットフォーム

フォーム内外のサービスといっしょに丸ごと代替しようとしています。これこそが、「テクノロジー企業vs.既存金融機関の戦い」の構図において生じる、金融のディスラプションなのです。

先鋭化する中国の事業環境をＰＥＳＴ分析する

アリババ、テンセントを擁する中国が、これからの次世代金融産業に絶大な影響力を持つことは間違いありません。こうした超強力な金融ディスラプターが誕生した背景には、中国という国そのものが置かれた特殊な環境も関わっています。

そこで個別企業の分析に進む前に、中国のマクロ環境についてＰＥＳＴ分析を行いました。ＰＥＳＴ分析とは、政治（Politics）・経済（Economy）・社会（Society）・技術（Technology）の観点から、国や産業にもたらす変化を分析するものです（図表５－１）。

図表5-1　中国のPEST分析

	中国全体	金融関連
政治（P）	• 国家産業政策ー強国化とイノベーション •『一帯一路』 •『13次5カ年計画』 • 国策を受託する企業	• 金融政策ー外資規制緩和、電子決済市場の管理・監督体制の確立 • 金融行政改革ー中国人民銀行の権限・機能の強化 • 証券化による金融に対する規制強化
経済（E）	•『中国製造2025』 • 産業のスマート化 • インターネットと各産業の融合 • 新産業・新業態の創出 • 農村貧困人口の減少 • シェアリングエコノミー	• 2013年金利自由化ー既存銀行の収益性低下 • 金融全体としての規制緩和 • 2015年「インターネット金融の健全な発展の促進に関するガイドライン」 • 伝統的な金融機関のフィンテック銀行化
社会（S）	• 生活水準・国民資質・国家ガバナンスなどの質の向上 • 価値観の多様化、利便性、合理性 • デジタルネイティブ世代 • スマホ、SNS	• スマホ • SNS • モバイル決済 • キャッシュレス • 無人化・自動化 • シェアリング
技術（T）	• AI×ビッグデータ、クラウド、ニューラルネットワーク、コンピューティング、マシーンラーニング・ディープラーニング、5G、ロボティクス、自動運転	• AI • 顔認証・生体認証・センシング • フィンテック（広義・狭義） • ブロックチェーン • 無人化・自動化

政治的要因

政治的要因においては、中国政府の国家産業政策、特に強国化とイノベーションが注目すべき点です。

強国化の例としては何よりも、アジアからアフリカ・欧州にかけてインフラ、金融、テクノロジー、製造、ＥＣ、貿易などの中国経済圏を構築する大戦略「一帯一路」が挙げられます。あわせて、製造強国、自動車強国、「ＡＩで世界の最先端に」など、国際秩序のあり方をも変えてしまう「強国」志向の政策を、中国は次々と打ち出しています。

イノベーションとしては「13次5カ年計画」（２０１６年〜２０２０年）において、イノベーション駆動型の経済成長を目標として掲げています。また個別政策を通して新エネルギー、省エネ、ＡＩ、デジタルイノベーション、ビッグデータ活用など、国家が戦略的に取り組む新興分野が設定されています。とりわけ中国政府が強力に推進するＡＩ政策では、アリババは「都市計画×ＡＩ」、テンセントは「医療映像×ＡＩ」の国策受託企業に選定されています。

金融政策に目を転じましょう。２０１０年6月公布の「非金融機関支払サービス管理弁法（中国人民銀行令［２０１０］第2号）」で、アリペイやテンセントといった非金融機関が決済サービスを提供するには、最低出資金、出資者、マネーロンダリング対策など一定の条件のもと「支払業務許可証」の取得が義務付けられました。
２０１８年3月の「中国人民銀行公告［２０１８］第7号」では、外資企業が中国の電子決済市場へ参入するに際して、「外商投資企業」の設立、「支払業務許可証」の取得、独自の決済システムや災害復旧システムの完備、個人情報の扱いなどを条件に、規制が緩和されています。これは、内外資を同等に扱う一方で、急成長した中国の電子決済市場をより健全に発展させるために、管理・監督体制を確立するものです。

あわせて、インターネット金融の躍進、金融業界の中での協調の必要性や競争の激化を受けて、金融行政改革が行われました。新しい行政体制では、重要法規の立案など中国人民銀行へ機能が集中しています。

証券化による金融に対する規制も強化されてきています。例えば、２０１７年12月、中国人民銀行など当局は、小口融資事業者に対して、資産担保証券（ＡＢＳ）による資金調達をバランスシートに含めることを義務付けると発表しました。一般的に金融機関は証券化を通して小口融資をバランスシートから除外することで、自己資本に対する貸出比率を低く抑えるなどの会計処理を行うことが可能です。中国でも消費者金融最大手のアントフィナンシャルなどオンライン小口融資事業者は、低い純資本に対して多額の小口融資残高、多額のＡＢＳ発行残高を抱えていると言われています。

ところが中国でＡＢＳのオフバランス化が禁じられれば、ＡＢＳを発行するメリットは小さくなります。実際にこの規制後にアントフィナンシャル等の小口融資事業者はＡＢＳでの資金調達を手控えるようになってきています。

また中国人民銀行は２０１８年６月、「決済機構顧客準備預金全額集中預け入れに関する通知（銀弁発［２０１８］１１４号）」を発表しました。これはアリペイやウィーチャットペイといった中央銀行を経由しない決済システムを提供する事業者に対し、ユーザーによるアカウントへの入金額の１００％同額を中央銀行の中国人民銀行へ準備金として預け入れることを義務付けたものです。この措置にはユーザー保護の意味合いがありますが、一方で、アリペイやテンセントが経営上の影響を受けることは否めません。

経済的要因

次に、経済的要因を見てみましょう。

中国はすでに、基本的には「いくらかゆとりのある」社会を実現したとしていますが、「13次5カ年計画」では２０２０年までに全面的に実現すると謳いました。それにはまず経済成長が欠かせません。ＧＤＰと国民所得を２０２０年までに２０１０年の2倍にするという目標を掲げ、年平均の経済成長率を６・５％に設定しました。そこでは農業の現代化を通した農村貧困人口の減少、工業化と情報化の融合的発展、新産業や新業態の創出などが重要な課題として挙げられています。「インターネットプラス」「中国製造2025」「ビッグデータ発展の促進に関する行動綱要」など個別政策によっても、産業のスマート化、インターネットと製造業など各産業との融合が進められているところです。

モノ・サービスの稼働率や経営資源の効率性を上げ、経済全体の生産性を上げると言われるシェアリングエコノミーも推進されています。ライドシェアのディディなど有力な企業も現れており、中国のシェアリングエコノミーの市場規模はすでに7兆元を超えるとのデータもあります。

特に金融について言えば、2013年の金利自由化のインパクトは大きなものでした。これにより銀行間の競争が激化し、預金・貸出の利ザヤは縮小し、収益性も低くなりました。金利自由化以降は主要5行の純利益は減少し、成長率も鈍化しています。同時に、賃貸料や人件費が上昇し、実店舗の運営コストも上昇しています。金融全体としての規制緩和とも相まって、銀行の利益が圧迫される状況になってきているのです。

そうした中で銀行が取った対策が、デジタルチャネルの拡充や「フィンテック銀行」への転身でした。2017年には、アリババ・アントフィナンシャルと中国建設銀行、テンセントと中国銀行といった、金融ディスラプターと伝統的な金融機関の戦略提携も発表されました。これは、2015年7月にリリースされた「インターネット金融の健全な発展の促進に関するガイドライン」（中国人民銀行、工業情報化部、公安部、財政部など）に基づくものです。同ガイドラインでは、インターネットを通した決済、貸付、消費者金融、ファンド販売、保険、信用情報などインターネット金融の秩序ある発展が謳われる中、伝統的な金融機関がインターネット金融をその変革に利用することも奨励されています。

社会的要因

社会的要因はどうでしょう。ここでは、中国社会の質が変化してきていることを指摘できます。例えば、国民の生活水準、国民の資質、生態環境、国家ガバナンスなどは、「13次5カ年計画」でも目標項目として挙げられています。多様な価値観を持つ1980年代以降に生まれた世代が、中国の人口の半分を占めるとの統計もあるようです。

彼らは、スマホやSNSを使いこなすデジタルネイティブです。オンラインとオフラインが融合するOMO（Online Merges with Offline）が急速に普及する中、彼らは利便性・合理性を求めて当たり前にモバイル決済を利用しています。最近ではスマホでの新しいトレンドが中国から生まれるようになってきていますが、その大きな原動力ともなっています。

技術的要因

最後に、技術的要因です。ここでは、AI×ビッグデータ、IoT、クラウド、ニューラルネットワークとコンピューティング、マシンラーニングとディープラーニング、4Gから5Gへ、RPA（ロボットによる業務自動化）、自動運転などが挙げられます。顔認証・生体認証、センシングの進歩は、スマホすら必要とされない決済を可能にして、「無人レジコンビニ」の増加にも貢献しました。政府をあげて推進するAIなど技術政策については、先に政治的要因として述べた通りです。

フィンテックを広義にとらえる時、インフラ・サービス、プラットフォーム、融資、資産運用管理の4つの領域に分けて考えることができます。

インフラ・サービスは、アリペイやウィーチャットペイなどの決済システム、ビッグデータ、クラウド、ネットワークやセキュリティです。

プラットフォームは、アリババのECサイトやテンセントのコミュニケーションアプリといったユーザーにとってポータルとなるものです。ここには、オンライン銀行の個人口座への預金受け入れ、アリペイ口座やウィーチャットのウォレットなど預金のように資金を滞留させる機能も含まれます。

融資は、P2P融資、クラウドファンディング、小口融資などです。消費者金融や不動産金融なども含まれます。

資産運用管理はファンド、MMF、証券、保険、信託、デリバティブなどです。

一方で、フィンテックをより狭義の技術面から捉えるならば、ブロックチェーンや仮想通貨に関わる技術、AI、認証技術などを挙げることができます。中国ではそれぞれの領域に多くのプレイヤーが存在しますが、先に述べたABSオフバランス化の禁止といったフィンテックにも影響を及ぼす規制強化などで淘汰が進んでいる領域もあるようです。

以上が、アリババ、テンセントを取り巻く中国のマクロ環境です。「いくらかゆとりのある」社会が実現しようとしている巨大な中国市場、先進国を一気に追い越すリープフロッグ的な革新を遂げる技術、そして「国家統制型の資本主義」とでも言うべき中国独特の政治的後押し。これらの要因に加えて、経済的要請と中国社会の変化が相互に作用して、事業環境を形成している様子をうかがい知ることができるのではないでしょうか。

アリババ

大国なみの世界第5位の経済圏構築を目論む

続いては、アリババとテンセントの2社について、その事業概要と金融サービスを論じていきます。

世界銀行のコーポレートサイトに「金融包摂（Financial Inclusion）」と呼ばれる概念が説明されています。金融包摂とは「個人や企業が、信頼のおける方法によって、取引・決済・貯蓄・信用・保険などのニーズに合った、便利で適正な金融サービスにアクセスできること」。この定義に沿うならば、アリババとテンセントは人々が生活する中で起こるニーズの充足に着目し、その過程で出てくる金融サービスのニーズに対しテクノロジーを使って応える会社です。テクノロジーを使って「金融包摂」を実現しようとしている会社だと言えます。

それでは、まずアリババについて事業概要から見ていきましょう。

アリババは、1999年に現会長ジャック・マーによって創業されました。「社会問題を社会インフラで解決する」というミッション、「米国・中国・欧州・日本に次ぐ世界第5位のアリババ経済圏を構築する」という壮大なビジョンを掲げています。また「2036年までに世界で20億人の消費者へサービスを提供すること」「2036年までに1000万社がアリババのプラットフォーム上で収益を上げること」を戦略目標としています。

本社は杭州市、従業員数は2018年3月末で約6万6000人です。2014年にはニューヨーク証券取引所に上場、2019年3月11日現在の時価総額は4676億ドルと、世界トップ10圏内に入っています。アニュアルレポートによれば、2018年度（2017年4月1日〜2018年3月31日）の売上高は398億ドル、営業利益は110億ドルに達しました。前年度の売上高と営業利益はそれぞれ229億ドル、69億ドルだったので、ともに高い伸びを示していることがわかります。

生活サービス全般をカバーする事業展開

図表5-2に示したように、アリババグループはコアコマース事業、ローカルサービス事業、デジタルメディア&エンターテイメント事業、クラウドコンピューティング事業、マーケティングサービス事業、ロジスティクス事業、および決済&フィナンシャルサービス事業という7つの事業セグメントから構成されています。巨大なプラットフォームが、生活サー

ビス全般を覆っています。

コアコマース事業は、アリババのルーツであるECサイトの運営です。B2Cの「Tモール(天猫)」やC2Cの「タオバオ」など国内リテール、B2Bの「アリババドットコム」やサプライチェーンプラットフォーム「Lingshoutong/LST(零售通)」など国内ホールセール、「Tモールグローバル(天猫国際)」「アリエクスプレス」「ラザダ」など国際ECサービスが含まれています。

ローカルサービス事業は、生鮮食料品スーパー「フーマ(なおアリババは2019年1月30日付けのプレスリリースで、英語表記を「Hema」から「Freshippo」へ変更することを発表)」、飲食などの評価サービス「コウベイ(口碑)」、食品デリバリーサービス「Ele.me」、地図アプリ「amap(高徳地図)」などです。デジタルメディア&エンターテイメント事業には、動画配信プラットフォーム「ヨーク」「トゥドゥ(土豆)」などが含まれています。

クラウドコンピューティング事業は、アリペイをはじめアリババグループすべてのサービスコンテンツを支える、中国最大のクラウドサービスプロバイダー「アリババ・クラウド」が行っています。

マーケティングサービス事業では、データマネジメントプラットフォーム「ユニマーケティング」「アリママ」によって、Tモール(天猫)などに対してビッグデータの蓄積・解析

図表5-2　アリババの事業構造

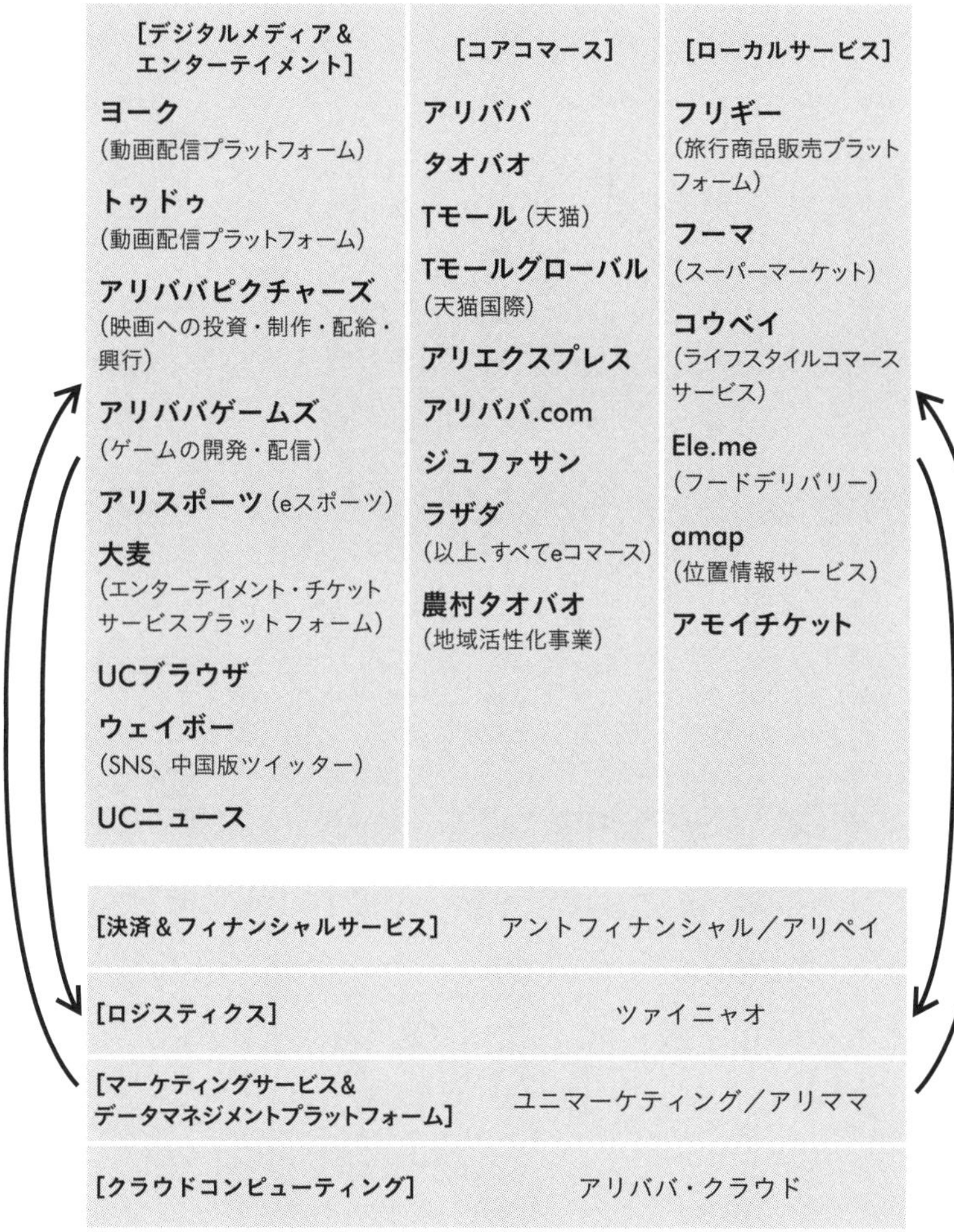

[デジタルメディア&エンターテイメント]	[コアコマース]	[ローカルサービス]
ヨーク（動画配信プラットフォーム）	**アリババ**	**フリギー**（旅行商品販売プラットフォーム）
トゥドゥ（動画配信プラットフォーム）	**タオバオ**	**フーマ**（スーパーマーケット）
アリババピクチャーズ（映画への投資・制作・配給・興行）	**Tモール**（天猫）	**コウベイ**（ライフスタイルコマースサービス）
アリババゲームズ（ゲームの開発・配信）	**Tモールグローバル**（天猫国際）	**Ele.me**（フードデリバリー）
アリスポーツ（eスポーツ）	**アリエクスプレス**	**amap**（位置情報サービス）
大麦（エンターテイメント・チケットサービスプラットフォーム）	**アリババ.com**	**アモイチケット**
UCブラウザ	**ジュファサン**	
ウェイボー（SNS、中国版ツイッター）	**ラザダ**（以上、すべてeコマース）	
UCニュース	**農村タオバオ**（地域活性化事業）	

[決済&フィナンシャルサービス]	アントフィナンシャル／アリペイ
[ロジスティクス]	ツァイニャオ
[マーケティングサービス&データマネジメントプラットフォーム]	ユニマーケティング／アリママ
[クラウドコンピューティング]	アリババ・クラウド

アリババのコーポレートサイトなどをもとに筆者作成

図表5-3　アリババの収益構造

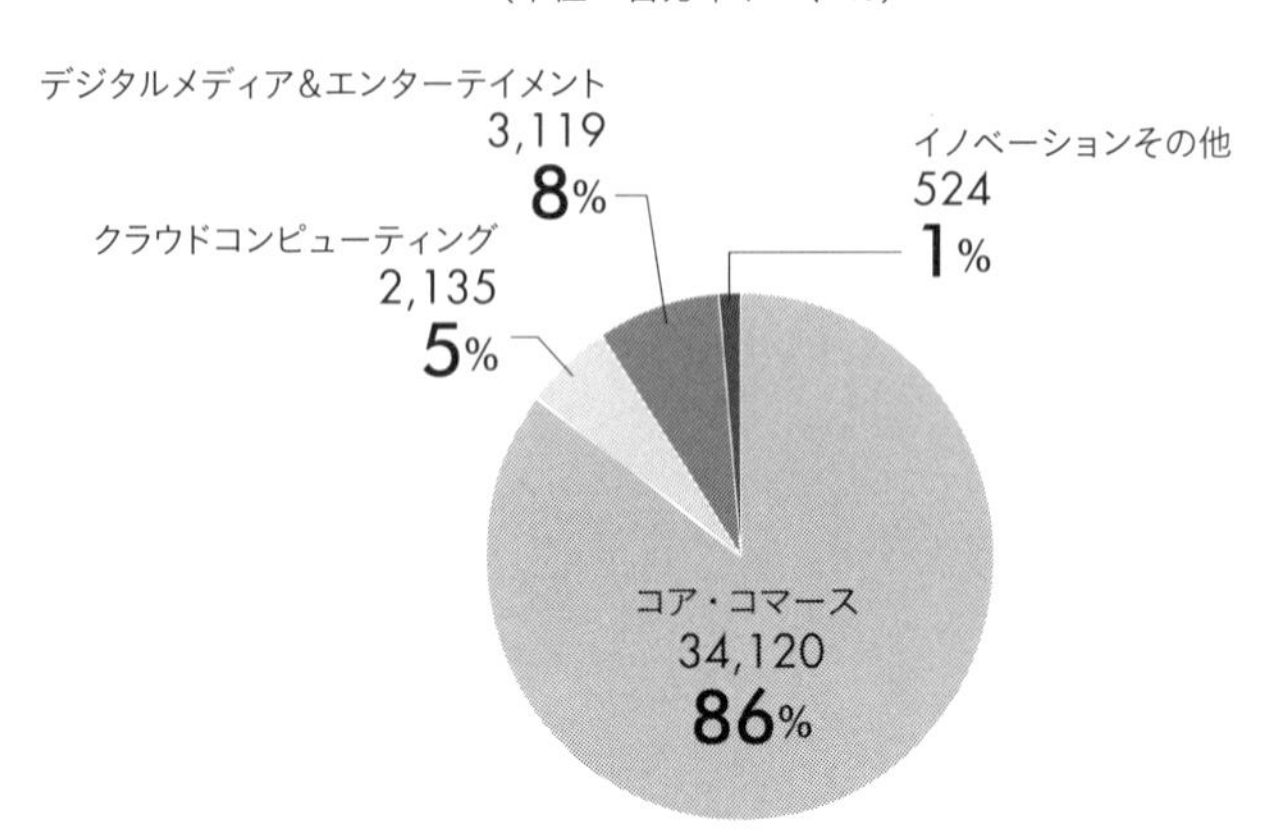

機能が提供されています。

ロジスティクス事業では、ロジスティクス企業「ツァイニャオ（菜鳥）」が中国国内全地区は24時間以内、グローバルは72時間以内というデリバリー目標のもと、アリババグループ全体の戦略的ロジスティクスを担っています。

そして、アリババグループの決済&ファイナンシャルサービス事業を担うのが、アリペイ決済などを提供する「アントファイナンシャル」です。

収益構造（図表5－3）を見る限り、コアコマース事業が2018年度売上高の86%を占め、アリババは今なおECの会社です。しかしデジタルメディア&エンターテイメント事業の売上高は201

5年から2018年の間で200%近くの年平均伸び率を記録しています。クラウドコンピューティング事業の売上高も同期間年平均170%超の伸び率で、世界シェアではアマゾン、マイクロソフト、IBM、グーグルに次いで第5位につけています。ニューリテール戦略に伴い、ツァイニャオの戦略性も高まるでしょう。また「AI×ビッグデータ」を扱うユニマーケティング、アリママのポテンシャルは言わずもがなです。アリババはプラットフォーム全体で収入を得る体制を整えています。

バックヤードのサービスでもアマゾンに対抗

コアコマース事業、ローカルサービス事業、デジタルメディア&エンターテイメント事業を個人や中小企業とのフロントヤードとすれば、アリババ・クラウド、ユニマーケティング、アリママ、ツァイニャオ、アントフィナンシャルは、それを支えるバックヤードです。

もっとも、バックヤードは単にフロントヤードを支えるだけにとどまるものではありません。ツァイニャオはそれ自身、最先端テクノロジーを駆使して国内外の宅配会社で構成される物流エコシステムを構築・運営しています。アントフィナンシャルは後述するように、アリババグループの金融事業を垂直統合する主体となる企業です。そしてアリババ・クラウドは、ユニマーケティング、アリママとともに、アリババグループに加えて様々な業界の事業者に対してクラウドコンピューティングや「AI×ビッグデータ」に関わるサービスを提供し、クラウドサービスの市場シェアでトップを走るアマゾンAWSに対抗しています。

またアリババは2016年10月、「ニューリテール」という概念を打ち出しました。これは2018年度のアニュアルレポートで、テクノロジーのイノベーションを通して「オンラインとオフラインの統合」を実現し、「顧客がいつでもどこでもシームレスな体験を享受できる」ことだと定義しています。つまりアリババのニューリテールとは、「オンライン＋オフライン＋物流＋テクノロジー」を通してカスタマーエクスペリエンスを極大化するもの、とも言い換えることができるでしょう。生鮮食料品スーパーのファーマションシェンやRT-MARTはその中核的な存在だと考えられます。カスタマーエクスペリエンスの追求は、「顧客との継続的で良好な関係性」を築くことができるかどうかにかかっています。アリババがアマゾンにも先駆けてニューリテールを提唱したことは、カスタマーエクスペリエンスの追求におけるアリババの先進性を物語っています。

経済圏の中核を担う「アントフィナンシャル」の全貌

それでは、アリババの金融事業を担うアントフィナンシャルを深掘りしていきましょう。アントフィナンシャルが手がける決済、融資や資産運用管理、信用情報などの金融サービスは、ユーザーの生活をより快適にする便利なツールとして、アリババのサービス全体を支えています。アントフィナンシャルこそ、巨大なアリババ経済圏の中核に位置する企業なのです。

もともとアントフィナンシャルは、アリババの決済を担う一部門に過ぎませんでした。始まりは2004年。アリババの連結子会社として「アリペイ」が設立されました。しかし、日本のソフトバンクなど外国資本も受け入れるアリババは2011年、中国人民銀行による外資規制上の都合でアリペイの持ち株を売却し、連結からも外しました。代わってアリペイの親会社となったのが、2011年にジャック・マー個人などによって設立された中国内資会社「Zhejiang Ant Small and Micro Financial Services Company, Ltd.」です。そして2014年10月、会社名をアントフィナンシャルに変更して現在に至っています。なお、アリペイは、2011年5月、「非金融機関支払サービス管理弁法」に基づいて中国人民銀行から事業ライセンス「支払業務許可証」を取得しています。

アリババとアントフィナンシャルの関係がわかりにくいかもしれませんので、補足しておきます。アリババは、2011年のアントフィナンシャル設立以降、直接的には同社の株主ではなく、2014年合意に基づいてアントフィナンシャルから支払金利前税引前利益（EBIT）の37・5％のプロフィットシェアなどを受けるというスキームを取っていました。しかし2018年2月、アリババは新株発行を引き受けるかたちでアントフィナンシャルの株式33％を取得すること、あわせてプロフィットシェアなど従来のスキームを終了することを発表しました。こうしてアントフィナンシャルは、文字通り、アリババグループの金融事業を担う子会社（非連結）になるのです。

「テクノロジーによって金融包摂を実現する」という意志

アントフィナンシャルは非上場のため、収益構造や連結の範囲を明らかにしていませんが、2018年4月18日のロイター記事によれば、2017年の売上高は89億ドル、税引前利益は21億ドル。中国国内でも突出したユニコーン企業です。アリババの売上高・営業利益と比べればおおむね5分の1の規模となっています。また、その売上高の約55％をアリペイが稼いでいるとされています。

アントフィナンシャルのコーポレートサイトなどによれば、アントフィナンシャルは、自らを「包摂的な金融サービスを世界に提供するテクノロジー企業」とし、自らを「テックフィン（TechFin）」会社と呼んでいます。耳馴染みのある「フィンテック」ではなく「テックフィン」。これには、金融サービスやフィンテック自体で収益を上げていくのではなく、「テクノロジーによって金融包摂を実現する」「ユーザーの金融ニーズに応える」という意志が表れていると、私は感じています。

「アント・フィナンシャルの努力は、すべて1つの目標に向かっている。それは、未来に向けたデジタル金融エコシステムを構築することであり、科学技術を用いて世界に多くの平等な機会をもたらすことである」（由曦著『アント・フィナンシャルの成功法則 〝アリペイ〟を生み出した巨大ユニコーン企業』永井麻生子訳、CCCメディアハウス）

技術革新を通してオープンな信用システムや金融プラットフォームを構築し、伝統的な金融機関がサービス対象にしてこなかった個人や中小企業・零細企業へ安全、便利、包摂的な金融サービスを提供する会社。それがアントフィナンシャルです。

すべての起点となる「アリペイ」

アントフィナンシャルは、決済のアリペイ、資産運用管理のアントフォーチュン（蚂蚁財富）、信用スコアリングのジーマクレジット（芝麻信用）、オンライン銀行のマイバンクなどを傘下に持つことで、金融サービスのエコシステムを構築しています。それぞれを解説していきましょう。

まずは、アントフィナンシャルの売上高の55％を稼ぐと言われ、エコシステムの起点とも言うべきアリペイです。アリペイは、Tモール（天猫）やタオバオといったアリババのECサイト、フーマやRT-MARTなどアリババが手がけるニューリテール店舗はもちろんのこと、第3者のリアル店舗やECサイトでのショッピング、電気・ガスなど公共料金、タクシー・バス・地下鉄・フライトなど交通手段、レストラン・テーマパーク・映画館など飲食・娯楽施設といった、ありとあらゆるサービスシーンで利用することができる決済システムとして、中国を席巻しました。

主な機能は、スマホにインストールされたアプリ「アリペイ」を通したQRコード決済です。

QRコード決済には2つの方法があります。1つは、ユーザーが自身のアプリ画面に表示されるQRコードを店舗店員へ提示し、店舗店員がそれを読み取り機で読み込むという方法です。もう1つは、店舗がレジで提示するQRコードを、ユーザー自身がアプリ画面のスキャン機能を使って読み取る方法です。アリペイ決済を利用するユーザーのほとんどがこれらQRコード決済を利用しています。

ユーザーには原則的に、コストはかかりません。スマホを使うなら、アリペイアプリをインストールして、銀行口座との連携などを設定するだけです。アリペイ決済を導入する事業者の手数料も低額です。ユーザーにとっても事業者にとっても魅力的なツールなのです。中国でQRコード決済が一気に普及した主な要因がこれです。

すべてのサービスの入り口

アリペイ決済には、エスクローサービスも付いています。エスクローとは取引の安全性を保証する仲介のことです。ユーザーと販売者がお互いに顔を見ることができないECサイト取引の場合、アリペイがその取引の安全性を保証するのです。商品を購入するユーザーはアリペイ決済を通して代金を支払います。代金はこの時点でいったんアリペイにプールされることになります。そしてアリペイは、ユーザーの支払いを販売者へ報告します。販売者はその報告をもって商品をユーザーへ発送します。商品を受け取ったユーザーは商品の内容を確認します。商品に問題がなければアリペイにプールされていた代金は販売者に支払われます。もし問題があればアリペイがユーザーと販売者間のトラブル解決を仲介し、ユーザーにはリファンドされます。不正や偽造が多発していた中国市場でアリババのＥＣが飛躍的に伸びた背景には、このエスクローサービスによる安全性の保証もありました。

アリペイは決済以外にも利用されます。正確に言えば、アリペイアプリから決済以外の様々なサービスにアクセスできるということです。

アリペイアプリの画面にそって説明します。トップページ・バーの「スキャン（Scan）」と「ペイ（Pay）」はＱＲコード決済に使用します。「コレクト（Collect）」は割り勘機能、「ポケット（Pocket）」では割引や優待などが受けられます。他にも、送金機能の「トランスファー（Transfer）」、チャージ機能の「トップアップ（Phone Top-up）」、少額投資の「ユエバオ（Yu'E Bao／余額宝）」、信用スコアリングの「ジーマクレジット（芝麻信用）」、小口融資の「マイバンク（MYbank）」、保険サービスの「インシュランス（Insurance）」などがあります。レストランなどでの事前予約・支払い・テイクアウト、映画チケットの購入、フライトやホテルの予約など、サードパーティのサービスへもつながっています。

もちろん、アリババのＴモール（天猫）やタオバオへもアクセスできます。これらすべてがアリペイ決済です。アリペイアプリが、決済を入り口にしてアリババグループの生活サービスや金融サービス、さらにはサードパーティのサービスへのポータルの役割を果たしていることが、ひと目でわかるインターフェイスになっています。

ワンストップの資産運用サービス「アントフォーチュン」

続いては、アントフォーチュン（蚂蚁財富）です。2015年8月にローンチされたアントフォーチュンは、株式・ファンド・ゴールド・定期などユーザーの資産をワンストップで運用管理するサービスです。

代表的な商品は2013年からサービスが始まった「ユエバオ（Yu'E Bao／余額宝）」です。ユエバオは、アントフィナンシャルが出資する天弘基金によって運用されています。アリペイアプリからアクセスすることができ、アリペイのアカウントに紐づけられています。

ユエバオはもともとMMFですが、アリペイアプリのユエバオアイコンからのアクセス先には他社のMMFも含まれています。その意味では、ユエバオは、アントフィナンシャルによる資産運用管理ポータルとも言えるでしょう。

ＭＭＦとしてのユエバオの特徴は、最低１人民元から投資できること、銀行預金よりも高い金利で運用できること、アリペイ決済にユエバオ口座を利用できること、即日引き出しが可能で解約ペナルティもないことなどです。つまり流動性が高く、利便性に優れた金融商品だと言えます。ユエバオは２０１７年第３四半期時点の預かり資産残高が１兆５６００億人民元（約25兆４０００億円）に達し、中国のＭＭＦ全体の23％以上を占めていると言われています。

なお、２０１７年からは、ユエバオに対する当局の規制・監視が強化されてきています。ユエバオ口座への出し入れ可能額、１日当たりの預け入れ可能額、１日当たりのユエバオ販売枠に制限が課されてきています。さらには、当局が即日引き出しの制限も検討しているとの報道もあります。ユーザーの利便性が低下している部分があることは否めないでしょう。

とはいえ、ユエバオがアリペイ口座に滞留する資金を有効活用する手段であるのは間違いありません。アリペイ決済の促進、アリババによる生活サービスのプラットフォームの中の商流・金流・物流の促進、そしてアリババのプラットフォームの強化に、大いに寄与するものです。

他社の金融商品も販売するプラットフォーム

ユエバオとあわせて注目したいサービスに、2017年6月にローンチされたサードパーティ金融機関向けのマーケットプレイス「財富号（Caifu Hao）」があります。アントフォーチュンのユーザーは財富号を通して、アントフィナンシャルの金融商品だけでなく、サードパーティが提供する保険や定期預金などの金融商品も購入することができます。サードパーティの金融機関にとっては販売チャネルの拡大や販促費用節減というメリットがあります。一方、アリババやアントフィナンシャルにとっては、品揃えの充実でユーザーの選択肢を増やし、利便性を向上させられるメリットがあります。

こうなると、アリババのプラットフォームにサードパーティが集まってくるのも必然です。結果、ユーザーは増え、商流・金流・物流からのビッグデータが蓄積され、それを活用してのプラットフォームの強化といった相乗効果が生まれていきます。

個人や企業の信用をスコア化する「ジーマクレジット」

2015年1月にサービスが開始された「ジーマクレジット」は、アリババやアントフィナンシャルが蓄積してきた個人や中小企業のビッグデータをAI・クラウドコンピューティングによって解析・活用し、独自に個人や企業の信用力をスコア化するものです。デポジットを取ったり過去の返済履歴を審査したりする従来の与信制度とは異なる、新しい形態の審査の仕組みです。

「新しいレンディング経済」を創造

ジーマクレジットのコーポレートサイトによれば、ジーマクレジットは「『新しいレンディング経済』で発生する信用ギャップを橋渡しする」と謳い、商取引に際して発生しがちなデポジットなど顧客の費用負担や事業者のリスク要因を取り除くとともに、商取引を信用のおけるものにするとしています。ここで彼らが言っている「新しいレンディング経済」は、シェアリングエコノミーと言い換えてもよいでしょう。2018年はスコアリングによってユーザーに1000億人民元分のデポジット支払いを免除させることを目標にしたといいます。

同じくジーマクレジットのコーポレートサイトによれば、個人の信用スコアリングには信用履歴・行為動向・支払能力・身分特徴・人脈関係の5つの基準が設けられています。信用履歴は取引や返済の履歴、行為動向はショッピングや金融サービスなどの利用履歴や性向、支払能力は安定収入源や資産保有状況、身分特徴は学歴や職業など基本的な情報、人脈関係は人脈やその信用度などです。

アリババグループには、ECサイトでのショッピングやアリペイ決済などを通して、これらのデータが蓄積されています。そしてAI・クラウドコンピューティングによって解析され、信用スコアがはじき出されるのです。信用スコアの高いものから、700～950が「信用が極めて優秀」、650～699が「信用が優秀」、600～649が「信用が良好」、550～599が「信用が普通」、そして350～549が「信用が劣る」とされています。これら信用スコアは、資産運用管理のユエバオと同じように、アリペイアプリからアクセスして、登録・確認することができます。

「就職に有利」「婚活に利用できる」

この信用スコアは、消費者ローンに際しての個人への与信や無担保ローンに使用されるのに加えて、レンタカー、ホテル、物件賃貸、ビザ申請、公共施設の利用など様々なサービスシーンで活用されています。すでにジーマクレジットは社会インフラとして中国に定着した感すらあるのです。「就職に有利」「婚活に利用できる」といった目に見えないメリットもあるというから、驚きです。

ジーマクレジットはまた、事業者にとってもメリットのある仕組みです。多面的な基準を設定しており、ユーザーは信用スコアを上げるために日常生活全般にわたって規律正しくしようとする意識が働きます。そのため事業者は、より優良な顧客を低コストで取り込むことができるのです。信用履歴や行為動向を改善して、信用スコアを上げたいと考える低スコア層向けのマーケティングや販売施策、プロダクトやサービスも登場するかもしれません。

ジーマクレジットのコーポレートサイトには、この信用スコアは商取引を目的とするものであって、社会的な信用力を測るものと混同すべきではないと書かれています。しかし、中国ではすでに、ジーマクレジットのスコアを見せ合ったり自慢したりする光景が日常的に見られるとか。それも不思議なことではありません。ジーマクレジットの信用スコアが上がれば、ユーザーは中国での社会生活そのものが便利になるのですから。

いずれにせよ、信用スコアの上昇がインセンティブとして働き、アリババグループが提供する生活サービスのさらなる利用が促されます。結果、またしても商流・金流・物流のビッグデータが蓄積されるのです。ジーマクレジットがアリババのプラットフォームをより強固にするための優秀なツールであるのは、明白です。

中小企業を支援する「マイバンク」

マイバンク（MYbank／網商銀行）は、中小企業の事業活動を支援する、金融包摂を実現するというミッションのもと、2015年6月にオンライン銀行として設立されました。TモールやタオバオなどアリババのECサイトを活用する中小企業や個人向けのリテール・小口融資を事業の柱としています。

融資する相手は、例えば、長距離トラックの運転手や、露天商の店主、フィッシュマーケットで魚を売る店主、ネットショップの運営主などです。その日の仕事のために資金を必要とし、その日の日当や売上で返済をする層が主な顧客です。具体的には、中小企業や個人事業主向けの「網商貸」、農民向けの「旺農貸」、MMFの「余利宝」などが取り扱われています。マイバンクのコーポレートサイトによれば、2018年6月時点で、マイバンクを利用する中小企業は1042万社、融資額累計は1兆8800億人民元とされています。なおマイバンクも、アリペイアプリからアクセスすることができます。

申し込みは「3分」、融資判断は「1秒」

コーポレートサイトによると、網商貸であれば、オンライン申し込みに要する時間は3分、融資可否の判断は1秒とされ、無担保で1人民元から融資可能です。このスピード感と借りやすさは、まさに零細事業者の資金需要に応えるシステムだと言えます。

審査は、ジーマクレジットと同様、アリババやアントフィナンシャルが蓄積しているビッグデータに基づいてAIが行います。信用の高さに応じて日利率が変化し、信用が高ければ高いほど低金利となり資金調達コストは低くなります。

興味深いのは、信用評価に加えて、申請者の資金需要の背景や理由も審査材料とされる点です。「人気店なので従業員を増やして販促キャンペーンをしたい」「セールをするので在庫を増やしたい」「売掛金の回収が思わしくなく手元にキャッシュが必要」など、これらの申請理由が本当かウソか、AIがビッグデータから判断するということなのでしょう。借入理由の検証もビッグデータで可能となっていることは従来の金融機関との決定的な違いです。

独自の保険商品「相互保」

最後にアントフィナンシャルの保険事業についても簡単に触れておきましょう。2018年10月、「相互保（Xiang hu bao）」とネーミングされた重大疾病保障の加入受付が開始されました。これは、信美相互（Trust Mutual Life）と共同開発された保険商品です。加入審査にあたっては、アリババグループのECを利用する会員であることやジーマクレジットが一定スコアに達していることなどが条件とされています。もちろん保険料支払いはアリペイ決済です。

考えてみれば、相互救済という伝統的な保険サービスの理念と、個人を囲い込む生活サービスのプラットフォームとは親和性があるはず。そう考えると、相互保とは、相互救済をビッグデータ、AI、あるいはブロックチェーンなどの新しいテクノロジーを使って実現する仕組みだと言えるでしょう。ちなみにアントフィナンシャルは信美相互（Trust Mutual Life）や国泰産険（Cathay Insurance）の親会社であり、ネット保険会社「衆安保険」を中国平安保険やテンセントなどとともに共同で立ち上げています。

アントフィナンシャルを理解する2つのポイント

金融のディスラプションの文脈からアントフィナンシャルを眺める時、あらためて2つのポイントを指摘する必要があるでしょう。第1に、アントフィナンシャルはテクノロジーやビッグデータを活用し、決済、資産運用管理、信用情報、小口融資など伝統的な金融機関が提供してきた金融サービスをすでに提供しているということです。第2に、アントフィナンシャルによってアリババグループの中で金融が垂直統合されていることです。

すでに金融をDuplicate

まず第1のポイントです。ここまで繰り返し述べているように、次世代金融産業において金融はもはやDuplicate（擬似的に創造）できるものです。預金、貸出、為替といった銀行の3大業務も銀行が独占し得るものではありません。

アントフィナンシャルは、独自のテクノロジーやアリババグループが蓄積してきた商流・金流・物流のビッグデータを基盤に、すでに金融仲介や決済といった機能を提供しています。

具体的には、アリペイは決済システムを提供し、アリペイ口座に滞留する資金はユエバオなどによって高金利で運用され、またマイバンクによって個人や中小企業・零細企業に小口資金が融資されます。アントフィナンシャルの傘下には「花唄」と「借唄」という消費者ローンサービスがありますが、これらはあまりにも簡単な手続きでお金を借りることができると皮肉られるほどです。

ジーマクレジットの信用スコアは与信や無担保ローンに利用されます。証券化による金融に対する当局の規制が強化されてきているとはいえ、マイバンクの小口融資が資産担保証券（ABS）の発行を通してアントフィナンシャルの資金調達につながる仕組みもできています。

こうして整理するとアントフィナンシャルは、アリペイを入り口に、銀行業務を擬似的に行っていることがわかります。それだけではありません。既存の金融サービスや金融商品を提供するだけではなく、アリババユーザーが蓄積してきたビッグデータに基づいて、アリババユーザーの生活ニーズや金融ニーズに合った、アリババユーザーのためだけの、新しい金融サービスや金融商品を生み出しているのです。

当然ながら、そこで実現されるカスタマーエクスペリエンスは極めて優秀です。この点は、既存金融機関にはない強みとして、何度強調しても足りません。

クラウド、アリペイ、ジーマクレジットが積み重なる構造

そして第2のポイントです。アントフィナンシャルは、アリババグループの金融サービスを垂直統合しています。図表5-4は、アリババグループのビジネスモデルと、金融プラットフォームであるアリペイ、信用プラットフォームであるジーマクレジットの関係を表すレイヤー構造です。

アリババグループのすべてのサービスコンテンツの基盤になっているのはクラウドコンピューティングの「アリババ・クラウド」です。その一階層上にアリペイが位置します。ここではあえて、決済システムとしての狭義のアリペイと、金融プラットフォームとしての広義のアリペイとを分けて考えています。狭義のアリペイとはQRコード決済など個別の金融サービスです。広義のアリペイとは、アリペイアプリがアントフィナンシャル内外の金融サービスやアリババグループ内外の生活サービスへのポータルの役割を担う、アリババのプラットフォームへの入り口として機能するものです。アリペイアプリさえインストールしておけば、ワンストップで生活の利便性が格段に高まります。まさに、アリペイは金融プラットフォームです。

アリペイの一階層上には、ジーマクレジットが位置します。アリペイ決済をはじめ、アリババの生活サービスのプラットフォームの中で起こる商流・金流・物流をもとにはじき出さ

図表5-4　アリババのビジネスモデルと金融ビジネスとの関係

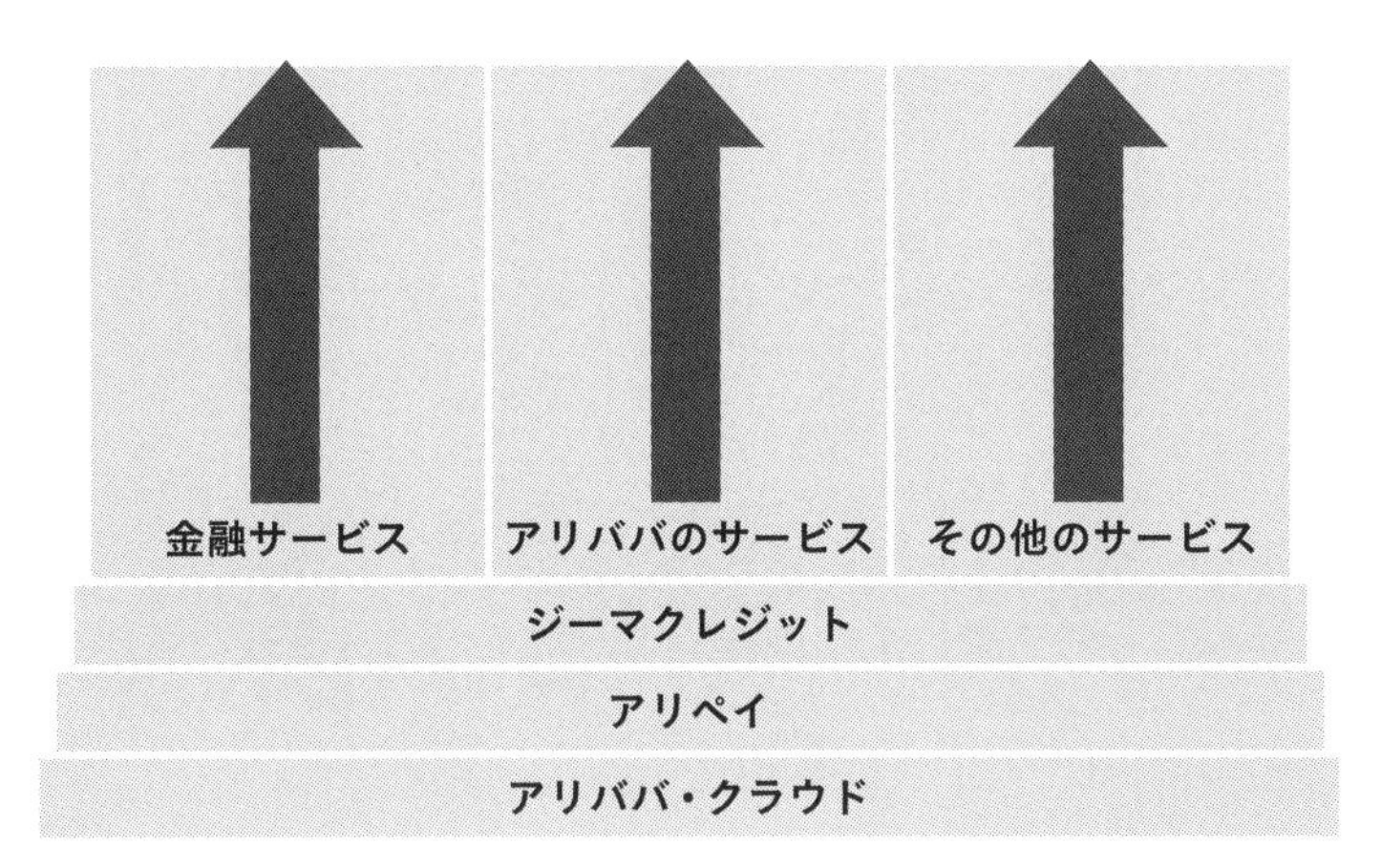

れるジーマクレジットの信用スコアは、アントフィナンシャル内外の金融サービス、あるいはアリババグループ内外の様々なサービスに使用されます。そのデータはまたジーマクレジットに蓄積・解析され、信用スコアは精緻化されていきます。ジーマクレジットの信用スコアが高ければ高いほど、ユーザーは金融サービスや生活サービスをより有利な条件で、よりストレスなく受けることができます。ジーマクレジットは、いわば信用プラットフォームとして、アリババグループの生活サービスのプラットフォームを良質にする役目を担っているのです。

「利用したい」を刺激する仕掛け

ジーマクレジットよりも上の階層には、アリペイをユーザー接点として展開されている一連のサービスが位置しています。アントフィナンシャルによる決済や小口融資など金融サービス、アリババグループによるECやデジタルコンテンツなどの生活サービス、さらには公共サービスも含めたサードパーティによる様々な生活サービスです。

アリババグループはこうして、サードパーティをも巻き込みながら金融事業を垂直統合してきました。これにより商流・金流・物流にまつわるビッグデータを蓄積し、金融プラットフォームであるアリペイと、信用プラットフォームであるジーマクレジットを強化してきました。それがまたアリババグループの生活サービスのプラットフォームをさらに強固にするという、好循環が生み出されています。

カスタマーエクスペリエンスの追求も、終わることがありません。テクノロジーやサービスメニューの拡充だけでなく、顧客の経験価値も重視されているのです。

金融ディスラプターが伝統的な金融機関にとって脅威である理由の1つは、その「新規顧客の獲得に要するコストの低さ」にあります。アリババのプラットフォームには、ユーザーや事業者の「利用したい」を刺激する仕掛けが散りばめられています。アリペイとジーマクレジットは、その最たるものでしょう。

先に述べたように、「2036年までに世界で20億人の消費者へサービスを提供すること」「2036年までに1000万社がアリババのプラットフォーム上で収益を上げること」という戦略目標を掲げ、世界第5位の経済圏の構築を目論んでいるアリババ。その成否はひとえに、アントフィナンシャルが握っているといっても、過言ではありません。

テンセント

コミュニケーションとゲームから金融へ展開

アリババのルーツがECサイトにあるなら、テンセントのルーツはソーシャル・ネットワーキング・サービス（SNS）にあります。

テンセントは、1998年に現会長・CEOのポニー・マーらによって創業されました。本社は深圳市、従業員数は2017年12月末で約4万4000人です。2004年に香港証券取引所に上場、2019年3月11日現在の時価総額は約4300億ドルです。アニュアルレポートによれば、2017年度（2017年1月1日〜2017年12月31日）の売上高は2377億人民元、営業利益は724億人民元となっています。前年度の売上高と営業利益はそれぞれ1519億人民元、414億人民元ですので、アリババと同様、ともに高い伸びを示しています。

ミッションは「インターネットの付加価値サービスによって生活のクオリティを向上させる」こと。ビジョンには「最も尊敬されるインターネット企業であること」を掲げています。

テンセントの事業は、第1にコミュニケーションアプリとオンラインゲームです。

コミュニケーションアプリは、インスタントメッセンジャーの「QQ」、SNSの「QZone」、そして通話・メッセンジャーの「ウィーチャット」です。2018年第2四半期報告によれば、月間アクティブユーザーは、QQが約8億300万人、Qzoneが約5億4800万人、ウィーチャットが約10億5700万人にのぼっています。月間アクティブユーザーで言えば、ウィーチャットはフェイスブックの「Facebook」「WhatsApp」「Facebook Messenger」に次ぐ規模です。

オンラインゲームの事業では、オンラインゲームの開発・販売のほか、世界最大のオンラインゲーム・コミュニティーの運営を行っています。2015年にローンチされた「王者栄耀（Honour of Kings）」は1億以上のダウンロードを記録し、ゲーム中毒という社会問題も引き起こすほどの大ヒット商品になりました。

そのほか、アニメーションのプラットフォーム「テンセント・コミック」、映画制作「テ

図表5-5　テンセントの収益構造

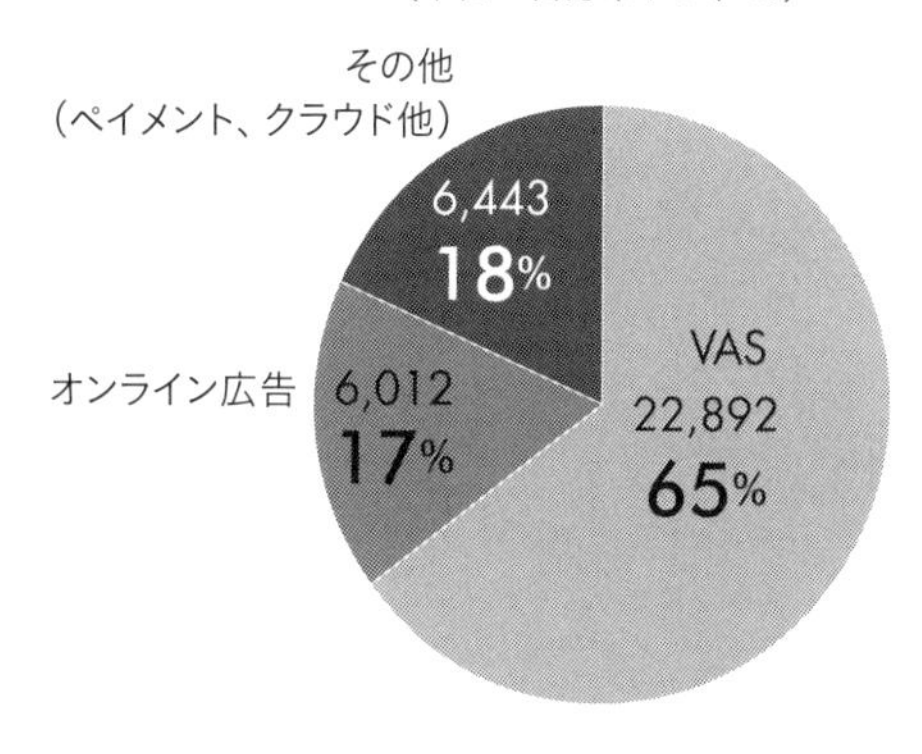

ンセント・ピクチャーズ」、音楽配信プラットフォーム「テンセント・ミュージック」などデジタルコンテンツ事業、「QQ.com」や「テンセント・ニュース」などのメディア事業、さらにペイメント関連事業、クラウド事業、AI事業などを展開しています。テンセント・ミュージックは2018年12月にニューヨーク証券取引所に上場しました。

高成長持続のための6つの重点分野

テンセントの収益構造は3つのセグメントに分かれています（図表5-5）。2017年度の売上高を見ると、まずVAS（Value Added Service）と言われるオンラインゲームやデジタルコンテンツの有料サービス・有料契約からの収入が、全体の65%を占めています。他に、売上高の17％を占めるオンライン広告収入、同18％を占めるペイメント関連事業・クラウド事業・その他からの収入があります。広告ビジネスモデルで成り立つ無料通話や無料メッセージのイメージが強い一方で、実際にはオンライン広告収入の3倍以上のＶＡＳ収入があることは注目に値します。また前年度比の伸び率では、ＶＡＳ収入が約43％増、オンライン広告収入が約50％増ですが、ペイメント関連事業・クラウド事業・その他からの収入は前年比１５０％増という高い伸びを見せており、その成長性の高さがわかります。

２０１７年のアニュアルレポートでは、「ソーシャル・プラットフォームを強化する」という戦略のもと、テンセントが重点を置く6つの事業分野が挙げられています。オンラインゲーム、デジタルコンテンツ・メディア、ペイメント、クラウド、ＡＩ、スマートリテールです。スマートリテールとは、テンセントがアリババのニューリテールを模倣して追い越そうと企図しているリアル店舗への展開を意味しています。

このうちオンラインゲームとデジタルコンテンツ・メディアはすでに事業の柱です。ペイメントは、ウィーチャットペイを戦略的に活用し、フィンテック事業として強化するというものです。クラウドでは、グローバルに21の地理的に独立した地域「リージョン」と36の独立したデータセンター・ロケーション「アベイラビリティゾーン」を持つに至り（２０１７年末時点）、ＡＷＳやアリババ・クラウドを追っています。

ＡＩでは、「医療映像×ＡＩ」事業の国策受託企業になりました。ウィーチャットを通じた「ウィーチャット・スマート病院３・０」の提供、「大腸腫瘍検査ＡＩシステム」の開発、大手ヘルステック企業「ウィドクター（微医）」への投資など、医療分野の強化が顕著です。

スマートリテールでは、アリババに次ぐEC大手「ＪＤドットコム（京東）」も出資するスーパーマーケットチェーン「永輝超市」の株式を取得しました。永輝超市は、アリババのフーマに対抗する「超級物種」という新ブランドを打ち出しています。また、テンセントは、ウォルマートとも戦略的パートナーシップを提携しています。

つまり中国のニューリテールは、「フーマ＋ＲＴ-ＭＡＲＴ＋Ｔモール＋ＬＳＴ」というアリババ陣営と、「永輝超市＋超級物種＋ウォルマート」というＪＤドットコム・テンセント陣営の対決構図です。必然的に、そこでは決済システムのアリペイとウィーチャットペイの激しい争いが繰り広げられている、という状況です。

注目すべき「ミニプログラム」の拡大

そしてテンセントは、２０１７年1月に「ミニプログラム（小程序）」をローンチしました。これは、ウィーチャットアプリの中でサービスが提供される、いわばアプリ内アプリです。アプリですから第3者も開発することが可能です。ショッピング、交通、レストラン、ゲーム、生活ツールなど、様々な種類のアプリがミニプログラムとして開発され、ウィーチャットの中に置かれています。iOSやアンドロイドといったOS向けに作られたものではなく、アップルやグーグルへの申請は必要ありません。

またユーザーは、アプリをわざわざ新たにダウンロードしたりインストールしたりする必要もありません。テンセントが認めたアプリ内アプリであれば、ウィーチャットアプリの中で提供されるわけです。その意味で、ウィーチャットはOSやインフラのようなアプリであると見ることも可能です。

アニュアルレポートによれば、2018年1月時点で、すでに58万ものミニプログラムが提供されています。ウィーチャット内のミニプログラムにスマートリテールである超級物種やウィーチャットペイが紐づけば、ウィーチャットのユーザーや超級物種の買物客はその中に囲い込まれます。ユーザーの商流・金流・物流はより促進され、テンセントのソーシャル・コミュニケーション・プラットフォームは強化されていくのです。

なお後発ながらアリペイアプリの中にもミニプログラムが置かれています。アリババもその戦略性・重要性を認識しているように、今後ミニプログラムを取り巻く動きには注視が必要でしょう。

ICTの総合百貨店

ここで図表5-6をご覧ください。2018年第3四半期報告の資料から引用したもので、テンセントのビジネスモデルがうまく表現されています。

ここではコミュニケーション&ソーシャルという1つの大きな歯車が動力源となり、オンラインゲーム、メディア、フィンテック、ユーティリティという4つの小さな歯車を動かしている構図を示しています。コミュニケーション&ソーシャル事業が大きく、強くなるほど、他の事業も成長していくのです。またさらに小さな歯車(事業)を追加していくことも可能になるかもしれません。

先に紹介した収益構造やその内訳、そしてこうしたビジネスモデルから伝わってくるのは、テンセントの多角化志向です。2018年は、テンセントを取り上げる報道の多くが、IT、決済、映像・音楽・コンテンツ、リテール、ネット通販、物流、旅行予約などの企業・事業への出資や資本提携といったものでした。テンセントの貸借対照表を見ても、持分法適用の被投資会社への投資やJV投資が資産の約26%を占めています。

「ソーシャル・プラットフォームを強化する」という戦略の通り、テンセントの最大の強みはソーシャル・コミュニケーション・プラットフォームの約10億5700万人ものユーザー基盤です。テンセントは、この盤石なユーザー基盤、さらにはその強化をテコにして事業を

図表5-6　テンセントのビジネスモデル

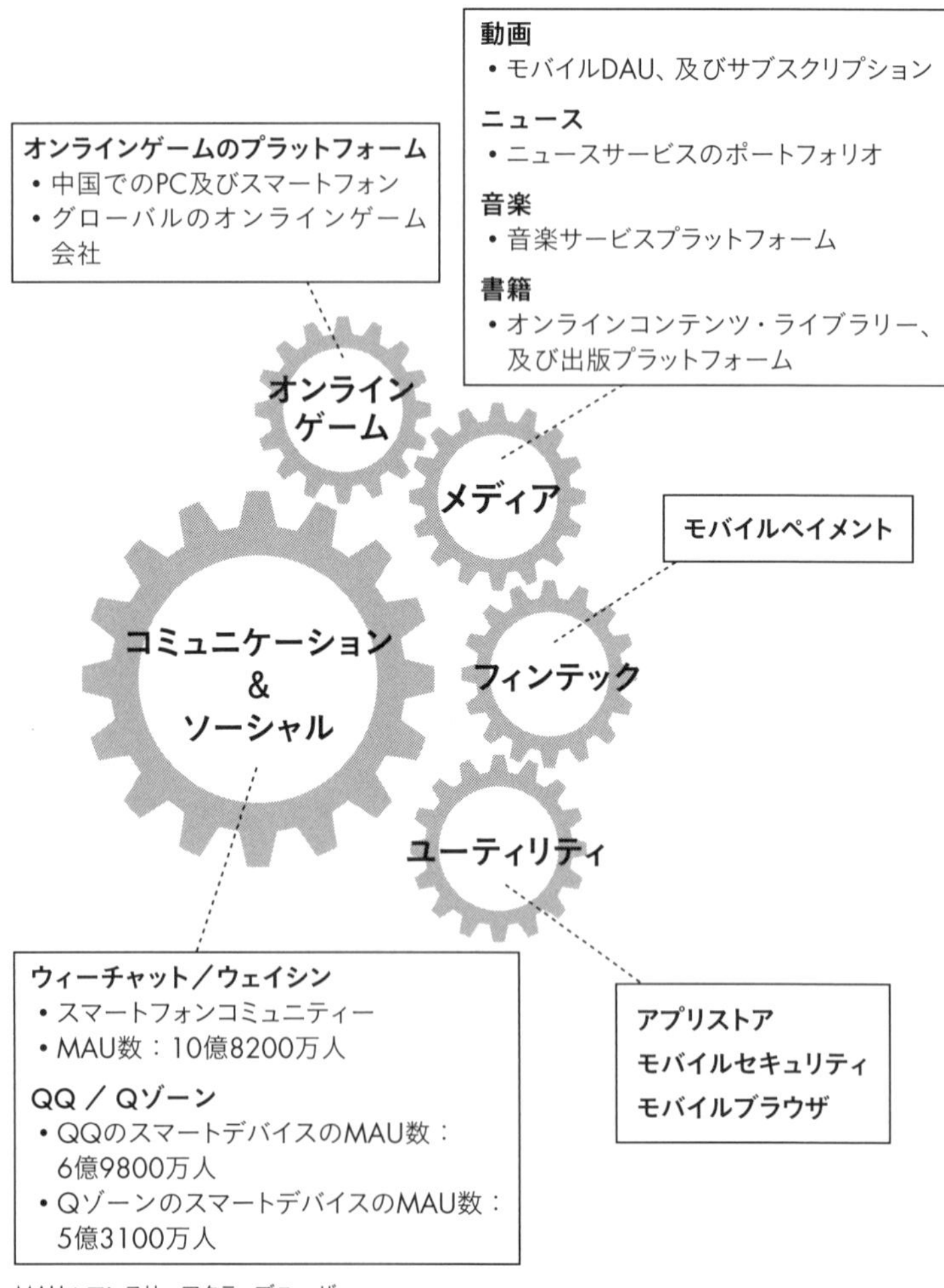

MAU：マンスリーアクティブユーザー
DAU：デイリーアクティブユーザー

テンセントの2018年第3四半期結果プレゼンテーションをもとに筆者作成

多角化し、多角化した事業をさらに強化しています。テンセントはまさしく「ＩＣＴの総合百貨店」の印象があります。

最大の強みは親密で高頻度の顧客接点

テンセントの金融事業の基軸は、２０１３年にサービスが開始された「ウィーチャットペイ」です。２００４年にローンチされたアリペイのシェアを急速に奪いながら、今やアリペイとともに中国の決済システムの双璧をなしています。

ウィーチャットペイは、中国人民銀行が発行する事業ライセンス「支払業務許可証」をもとにサービスが提供されています。一般には知られていないことですが、このライセンスを取得しているのが、２００５年に設立されたテンセントの子会社テンペイ（財付通支付科技有限公司）です。ウィーチャットペイの利用規約も、テンペイの名で出されています。

２０１７年のアニュアルレポートによれば、持株会社としてのテンセントは、支配権を持つ連結子会社、また支配権を持たないまでも影響力を行使しうる関連会社や出資会社を、その傘下に多く持っています。ＪＤドットコム（京東）など有力な戦略提携会社もあります。金融をはじめテンセントの事業は、これら子会社・関連会社が包括的に行っていると理解することが適切であると考えられます。

以下、アリババのアリペイと比較しながら、テンセントのウィーチャットペイの機能をご紹介していきます。

「歯車理論」でアリババを猛追

ウィーチャットペイは、スマホにインストールされたコミュニケーションアプリ「ウィーチャット」内の「ウォレット」の機能の1つとして、サービスが提供されています。アリペイが金融サービスのアプリとして独立しているのに対し、ウィーチャットペイはコミュニケーションアプリの一機能として起動される、という違いがあります。

ウィーチャットは約10億5700万人もの月間アクティブユーザーを持つコミュニケーションアプリです。友人・知人とメッセージをやりとりする度にアプリを開くことになるため、利用頻度やユーザーとの親密度は、決済アプリであるアリペイよりも、格段に高くなります。

テンセントの「歯車理論」（図表5-6）において、コミュニケーション&ソーシャルが最も大きな歯車として機能していることを、思い出してください。コミュニケーションアプリに基盤を持つウィーチャットペイがどれだけのポテンシャルを秘めているか、想像はたやすいでしょう。後発ながらアリペイを猛追しているのも納得できます。

次に、ウィーチャットペイの機能を見てみましょう。
ウィーチャットペイの決済の機能や仕組みは、基本的にはアリペイと変わりません。ECサイトやリアル店舗、公共料金、交通手段をはじめ、あらゆるサービスシーンでの決済にウィーチャットペイを利用することができます。アリペイと同じくエスクローサービスもついています。TモールなどアリババのECサイトでは利用することができないなど競争上の制約はあるにせよ、基本的にはアリペイを利用できるシーンでは、ウィーチャットペイも利用できます。

ウィーチャットペイ決済も、アリペイと同じくモバイルでのQRコード決済利用がほとんどです。1つは、ユーザー自身のスマホに表示されるQRコードを店舗の読み取り機で読み込む方式。もう1つは、店舗がレジで表示するQRコードをユーザー自身のスマホでスキャンする方式です。ウィーチャットのウォレットは銀行口座に紐づいているので、両口座間での現金のやり取りも可能です。ユーザーと事業者に対する利便性やコストについてはアリペイと競い合っています。

日本人が日本市場で利用することができない理由

ところで日本でも最近、コンビニのファミリーマートなどで、ウィーチャットペイとアリペイのＱＲコード決済が可能な店舗が増えてきました。しかしそのターゲットは、あくまで中国からの来日客です。現時点では、日本人が日本の銀行口座と紐づけたり現金でチャージしたりして、ウィーチャットペイとアリペイのＱＲコード決済を利用することはできません。

また、２０１８年11月27日付けのＬＩＮＥのプレスリリースによれば、ウィーチャットペイは、日本市場においてＬＩＮＥと提携し、ＬＩＮＥペイとＱＲコードを共有するとしています。ヤフー・ソフトバンクのペイペイも、アリペイとの提携を発表しています。しかし、その具体的なスケジュールは依然はっきりしていません。さらにはより本質的なことに、日本人が日本市場でウィーチャットペイとアリペイのＱＲコード決済を直接利用することができないという事実があります。

これらは何を示唆しているのでしょうか。たしかに、日本市場と中国市場は性質が異なるでしょう。もちろん法制度等の規制環境も違います。しかし、「顧客との継続的で良好な関係性」を重視するなら、ウィーチャットペイもアリペイも、日本市場で日本人との接点となるＱＲコード決済を直接提供したいはずです。

私は、この状況を、米中分断の中で顕在化する新しい中国リスクと無関係でないと考えています。日本市場では、長期にわたる覇権につながりかねないこのようなテクノロジーやサービスを中国企業に許容することは難しい。そういった価値観が作用している可能性も、ウィーチャットペイとアリペイの日本市場への進出を眺める時に考慮する必要があるでしょう。

アリペイと同じ機能をすべて提供

ウィーチャットペイの決済以外の機能としては、送金の「トランスファー（Transfer）」、チャージの「トップアップ（Mobile Top Up）」、資産運用管理の「ウェルス（Wealth）」、クレジットカード返済の「カード・リペイ（Card Repay）」、割り勘の「ゴー・ダッチ（Go Dutch）」などがあります。ここでも、アリペイアプリに備わる機能はすべて提供されているると思ってよいでしょう。テンセントやサードパーティの生活サービスや金融サービス、ユーティリティ、公共サービスなどへつながる機能も含まれています。アリペイを猛追するのに大きく貢献したと言われる「紅包（Red Pocket）」と呼ばれるお年玉機能もついています。

テンセントは、ウィーチャットペイをきっかけにテンセントやサードパーティの様々なサービスを束ね、ユーザーの生活サービス全般を支配しました。ウィーチャットペイとQQウォレット（「QQ」上で提供される決済サービス）が、日常生活上の多種多様なサービスが詰まった筒の栓のような機能を果たしています。このようにして、生活のクオリティーを向上させるというテンセントのミッション実現にウィーチャット決済システムは大きく貢献しているのです。

投資・銀行・保険・信用スコアを網羅

テンセントの金融事業は、ウィーチャットペイだけではありません。ここでもアリババの金融サービスとの比較が、よい見取り図になります。アントフィナンシャルの金融商品が「ユエバオ」ならばテンセントは「零銭通」、アリババのオンライン銀行が「マイバンク」ならばテンセントは「ウィーバンク（WeBank／微众銀行）」、アリババの保険サービスが「相互保」ならばテンセントは「ウィーシュア（WeSure／微保）」、アリババの信用スコアが「ジーマクレジット」ならばテンセントは「テンセントクレジット（騰訊信用）」です。

「零銭通」は、2018年11月にサービス開始された、流動性の高い少額投資商品です。ウィーチャットの「ウォレット」のセクションからアクセスでき、その口座はウィーチャットのアカウントに紐づけられています。つまり、銀行口座とウィーチャットの「ウォレット」から零銭通口座へ入金し、資産運用することができるのです。また、零銭通口座は、ウィーチャットペイと同じように、QRコード決済・送金・「紅包（Red Pocket）」にも使用可能です。テンセントは、零銭通の利回り・預入限度額・取引限度額などにおいて、アントフィナンシャルのユエバオよりもユーザーに有利な条件をつけているようです。なお、テンセントの2018年第3四半期報告によれば、テンセントが運用管理する資産は5000億人民元（約8兆800億円）以上とされています。

零銭通は、アリペイのユエバオと同様、ウィーチャットペイの「ウォレット」に滞留する資金を少額投資というかたちで有効活用する手段という意味合いがあります。無料通話や無料チャットを利用するウィーチャットユーザーは、もともとウィーチャットペイを使うインセンティブがありますが、流動性・利便性の高い零銭通のサービスが存在することで、そのインセンティブがより強く働くことでしょう。

そうなれば、ウィーチャットのミニプログラムやスマートリテールへの取り組みとも相まって、多角化に向かうソーシャル・コミュニケーション・プラットフォームの中の商流・金流・物流はさらに促進されます。そうして、テンセントの生活サービスのプラットフォームが強化されていくわけです。

ウィーバンクは、テンセントなどによって2014年12月に中国初のオンライン銀行として設立されました。本社は深圳市に置かれています。ターゲットとする顧客層は、アントフィナンシャルのマイバンクと同じく、従来なら銀行からの融資を受けるのが困難だった個人や中小企業・零細企業です。「すべての人にとって銀行をより良いものにする」をミッションに掲げ、ビッグデータに基づく信用格付けやスマホの顔認証による本人確認などテクノロジーを利活用した小口融資を行っています。

個人向け商品には消費者ローン「微粒貸(Wei li dai)」と自動車ローン「微車貸(Wei che dai)」があります。微粒貸での融資額は500~30万人民元の範囲です。テンセントのアプリのウィーチャットとQQ、またウィーバンク独自のアプリ「ウィーバンク」から手軽に融資申込みが可能です。審査にかかる時間は5秒、融資までは1分とされています。もちろん、微粒貸はウィーチャット、QQのアカウントと紐づいています。

中小企業向け融資では、無担保で最大300万人民元までの融資が可能となっています。ちなみにテンセントは、2018年にベルリンに本拠を置くモバイル銀行「N26」へも戦略的に出資しました。N26は欧州ではすでに230万人以上の顧客を持ち、2019年中には米国市場への参入を計画しているとされています。

ウィーシュア（WeSure／微保）は、２０１７年11月にローンチされた、ウィーチャットユーザー向けの保険仲介プラットフォームです。医療保険、自動車保険、旅行保険をカバーしています。テンセントはネット保険会社「衆安保険」、和泰人寿、アビバグループなど保険会社へ出資・提携しており、ネット保険事業の戦略的な位置付けが高いことがわかります。

出遅れた信用クレジットの本格運用を目指す

テンセントクレジットは、ジーマクレジットと同じく、個人の信用力をスコア化するものです。スコアが高ければ高いほど信用力が高いことを示し、金融関連サービスだけでなく様々な生活サービス上の優遇や恩恵を受けることができるようになります。テンセントには、ウィーチャット、ＱＱ、ＱＺｏｎｅからのソーシャル・コミュニケーションに関わるデータ、ウィーチャットペイからの決済データ、オンラインゲームやデジタルコンテンツに関わるデータ、さらにはスマートリテールへの取り組みから得られる購買データや行動データが蓄積されています。これらビッグデータをＡＩ・クラウドコンピューティングによって解析・活用して、個人の信用力をはじき出すわけです。

テンセントは、２０１５年の中国人民銀行の通達によって、アリババグループのアントフィナンシャルとともに、信用スコアリング事業の準備をすることが許可されていました。しかしテンセントクレジットは２０１８年１月末のわずか１日あまりの試験的なローンチで、現在そのサービスは停止中です。すでに中国社会に広く根付いているアリババのジーマクレジットと比べて、大きく出遅れています。

しかしウィーチャットは、なんと言っても約10億５７００万人の月間アクティブユーザーを持ちます。そしてテンセントは１億５０００万人の有料契約者を持つオンラインゲームやデジタルコンテンツを擁しています。そのポテンシャルを侮ることはできません。

テンセントクレジットはアリババに対する競争戦略のうえでも重要です。ソーシャル・コミュニケーション・プラットフォームを良質かつ強固にする信用プラットフォームとしての役割も必要です。信用プラットフォームが備われば、与信機能も強化されます。これに伴い、ニーズに合った金融サービスや生活サービスを提供する余地も生まれるはずです。

実際、２０１９年１月に広州市で開催されたイベント「WeChat Open Class PRO」で、ウィーチャットペイの信用スコアリング機能の実験がローンチされました。名称は「ウィーチャットペイ・ポイント（微信支付分）」。テンセントは、スコアリング事業の本格的な運用開始を虎視眈々と狙っています。

プラットフォーム拡大の好循環

以上が、テンセントの金融事業です。ここで図表5－7をご覧ください。テンセントの金融ビジネスとビジネスモデルとの関係を表したものです。

スマホ上のコミュニケーションアプリであるウィーチャットは入り口です。その機能の1つであるウィーチャットペイは、決済システムを提供します。ウォレットに滞留する資金は、銀行・証券・保険などテンセントの金融サービスへの資金の源泉になっています。零銭通は高い金利での運用、ウィーバンクは個人や中小企業への小口融資を行います。こうしてテンセントは、ユーザーの金融ニーズや生活ニーズに合った魅力的なカスタマーエクスペリエンスと魅力的な運用商品や運用条件を提供し、ソーシャル・コミュニケーション・プラットフォームの中に金融事業を垂直統合しています。

そして、プラットフォーム内で生活に関わる関連サービスがシームレスに提供され、ユーザーにとってますます便利で快適な環境が築かれることになります。それがさらなるウィーチャットのアクティブユーザー増加につながっていきます。

コミュニケーションアプリ「ウィーチャット」→決済システム「ウィーチャットペイ」→

図表5-7　テンセントのビジネスモデルと金融ビジネスの関係

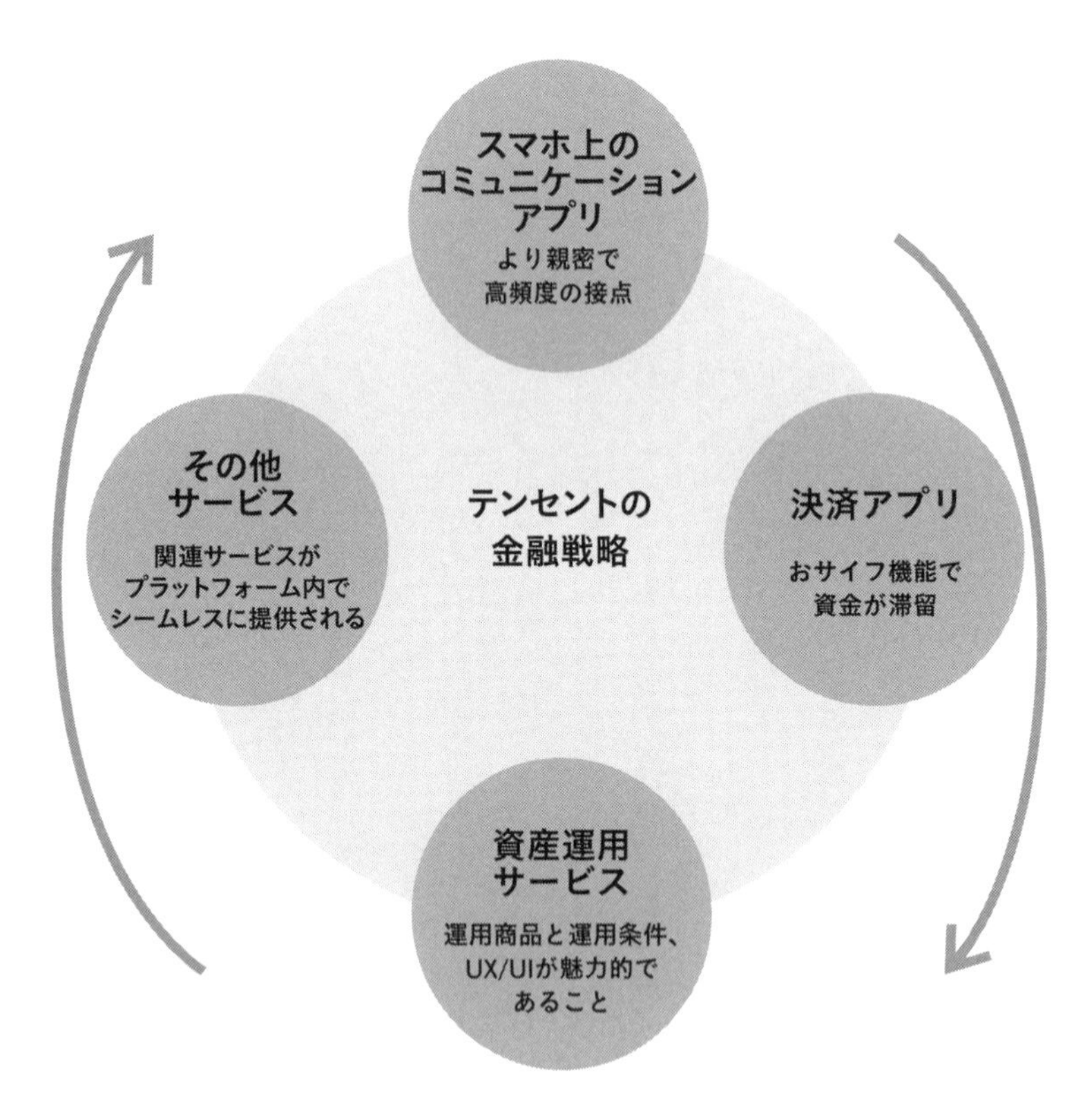

- SNSなどの本業での顧客接点
- データを蓄積
- 「ビッグデータ×AI」
- マスカスタマイゼーション
- 本業の中で金融を垂直統合
- サブスクリプションとして各種サービスを提供
- 決済アプリのおサイフ機能が、銀行・証券・保険サービスへの資金の源泉

資産運用サービス→その他のサービス、という好循環ができているのです。この好循環が進むほどテンセントのプラットフォームはより強固になり、また金融サービスを充実させていくことなります。

テンセントにはアマゾンやアリババよりも有利な点があります。それはテンセントがより親密で高頻度のユーザー接点を持つということです。テンセントの無料通話や無料チャットは、アマゾンやアリババのECと比べて顧客との親密度が格段に高いのです。「顧客との継続的で良好な関係性」こそがテンセントの最大の強みです。

そして、その強みを活かそうとするのが、「ソーシャル・プラットフォームを強化する」という戦略に他なりません。この戦略に従いさえすれば、仮に後発であっても、むしろ後発者利益をも享受しながら、アリババやアマゾンら次世代金融産業において先行するプレイヤーを追い抜くことも十分に可能です。

もっとも5G時代が到来し、動画やVR／ARで新たなコミュニケーションプラットフォームが生まれる可能性も高い中、いつまでも現在のビジネスモデルに依存していたら、事業が根底から覆る可能性も否定できないでしょう。「あとから始めても、濃厚な顧客接点を活かしてすぐに追い越せる」という現在のプラットフォームとビジネスモデルがあまりにも強力なだけに、テンセントにより大きな興味を持つところでもあるのです。

米中分断の時代に顕在化する新しい中国リスク

最後に、中国の金融ディスラプター2社のこれからを占うにあたって、２０１８年春から顕在化した米中貿易戦争が大きな意味を持つことを指摘しておきます。

「米国と中国によって分断された世界がやってくる」とは、近年多くの識者が指摘するところです。

「これからインターネットの世界は米国主導と中国主導の2つに分断されていく」（グーグル元会長のエリック・シュミット氏）

「いまや問うべきは、米中二極体制の時代がやってくるのかどうかではなく、それがどのようなものになるかだ」（イェン・シュエトン清華大学特別教授、『フォーリン・アフェアーズ・リポート』２０19年1月号）

しかし私は、これを単なる貿易戦争とは捉えていません。むしろ、貿易戦争としての米中の戦いは、比較的短期のうちに収束すると見ています。一方で、今後10年、20年、30年というタームで続くであろう米中の戦いが始まっています。ＰＥＳＴ分析によって政治、経済、社会、技術の4分野における構図を整理するならば、米中の戦いとは「軍事や安全保障を含む国力の戦い」であり、「米国式資本主義と中国式資本主義の戦い」であり、「自由×統制のあり方を巡る価値観の戦い」であり、「テクノロジー覇権の戦い」です。

米中関係のPEST分析

ＰＥＳＴ分析を詳しく見ていきましょう。

政治的要因としては、トランプ大統領と習近平国家主席が、それぞれ「軍事的に強いアメリカになる」「軍事的に強い中国になる」と明言していることがポイントです。つまり政治的には、もはや安全保障を含む国力の戦いになっています。

経済的要因も様々ありますが、ここでは「米国式の自由市場型資本主義」と「中国式の国家統制型資本主義」との戦いであると捉えたいと思います。アリババやテンセントら中国企業の躍進の背景には、中国による国を挙げての支援があります。米国式の自由市場型の資本主義の功績は認めつつも、ひとたび「覇権」を目標に定めてそこに向かおうとするならば、国家統制型の資本主義の方が強いのではないか。そんな議論が出てきているほどです。

社会的要因としては、まずトランプ政権誕生の余波に触れないわけにはいきません。米国ではトランプ政権発足以降、ポリティカル・コレクトネス、多様性尊重からの揺り戻しが生じています。

図表5-8　PEST分析から読み解く米中新冷戦の構図

項目と「戦いの構図」	米国	中国
政治（P） 軍事や安全保障を含む国力の戦い	トランプの（軍事的にも）「強いアメリカ」	習近平の（軍事的にも）「強いチャイナ」
経済（E） 米国式資本主義と中国式資本主義の戦い	米国式・自由市場型「資本主義」	中国式・国家統制型「資本主義」
社会（S） 「自由vs.統制」のあり方を巡る価値観の戦い	•多様性尊重からの揺り戻し •それでも尊重される個性	•統制が生み出した新たな規律 •それでも制約を受ける個人の価値観
技術（T） テクノロジー覇権の戦い	•技術における先駆者利益 •そして一部は覇権を失う恐れ	•技術における後発者利益 •そして先駆者としても始動

もっとも、米国は移民国家であり、出自としては多様性重視の国です。オバマ前政権もまた多様性を尊重する国づくりを訴えました。マイノリティ尊重の文化、あるいは国民皆保険制度（通称「オバマケア」）は、そのような土壌から生まれたものです。揺り戻しが生じているとはいえ、まだ多様性尊重の国であるというアイデンティティは手放してはいません。そもそも前回の大統領選挙においては、多様性を好むと指摘されるミレニアル世代は、反トランプ票の方が多かったのです。

中国はというと、出自としては自由よりも統制の国です。「ジーマクレジット」のスコアを挙げるために、中国人のマナーがよくなった」とも言われますが、そういった統制の正の側面がある一方で、厳しい言論統制や少数民族の弾圧など、統制の負の側面も抱えています。

技術的要因としては、先駆者利益を享受してきた米国と、それを模倣するかたちで後発者利益を享受してきた中国、という図式の変化を指摘したいと思います。もはや多くの分野で中国のテクノロジーが先行し、中国が先行者利益をも奪いにきている現状があるのです。

特に、テクノロジー覇権の戦いの主戦場はAIです。ソフトバンクの孫会長も、今後AIがあらゆる産業を再定義するとして、AI関連企業に積極投資をする「AI群戦略」を展開しようとしています。

もっとも、AIは単なる手段に過ぎません。肝心なのは、どれだけのビッグデータを集積し、AIによる解析にかけられるのか。つまり覇権のカギは、第1にデータなのです。そうなると国家統制型の中国は強いはずです。BATH（バイドゥ、アリババ、テンセント、ファーウェイ）らメガテック企業からビッグデータを吸い上げ、あるいは国が直接的にビッグデータに関わるかたちで、それを集積することができるからです。

こうしてPEST分析を行うと、米中の戦いは10年、20年、30年の中長期に及ぶことが予想されるのです。

アリババがブロックチェーン送金に乗り出したという衝撃

さらに衝撃的なことは、2018年から、アリババがアリペイを手段としてブロックチェーンを活用した国際送金業務に乗り出していることです。すでにフィリピンとパキスタンにも対象国を広げています。

私は、この動きを、アリババという1つの企業の金融における1つのサービスであるとは捉えていません。むしろこれから数十年にわたって繰り広げられる、「分断される世界」の金融編のプロローグではないかと観察しているのです。

従来、国際間の送金は、米国主導の中央集権型システムであるSWIFT（国際銀行間通信協会）が握っていました。ところがご存知の通り、ブロックチェーンは分散型のテクノロジーです。すでに中国では、中央集権的なシステムなど介さずとも、個人間でお金がやりとりされています。そして今回の国際送金業務のスタートは、SWIFT不在の金融システムが、中国圏で立ち上がることを意味します。「分断される世界」における金融の一翼を、アリババが担っているのです。

ジャック・マーの退任と「共産党員」ということの公表

このような中で特筆すべきなのは、アリババの創業経営者であるジャック・マーに関する動きです。2018年9月、中国の人々から「神様」とも呼ばれるカリスマ経営者のジャック・マーが、1年後に退任すると発表されました。報道によると、退任後は会長の座を現最高経営責任者（CEO）のダニエル・チャンに譲ります。2020年の株主総会までは取締役に留まり、経営幹部でつくる「アリババ・パートナーシップ」にはずっと関わり続けるといいます。

もとは教師であったジャック・マーは「教師というのはいつでも、生徒に自分を抜いてもらいたいと思っている。そのため、もっと若くて有能な人たちに幹部職を譲るのが、自分と会社にとって責任ある対応だ」と語り、教育の世界に戻りたいという意向を示しました(BBC Alibaba's Jack Mato step down in September 2019)。

そしてこの退任発表から3カ月近く経った11月末、驚くべき事実が報道されました。中国共産党の機関紙「人民日報」で中国の経済発展に貢献した100人のリストにジャック・マーの名が挙げられ、その紹介文には彼が共産党員であることが記載されていたのです。

私はかねてから、ジャック・マーはミッション・リーダーシップの人であると述べてきました。それは彼の言葉の端々や実現してきた事業から、「中国のために」という強い思いを感じ取っていたからです。アリババは、パパママショップへの支援事業や地方活性化事業なども手がけており、アマゾン創業経営者のベゾスのやり方が「デス・バイ・アマゾン」と称されるのとは対照的でした。ですからジャック・マーが共産党員であったという事実を知った時、その強い思いの背景が腹に落ちたと感じました。

彼の中には、自分が中国政府と一緒に中国の発展を担うのだという気概があったに違いありません。そしてこのような背景から、アリババが中国政府から相当に手厚い保護を受けてきたことも間違いないでしょうし、それはアリババの成長力の源泉になっていたはずです。ジャック・マーの退任の真意は誰にもわかりません。ただ、退任が発表された時、政治的な事情があるのではないかということは一部でささやかれていました。

中国ではアリババ、特にグループ企業アントフィナンシャルが提供するアリペイの影響力が非常に大きくなり、預金からアリババグループのMMFへの資金流出などが問題視され、中国の金融当局によるアリババへの規制強化の方向性も見えています。従来は中国政府と蜜月関係にあったジャック・マーですが、その関係性に亀裂が生じつつある中、相互の配慮からトップを退くことになったのではないかというのが1つの見立てでした。そのような憶測が飛び交っていたタイミングで突如、中国共産党はジャック・マーが共産党員であることを公にしたわけです。

アリババは中国と表裏一体の存在とみなされる

この発表には、大きく2つの効果があるでしょう。

1つは、アリババのビジネスに打撃を与えることです。日本や欧米でアリババが事業を拡大しようという過程で、中国共産党と創業経営者の間に太いパイプがあるとなれば、それは障害となる可能性があるでしょう。ですからジャック・マー自身は、共産党員であることを発表されることを望んでいなかったはずです。これは裏を返せば、中国政府とジャック・マーとの間に何らかの衝突があったことを示唆しています。これはほぼ確実と私は考えます。

もう1つは、中国として米国と正面切って戦う覚悟を示すという効果です。ジャック・マーが共産党員であることをこのタイミングで公表した背景には、米中貿易戦争、さらには米中新冷戦もあるのでしょう。

いずれにしても、今回の一連の報道により、アリババは中国と表裏一体の存在とみなされるようになりました。米国で米国人のための商品・サービスを本格的に展開することは、当面、困難になるでしょう。また中国政府による保護や支援も受けにくくなることが予想されます。中国と表裏一体の存在とみなされる中、いかにして中国圏以外にアリババ経済圏を拡大していくのか。金融サービスの質量や優れたカスタマーエクスペリエンスによって次世代金融の先行馬となったアリババですが、今後は難しい舵取りを迫られることになりそうです。

日本の「中国通」の間では、ジャック・マーが共産党員であったことについて、「中国で共産党員というのは驚くようなことではない」といった指摘もあり、海外での受け止め方とはかなり異なっています。もっとも、中国が共産党一党独裁政権の国家であり、共産党規約（特に党員義務条項）を見るだけでも、同党員が利益相反なしに民間事業を行うことが困難であること、そして何が問題の所在であるのかが理解できるのではないかと思っています。

世界最先端のフィンテック大国、中国の現在

本章の最後に、世界最先端のフィンテック大国となった中国の現在（２０１９年３月時点）について、アリババの本拠地である杭州の状況を事例としてまとめておきたいと思います。

キャッシュレスを前提としたスマートシティー「アリババパーク」

アリババは中国政府から「ＡＩ×スマートシティー」事業推進を受託しています。杭州に

あるアリババパーク周辺は、アリババ本社、アリババ初のリアルで最先端の商業施設、アリババ初の近未来型ＡＩホテル、アリババ社員の住居などから構成されており、キャッシュレスを前提としたスマートシティーの様相を呈しています。住居の屋上にはクリーンエネルギーを発電するための太陽光パネルがありました。

私は、アリババパーク自体がリアルなプラットフォームやエコシステムを形成し、中国における近未来の都市デザインの象徴となっていく可能性をそこに感じ取りました。それはアリババパークが「中国のシリコンバレー」を目指す杭州の中でも中核を担う未来科技城を抱えて、１０００社以上のスタートアップやアクセラレーターが集まる一大集積地となっていることも大きな要因です。

アリババ初の近未来型ＡＩホテル、「FlyZoo Hotel」は、２０１８年12月にオープンしました。チェックインには顔認証の専用アプリを使用し、エレベーターの使用、部屋への出入り、フィットネスクラブへの出入りなどが顔認証となっています。部屋に入ってからはアリババの音声アシスタントであるアリＯＳが大活躍します。カーテンの開閉、音楽、部屋の明かり調整、部屋の空調などが「ただ話しかけるだけ」で操作できます。さらにはロボットコンシェルジュがルームサービスやアメニティーの配達などをしていました。バーではロボットバーテンダーが顧客から注文を受けたカクテルを手早く次々に作っていました。

アリババ本社とホテルの中間に位置しているのが、2018年4月にオープンしたアリババ初の商業施設「親橙里」です。キャッシュレス決済、自動化・無人化サービス展開、アリババのECショップのリアル店舗展開、テクノロジーを活用した店舗展開などを目の当たりにしました。地下1階には最新鋭のニューリテールスーパー「フーマー」が陣取り、キャッシュレスでのリテール体験を提供しています。施設内には、無人カラオケルーム、無人休憩及びミーティングスペースレンタル、キャッシュレス前提の多数の自動販売機も設置されています。最上階の映画館はキャッシュレス及びチケットレスでの自動ゲート入場式です。

アリババのECショップのリアル店舗においては、ホテルの客室内でも使われていたアリババの音声認識AIアシスタントを搭載した、「ただ話しかけるだけ」で稼働する様々なIoT家電が実際に販売されていました。商業施設内のアパレルショップにおいては、画像認識で顧客のアバターが作成され、そのアバターを使って様々なコーディネートが提案される端末「バーチャルフィッティングシステム」もありました。その端末から、アリペイを使って気に入った商品を購入することも可能です。店舗からは、売れ筋商品の情報がアリババの動画サイトを通じてライブストリーミング配信されていました。商品を様々な方法で消費者に紹介するとともに、様々な方法で購入することが可能になっているのです。

また今回の滞在では、アリババも出資するディディのライドシェアを移動手段として活用しました。

これらのサービスを体験してみると、スマホでのキャッシュレス社会をいち早く実現したアリババの「前人未踏の領域を開拓している」という強い自負心、さらには「スマホすら不要とするＩｏＴ決済や顔認証決済に本格的にシフトしていこう」とする気概も感じました。

第１章でも述べた通り、私は、キャッシュレス化によって実現する社会の自動化やサービス及びシェアリング化がより重要であると思っています。都心部においては渋滞や混雑の緩和、そして過疎地においては構造的な人手不足への対応となるのが、キャッシュレス化×自動化×サービス及びシェアリング化なのです。

銀行のデジタル化を支えるＡＩ企業「アイフライテック」

今回の中国出張では、中国政府の次世代ＡＩ発展計画を担っているアイフライテック社の副総裁と北京でミーティングを持ち、同社のＡＩ事業について説明を受けました。音声認識ＡＩにおいて中国トップ企業の同社は、アリババ、テンセント、バイドゥなどの音声認識技術を担っています。ミーティング前の説明に使われていた映像ボードには、リアルタイムで中国全土から同社に集積されているビッグデータの件数が表示されており、その数はなんと１日で「47億件」を超えていました。本当に脅威に思いました。

アイフライテック社は中国の銀行のデジタル化やＡＩ化にも大きく貢献しています。中国の銀行には、店舗フロアが無人化された近未来型店舗が増えてきています。そこでは、タッチパネルと音声認識ＡＩアシスタントによる操作だけで様々な銀行取引が可能になっています。

中国ではすでに地下鉄のチケット購入にも「ただ話しかけるだけ」の音声認識ＡＩアシスタントが使われています。

２０１９年３月現在での中国の状況に日本が追いつくのはいつになるのか、ベンチマークしておくことが重要です。金融機関の付随業務や周辺業務でフィンテックやデジタル化が進捗している欧米や日本に対して、より固有業務的部分でそれが進捗している中国。そして、より重要なことは、中国では、テクノロジーを社会実装することによって、社会的課題が解決され、新たな価値が提供され始めているという事実です。だからこそ、私たちは中国の進化から目を背けるのではなく、きちんと対峙していくことが重要なのです。

第6章

日本の
金融ディスラプター

プラットフォームを構築して経済圏拡大

世界の3大金融ディスラプターをアマゾン、アリババ、テンセントとするなら、日本の4大金融ディスラプターとして取り上げたいのは、楽天、LINE、ヤフー・ソフトバンク連合、そしてSBIです。

以下、日本の4大金融ディスラプターについて論じてきますが、一見してわかるのは、彼らのビジネスモデルがメガテック企業のそれを踏襲しつつあることです。シンプルにまとめるならば、次のようなビジネスモデルです。

まずはスマホ対応のプラットフォームを構築し、決済機能をリリース。送金、融資、保険、投資、預金といった各種金融サービスの充実を図りながら、魅力的なユーザーインターフェイス／ユーザーエクスペリエンスを提供する。さらにはその他の生活系サービスへと誘導していく。このような好循環を回すことで「○○経済圏」を拡大させています。

スマホによる親密な顧客接点

ここまで繰り返し述べてきたように、次世代金融のビジネスモデルにおいて問われる重要

図表6-1　日本の4大金融ディスラプターの比較

	楽天	LINE	ヤフー・ソフトバンク	SBI
主な顧客接点	ECや金融	コミュニケーションアプリ	情報・EC・金融	金融
小売・EC	◎	○	◎	ー
通信	○	○	◎	ー
QRコード決済	○	○	○	○
クレジットカード	◎	○	○	○
銀行	○	○	○	○
証券	◎	○	○	◎
投資信託	○	○	○	○
生命保険	○	○	○	○
損害保険	○	○	○	○
仮想通貨	○	○	○	◎

「○」には、各社が発表しているものに加えて、今後展開する可能性があると予想されるものを含む

なポイントは3つあります。

第1に問われるのは、スマホ対応のプラットフォーム＝親密で頻度の高い顧客接点を持てるどうかです。日本の4大金融ディスラプターがそれぞれに特徴的なプラットフォームを構築していることは周知の通りでしょう。楽天にとってそれは日本最大のECであり、LINEならば日本最大のコミュニケーションアプリです。

対照的に、日本のメガバンクは次世代型のプラットフォーム作りで後手に回っています。金融ディスラプターの隆盛に危機感を募らせながら、プラットフォーム作りを急いでいま

す。それでも、まだ「オンラインバンキングは振り込みにしか使わない」というユーザーも多く、銀行窓口やATMがメインのチャネルのままです。

この現状から「プラットフォームを構築するだけでは足りない」ということは明らかです。プラットフォームにおけるユーザーインターフェイスとユーザーエクスペリエンスが問われるのです。これが第2のポイントです。

この点においても、ITから出発した金融ディスラプターたちに一日の長があります。彼らデジタルネイティブの企業にとっては、優れたユーザーインターフェイスとユーザーエクスペリエンスが生命線です。だからこそ彼らは「もっと使いやすく、もっとストレスなく」を妥協なく追求してきました。

彼らは、同じことを金融産業においても実践することでしょう。わざわざ支店を訪れた顧客を窓口で待たせるのが「当たり前」のメガバンクとでは、雲泥の差が生じるはず。もちろんメガバンクも、口ではユーザーエクスペリエンス、ユーザーインターフェイスの重要性を語るでしょう。しかし、この問題の深刻さをどこまで理解しているのか、甚だ疑問が残ります。その本質が「真の顧客志向」であるからです。

第3のポイントは、デジタルトランスフォーメーションに取り組む姿勢です。この点においても、金融ディスラプターの優位性は歴然としています。デジタルトランスフォーメーションは「会社を芯までデジタルに」「ビジネス全体をデジタル化するもの」です。それが金融サービスにおいて追求されると、「顧客にとって銀行サービスは目に見えない（意識しない）もの」になるでしょう。これを実践できるのは「スタートアップのような企業文化」を持つ企業だけです。事業規模を見れば大企業化しているとはいえ、日本の金融ディスラプターはスタートアップ的な社風・体質を十分に残しています。反面、メガバンクにとって、それは従来の銀行のあり方を「自己否定」するに等しい行為です。大きな痛みは避けられません。

以上、次世代金融モデルの成否を分ける3つのポイントを考えると、プラットフォーム、ユーザーインターフェイス／ユーザーエクスペリエンス、デジタルトランスフォーメーションのすべてにおいて、日本においてもテクノロジー企業が既存金融機関をディスラプトする可能性は高いと言えます。3年後、5年後という近未来にそれが起こり得ると、私は予想しています。

楽天

「経済圏の超拡大」の青写真

日本の4大金融ディスラプターのうち、楽天は最も多くの金融サービスを提供している「総合金融プレイヤー」です。

楽天といえば、アマゾンやヤフーショッピングのような、ECサイトのイメージが強い企業かもしれません。

しかし実態を見れば、国内随一のフィンテック企業としての顔が明らかになります。楽天銀行、楽天証券、楽天生命、楽天損保と、フルラインナップの金融サービスを提供しています。またクレジットカードの「楽天カード」に始まり、電子マネーの「楽天エディ」、楽天スーパーポイントが貯まる「楽天ポイントカード」、ＱＲコード決済の「楽天ペイ」など、オンラインとオフラインが融合した利便性の高い決済手段を網羅しています。すでに、楽天グループの決済サービス導入は全国１２０万か所に達しています（２０１８年6月末時点）。売上を見ても金融事業のウェイトは高く、２０１８年第3四半期の決算時点で、売上全体の35・7％を「フィンテックセグメント」が占めるに至っています。

図表6-2　楽天の事業構造

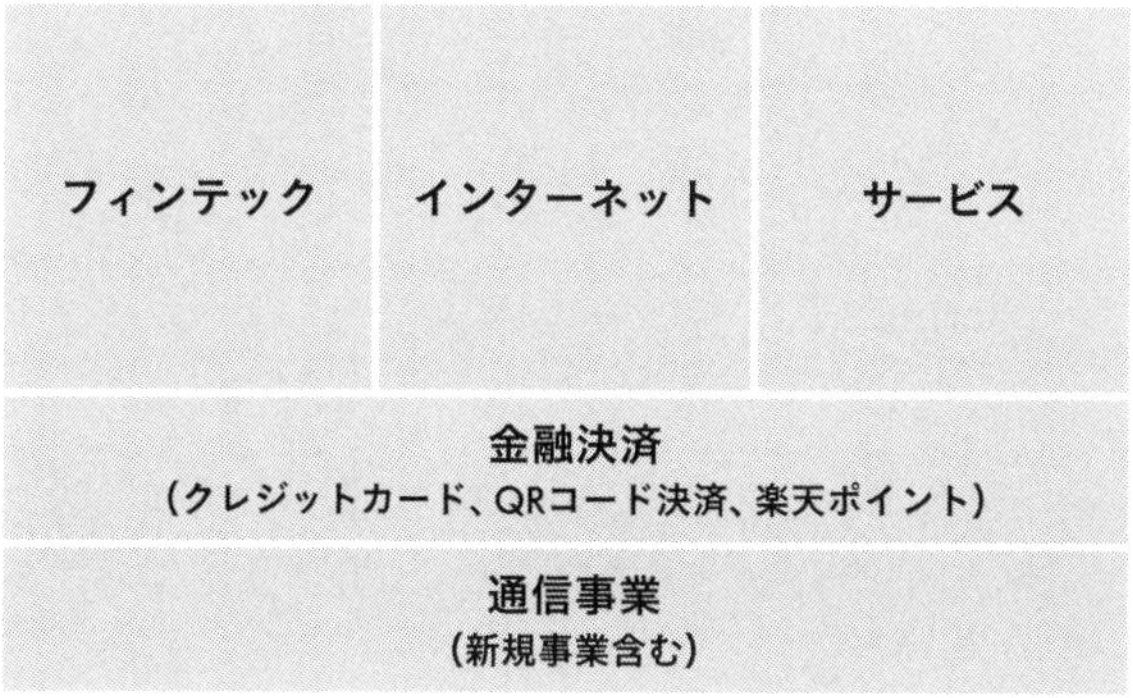

フィンテック	インターネット	サービス
金融決済 （クレジットカード、QRコード決済、楽天ポイント）		
通信事業 （新規事業含む）		

これだけ見れば、「楽天はすでに金融会社である」といっても言い過ぎではないでしょう。日本のメガバンクはおろか、中国のアリババに匹敵するほどのサービスラインです。

「楽天ポイント」でつながる

楽天のフィンテック事業の中核を担うのが楽天カードです。現在、楽天カードの取扱高は7・5兆円（2018年）に達しています。国内クレジットカード業界では取扱高ナンバーワンで、会員数は1500万人を突破しています。クレジットカード業界の成長率が一桁と言われている中、楽天カードは年率20％という桁違いの成長を続けており、圧倒的な存在感を放っています。

また、中小事業主向けの「スーパービジネスローン」という融資サービスも開始しました。商流から得たビッグデータを与信のベースとする点で、ほぼアマゾンレンレンディングと同じサービスだと言えます。2018年8月にはグループ内の再編を行い、各種フィンテック事業は楽天カード株式会社に承継されました。

後発だった楽天カードをここまで急成長させた要因について、楽天のフィンテック事業を統括する穂坂雅之氏は、次のように語っています（Rakuten Today、2018年7月2日）。

「インターネットを最大限活用して徹底的なペーパーレス化を進め、年会費を永年無料にしたほか、いち早く開発していたネット上のお買い物で貯めて使えるポイントプログラム『楽天スーパーポイント』を、『楽天カード』による実店舗決済でも、当時0・5％還元が主流だった中で1％のポイントを貯まるようにした。他社に先駆けてカード申し込みをスマホで簡単に行えるようにもした」

楽天の成長の裏に、楽天カードあり。楽天カードの成長の裏に、楽天スーパーポイントあり。この構図を、まずは押さえてください。

その楽天が今掲げているテーマが、「楽天経済圏の超拡大」です。キーワードは「会員×データ×ブランド」です。「楽天コーポレートレポート2017」では、次のように謳っています。

「楽天は、国内外において、インターネットサービス、Fintechサービスの分野で多岐にわたるサービスを提供しています。これらの軸であり、当社の重要な非財務資産であるのが、楽天会員を中心としたメンバーシップ、ブランド、データです。会員が共通IDを用い多様なサービスを回遊的に利用することで、『楽天エコシステム（経済圏）』を形成しています。これにより会員のライフタイムバリュー（生涯価値）の最大化や顧客獲得コストの低下を可能にし、流通総額を増大させ、企業価値を高めています」

携帯キャリア進出も「楽天経済圏の超拡大」の足がかり

楽天経済圏の超拡大とは、具体的にはどのように進展しているのでしょうか。

例えば、携帯キャリア事業への参入です。2017年12月、楽天は携帯キャリア事業への新規参入を発表しました。2014年10月から格安スマホ「楽天モバイル」を展開していましたが、これはNTTドコモの回線を借りていたもので、料金プランなどに制約がありました。今回、自前の回線を手に入れた楽天は今後、NTTドコモ、KDDI、ソフトバンクに続く、第4の携帯キャリアとして、独自のモバイルインフラ構築を図っていくことになります。

楽天市場の流通総額は2018年1月時点で76・7％がモバイル経由です。決済サービスの楽天ペイもスマホでの利用が基本です。モバイルは、楽天経済圏の底辺を担う重要なインフラです。ここを押さえることができれば、必然的に楽天市場の流通額も底上げされます。

また携帯キャリア事業から得られる通信料は、安定的な収益源となります。

しかし楽天の狙いは、以下のようなところにもあります。楽天モバイルのスマホに自社アプリをインストールしておけば、それだけでアプリの利用を促すことができるでしょう。すると、70を超える楽天のサービスを回遊してもらえる可能性が高まります。携帯キャリア進出もまた「楽天経済圏の超拡大」に向けた足がかりだと言えるのです。

携帯キャリア事業参入に伴い、2018年11月にはKDDIとの提携が発表されました。携帯キャリア事業に参入する際、KDDIの通信設備を利用（ローミング）することで、時間的・コスト的な余裕が生まれます。

この提携は楽天のみに利益をもたらすものではありません。KDDIには楽天から決済と物流のプラットフォームが提供されます。具体的には、120万超に及ぶ楽天ペイの加盟店で、KDDIが2019年4月に開始する「auペイ」が使えるようになります。またKDDIの通販サイト「Wowma!」の物流も楽天が担うことになります。つまり通信、物流、決済の3領域で、第4のキャリアと第2のキャリアのアセットを相互に活用する格好となり、KDDIのau経済圏と楽天経済圏の双方にとって多大なメリットをもたらすでしょう。

楽天は今回の提携により、キャッシュレス社会の早期実現、物流分野における社会課題の解決、通信サービスの健全な競争を実現し、「市場全体においてお客さまの利便性の飛躍的向上を目指す」と謳っています。

損保、ライドシェアなど新規事業加速

新規事業への参入は、携帯事業だけではありません。朝日火災海上保険を買収することで損害保険事業にも参入し、楽天は保険事業もフルラインナップで有することになりました。これは既存の楽天サービスとのシナジーを期待できます。例えば楽天トラベルでの旅行保険、民泊の楽天ライフルステイでの事業者に対する火災・家財保険などです。

２０１８年1月には、米国最大手の小売業であるウォルマートとの戦略的提携を発表しました。ウォルマートの日本子会社である西友と「楽天西友ネットスーパー」を共同運営します。西友の強みである「質」と「低価格」を実現する生鮮食品や日用品を、楽天が培ってきたＥＣノウハウによってスピード配送します。あわせて米国のウォルマートの店舗では、電子書籍サービス「楽天Ｋｏｂｏ」の提供が始まります。

さらに２０１８年4月からは、ビックカメラとの「楽天ビック」もスタートしました。これはオンラインとオフラインの連携、設置・配送、オリジナル商品が特徴で、楽天ポイントにも対応しています。競合するソフトバンク・ヤフー連合はイオンとの提携を発表しており、オンラインからオフラインへという動きが加速しています。

また、次世代自動車産業を分析してきた著者としては、ライドシェアに向けた取り組みも見逃すことはできません。楽天は2015年、米国300都市でライドシェアを展開しているリフトに3億ドルを出資しました。市場シェアではソフトバンクが出資するウーバーを下回りますが、ユーザーの増加率ではリフトが上回ります。

出資した当時、楽天の三木谷浩史社長はこう語りました。「リフトこそが経済の将来型。人と人とのつながりをエンパワーする（力を与える）ことで、シェアリングエコノミーはサービス業界を根本的に変え、社会に恩恵をもたらす。個人や社会の潜在能力を引き出すリフトのようなビジネスが、将来へのカギを握っている」（CNET Japan、2015年3月12日）。

三木谷社長が代表理事を務める新経済連盟のレポートによると、2015年時点のライドシェアの市場規模は約1兆6500億円ですが、2020年までに倍増すると予想しています。現在、新経済連盟はライドシェア事業の解禁に向けてロビイング活動をしています。ライドシェアが認められた時には、楽天は携帯事業で提供するスマホに配車アプリをプリインストールするところからライドシェア事業を推し進めていくものと私は予想しています。

いずれにしても、楽天会員×データ×ブランドの力を総動員することになるでしょう。楽天経済圏の超拡大は着々と進んでいます。

楽天ブランド間のクロスユース拡大がカギを握る

楽天経済圏の超拡大という言葉は、2017年通期の決算発表で初めて登場しました。以来、楽天のビジネスモデルにおける最上位概念として位置づけられています。

2018年第3四半期の決算資料には「現在約4兆円ある楽天のメンバーシップバリューを将来10兆円にする」とあります。メンバーシップバリューとは「延べサービス利用者数×LTV」を意味します。LTV＝ライフタイムバリューとは、1人のユーザーが生涯において特定の企業やブランドにもたらす利益を算出したものです。

この目標達成に不可欠なものが「クロスユース」の拡大です。クロスユースとは楽天会員のうち2つ以上のサービスを利用してくれることです。1人の会員がECやフィンテック、デジタルコンテンツ、通信など、70を超えて展開される楽天のサービスを横断的に使えば、メンバーシップバリューは増大します。楽天会員数は2018年9月末時点で1億人以上ですが、グループのサービスを2つ以上利用したユーザーは実に69・2％にのぼります。

クロスユース促進のエンジンとなっているのが、楽天のポイントプログラムです。サービス利用時に貯めたり使ったりすることができる楽天スーパーポイントが、顧客のエコシステム内への流入拡大やグループサービスの複数利用、回遊的・継続的なサービス利用を促進しているのです。楽天スーパーポイントアッププログラム（SPU）が、それをさらに加速します。楽天カードを楽天市場で利用すると「ポイント＋2倍」、楽天銀行で楽天カードの引き落としをすると「ポイント＋1倍」など、楽天市場での買い物で得られるポイントが最大15倍になるプログラムです。楽天経済圏とは「多くの楽天サービスを利用すればするほどポイントが優遇され、還元される経済圏」なのです。

２０１8年第3四半期の決算資料では、クロスユース拡大の経路として「楽天市場から流入し、ＳＰＵなどをきっかけに、楽天トラベルや楽天ブックスを利用する」という例が挙げられていました。また楽天ポイントカードから楽天市場を使用し、ＳＰＵなどをきっかけに楽天カードに加入する例もあります。

当然、フィンテックサービスへも広がります。例えば楽天カードと楽天銀行の間ではカードローンに対する信用保証、楽天銀行と楽天生命の間では住宅ローンの団体信用保険。楽天銀行と楽天証券の間ではリアルタイム送金や金融仲介といったシナジーがあります。

結果として、フィンテック事業のクロスユースは順調に拡大しており、楽天カード、楽天銀行、楽天証券のクロスユースは、２０１８年第3四半期に前年同期比43・４％増を記録しました。ＳＰＵに参画する前後で、楽天銀行と楽天証券は楽天グループ経由の口座申込数が2・6倍に増えたというデータもあります。

クロスユースを通じたビジネスの拡大は、ほかのプレイヤーにはない楽天の強みです。楽天経済圏とは「楽天ポイント経済圏」とも言い換えられるでしょう。

楽天経済圏のタッチポイントは膨大です。楽天市場、楽天トラベル、楽天カード、楽天銀行と、それぞれがユーザーを集め、それぞれがクロスユースへと誘導していく。ＩＤ連携による誘導はストレスがなく、カスタマーエクスペリエンスも良好です。楽天ポイントは各サービスをつなぐ「触媒」となっています。

ワンデリバリー構想

２０１８年、楽天経済圏の超拡大を目指す新たな動きとして、「ワンデリバリー」と「ワンペイメント」が発表されました。

ワンデリバリーとは、社会問題化する物流量の増大を受けて、２０２０年までに独自配送ネットワークを構築し、楽天市場の出店店舗を対象に商品在庫の保管から配送までの包括的なサービスを提供するものです。

具体的には、「楽天スーパーロジスティクス」と呼ばれる物流センターと、独自の配送サービス「楽天エクスプレス」の配送エリアを拡大する計画です。プレスリリースによれば「省人化・自動化の倉庫機器を導入した効率的な物流センターを運営し、楽天の購買データやＡＩ技術の活用による受注予測、在庫情報の連携を通じて最適な在庫配置を行うことで、配送スピードの向上及び倉庫作業コストと配送コストの削減を目指す」としています。これにより楽天は、商品の注文から配送までの仕組みをワンストップで提供する配送ネットワークを手にすることになります。商流、金流に加えて物流まで経済圏に飲み込もうとする動きは、アマゾンやアリババとも重なるところです。

ワンペイメント構想

並行して、「ワンペイメント」構想も進められています。これは具体的なサービス名ではなく、「すべての店舗で同じ決済手段が使用できるようになる」ことを意味します。

これまで楽天市場で使える決済手段は、カード決済、コンビニ決済、楽天口座決済、後払いと様々でした。しかし店舗ごとに使える決済手段が異なり、これがユーザーの「離脱」の遠因となっていました。希望の決済手段を選べない場合、約6割が購入をやめたり、別のサイトで購入するとも言われているのです。

ワンペイメントは、これを「楽天ペイ（楽天市場決済）」というプラットフォームで統一します。これにより、ショップ側は決済関連業務の代行、入金サイクルの統一といったメリットを享受します。またユーザー側にも、決済手段の拡充、ユーザーエクスペリエンスの向上などのメリットがあります。例えば、これまで複数店舗で買い物をした場合、1回の決済で済むのはクレジットカードなど各店に共通する決済手段を選んだ時のみです。しかし楽天ペイの導入以降は1回で決済できるようになります。これは、カスタマーエクスペリエンスの向上に大きく寄与することでしょう。２０１８年7月に行われた「楽天ＥＸＰＯ２０１８」では、次のような報告もありました。

「２０１７年11月より『楽天ペイ』を導入した、新潟県長岡市に本社を置くオオミヤスポーツでは、コンビニ支払い、銀行振込などによる前払い決済が増加し、若者層を中心とする新規顧客の獲得にも成功。前払い決済は『楽天ペイ』導入以前の92・2倍になり、店舗全体の売上は１・３倍に。決済業務の負担が軽減するというメリットも生まれている」（ペイメントナビ、２０１８年7月19日）。

「ワン」に込められた2つの意味

包括的な物流サービスを実現する「ワンデリバリー」構想と、一律の決済方法を提供する「ワンペイメント」構想。それがカスタマーエクスペリエンスを向上させるとともに、楽天グループ間のシナジーを高め、楽天経済圏の超拡大につながることは明白です。

「ワン」には2つの意味があると私は考えています。それは、カスタマーに対して「ワンストップ」の利便性を提供するとともに、グループ内連携を深め、楽天ブランドを１つにまとめるということです。

2018年8月、楽天は組織再編を行い、楽天傘下にネット通販、モバイル、フィンテックの子会社がぶらさがる形になりました。分社化というと、形式的には各社に権限委譲を進めることでグループがバラバラになるイメージがあるかもしれません。しかし楽天の狙いはまったく逆です。グループ間での連携を深め、そこからシナジーを生み出すことで、楽天全体の「ワンネス」(一体感)を強めていく意志がうかがい知れるのです。私は楽天の通信事業への参入も楽天全体のワンネスを高めるとともに、国内の楽天経済圏拡大、そして本格的なグローバル展開のきっかけになると予想しています。

楽天APIエコノミーでさらに広がる楽天経済圏

外部との一体化、つながりという意味で、最後に指摘しておきたいのは楽天のAPIへの取り組みです。APIとはアプリケーション・プログラミング・インターフェースの略で、あるアプリケーションの機能や管理するデータなどを他のアプリケーションから呼び出して利用するための接続仕様・仕組みを指します。それを他の企業に公開することをオープンAPIと呼びます。グローバルに見ると先進的な金融機関はすでにAPIの公開を始めています。それは、APIが単なるプラットフォームから、APIエコノミーと呼べるようなエコシステムを形成する潜在力を持っているからです。後で述べるＤＢＳ銀行はこの分野でも先駆者です。

そんな中で、楽天は２０１８年7月、米国でＡＰＩマーケットプレイス「RapidAPI」を提供するＲソフトウェアとの間で、ＡＰＩマーケットプレイス「Rakuten RapidAPI」を提供する独占的な戦略パートナーシップを締結しました。重要な部分なので、この締結の際に楽天から発表されたプレスリリースの一部を紹介しておきます。

「『RapidAPI』は、８０００以上の豊富なラインナップのＡＰＩを提供する世界最大規模のマーケットプレイスで、世界で50万人以上の開発者に利用されています。近年、様々な企業・団体・公的機関が、それぞれ保有するサービス機能のＡＰＩを外部に公開してお互いに利用できるようにすることで、新しいサービス開発やビジネスが生み出されるエコシステムである『ＡＰＩエコノミー』の市場が世界的に急成長しています。日本においても、２０１８年６月１日から施行された改正銀行法により、ＡＰＩを外部事業者に開放する努力義務が金融機関に課されるなど、フィンテック業界をはじめ、国内でも『ＡＰＩエコノミー』は広がりを見せています。このたび提供を開始する『Rakuten RapidAPI』は、日本語での利用を可能にするなど、日本のユーザー向けに利便性を高めたものとなっています。

開発者は、『Rakuten RapidAPI』を利用することで、ニーズにあったＡＰＩを、より迅速に、簡単に購入できます。また、ＡＰＩを提供するプロバイダーは、自社の提供するＡＰＩの販売スキームを効率的に確立できるため、販売に要する時間やコストを大幅に削減できるほか、自社ＡＰＩを世界の開発者へ届けることができます。楽天、楽天コミュニケーションズ、R Softwareは今後、日本以外のアジア地域に向けても本マーケットプレイスを最適化していき、ＡＰＩプロバイダーと開発者による利用促進を図っていきます」

私はこの取り組みは楽天経済圏をさらにオープン化し、ＡＰＩエコノミーも取り込み、同経済圏を拡大していく大きな手段になるのではないかと予測しています。それは、オープンＡＰＩが決済システムの高度化、そして金融機関や企業が保有する従来のレガシーの利活用にも貢献できる可能性も秘めているからです。

楽天経済圏の進化

楽天は、２０１９年2月12日に２０１８年度通期及び第４四半期決算説明会を開催し、大きな変革をいくつも発表しました。楽天ペイメントを新設し、キャッシュレスペイメント事業をさらに促進していくこと。現行の楽天ペイアプリのアップデートにより、すべての決済手段を単一のプラットフォームに統合し、「新楽天ペイアプリ」として展開していくこと。「フィンテック事業」については、楽天カードの下に銀行・証券・保険などの各企業を設置するという組織改正を行うことなどです。

楽天グループの利用者の間では、すでに楽天ポイント、楽天キャッシュによる決済が増加しています。金融という文脈で見逃せないのは、これらを原資とする証券取引も増加しているということです。楽天で買い物をすることは「消費」である一方、証券投資をすることは「投資」です。お金の使い方としてはまったく違う方向性にあるものです。

また楽天証券では、「資産形成」(給与などコア資金による長期的な財産形成)と「資産運用」(余裕資金による運用)を明確に峻別しており、楽天グループとしては顧客との長期的で良好な関係性を構築することが目的であることから、前者を重視した事業展開を行っているとしています。また実際にも、楽天証券で資産形成を行うようになると、グループ全体での利用金額も大幅に増加するというデータもあるようです。楽天証券では、「コア資金から当社で資産形成を継続的に行うことを決断している人は楽天への信頼度が高い人」と分析しています。

「〇〇経済圏」という言葉を使うことが近年増えてきました。アマゾン経済圏、アリババ経済圏など、まさに経済圏という言葉を使うことがふさわしい事業展開をしているプラットフォーマーがグローバルでは増えてきています。

日本国内に目を転じた場合には、「EC・旅行などの消費×金融」という観点で最も大きな経済圏を構築しているといえるのは、現時点においては楽天でしょう。楽天の金融事業は、従来は本業のECを支える性格が強かったのですが、今後は金融事業を真の中核事業に育てようとしています。さらにライドシェア会社のリフトが2019年3月に上場を果たし、筆頭株主だった楽天には財務上も事業展開上も大きなプラスとなりました。見違えるほどの結果を今後もたらすでしょう。楽天経済圏の進化からは目が離せません。

LINE　顧客接点を巡る戦いで優位に立つ

LINEペイが2018年6月にリリースしたQRコード決済は「加盟店の導入費用ゼロ、今後3年間は決済手数料無料」という赤字前提の大攻勢で話題をさらいました。LINEペイの戦略は、キャッシュレス化が進んでいない中小店舗に重点を起き、キャッシュレス導入にあたって障壁になっていたコストをゼロにするものです。これにより、2018年度内に100万加盟店を確保するという目標を掲げました。

LINEペイには大きな強みがあります。利用者が7800万人（2018年度第3四半期）にのぼるＬＩＮＥに、デフォルトでインストールされているので、新たに専用のアプリをダウンロードする必要がないのです。ここで導入店舗が一気に拡大すれば、ユーザーにとっての始めやすさ、使いやすさの点で、大きく前進します。

中国のテンセントをベンチマーク

ＬＩＮＥはコミュニケーションアプリを通じて、生活サービス全般、はては金融事業まで垂直統合しようとしています。この動きから明らかなように、ＬＩＮＥは中国のテンセントをベンチマークしています。

テンセントの決済アプリ「ウィーチャットペイ」が中国市場を席巻した経緯を見れば、ＬＩＮＥのポテンシャルも実感できることでしょう。

中国のＱＲコード決済市場ではアリババの「アリペイ」が先行しました。ウィーチャットペイの登場はアリペイに遅れて9年後。アリペイの牙城は揺るがないものと当初は思われていたのです。しかしウィーチャットペイはアリペイを凌ぐ勢いで浸透しました。すでにウィーチャットペイが逆転しているとの報道もあります。この勢いの差は、アリペイがＥＣサイトと連動するアプリであるのに対し、ウィーチャットペイはコミュニケーションアプリに連動しているという違いによるところが大きいと私は見ています。

私たちがＥＣサイトを眺めるのは買い物をする用事がある時に限られます。一方、コミュニケーションアプリは、友人・知人から連絡がある度、こちらから連絡をしようとする度に「毎日、何度も」開くのです。コミュニケーションアプリを閲覧する頻度は、ＥＣサイトを閲覧する頻度の何倍にもなるでしょう。テンセントはこうして、利用頻度において絶対的な強みを持つコミュニケーションアプリをプラットフォームにして各種金融サービスを垂直統合し、さらにはその他の生活系サービスを充実させていきました。

日本だけで7800万人のアクティブユーザー

あらためて、ＬＩＮＥはどうでしょう。月間アクティブユーザー数は1億6500万人超（2018年度第3四半期）、日本だけでも7800万人です。おそらく日本最大級の顧客リーチを持つプラットフォームです。国内だけではなく、台湾、タイ、インドネシアでもメッセンジャーアプリを提供しています。そして金融サービスにも進出しました。ＬＩＮＥペイの長福久弘ＣＯＯは、ＬＩＮＥが金融事業参入に至った必然について、次のように語っています（月刊消費者信用、2018年11月）。

「ＬＩＮＥは2011年6月、コミュニケーション・アプリとしてサービスを開始した。その後ユーザーが急拡大するなか、スマートフォン時代のプラットフォームを目指そうと、

『スマートポータル構想』を打ち出した。スマホというデバイスを活用して、いつでもどこでも、自分が必要とする人や情報・サービス、企業・ブランドとつながり、すべてが完結する世界を構築しようとしたわけだ。『メッセンジャー・プラットフォーム』を核にしつつ、動画・音楽・マンガ・ゲーム等からなる『コンテンツ・プラットフォーム』と、決済・求人・O2Oなどの生活関連サービスを提供する『ライフ・プラットフォーム』を融合させることで、ユーザーの生活全般をサポートするプラットフォームを目指した。

さまざまなサービスを提供するにつれ、必然的に、その対価を支払う機能が求められるようになった。ユーザーが生活するうえで絶対に外せない決済機能をスマートポータルに加えようと、14年12月にLINEペイを公開した。LINEを〝スマートポータル化〟することでユーザーの生活をより便利にするためのツールとして、決済機能を付加するという位置づけで開始した」

LINEもテンセントと同じように、強大なコミュニケーションアプリを武器としながら、SNS企業の枠を超えたのです。

広告収入は伸びるがスタンプやコンテンツは停滞

今回取り上げる日本の4大金融ディスラプターの中では、LINEは最も新興の企業です。

2000年9月、韓国企業のネイバーの100％出資により創業されました。ネイバーは広告やコンテンツ・サービス、ビジネスプラットフォームなどを含む韓国最大手の総合ネットサービスです。もともと韓国系の企業とあってLINEの売上の約3割は海外事業によるものですが、会員数を見ると海外は伸び悩んでいる状態です。2016年第2四半期においてはタイ、台湾、インドネシアの3か国で9500万人いた会員数が、2018年第1四半期においては8700万人と減少しています。

売上構成を見てみましょう。現在のLINEは広告事業をコアとする会社です。2017年度決算においては、総売上1671億円のうち765億円が広告収入です。LINE公式アカウント、LINEスポンサードスタンプ、LINEポイント、LINE＠、タイムライン広告、またポータル広告としてのNAVERまとめなどが、ここに含まれます。前年比を見ても39・9％の増加です。フェイスブックやグーグルほど極端ではありませんが、広告収入が大きなウェイトを占め、その成長が総売上を押し上げている構図を見て取ることができます。

その一方で、コミュニケーション事業及びコンテンツ事業は、成長が鈍化、あるいは下落基調にあります。コミュニケーション事業とは、トーク、スタンプ、着せ替えなどが該当します。これは2015年から2017年にかけて1・05倍と横ばい状態です。コンテンツ事業は、ゲームやマンガ、ミュージック、占いなどです。こちらは同0・81倍と減少傾向です。惜しむらくは、コンテンツ自体の平均寿命の短さです。ヒットの有無に売上が大きく左右されるため、ビジネスモデル的にも収益的に安定しないのはコンテンツ事業の宿命と言えます。

注目すべき「その他の事業」の成長

しかし、今注目すべきは「その他事業」の成長ぶりです。金額そのものは202億円とまだ大きなものではありませんが、2015年から2017年にかけての伸びは3・37倍にも達しているのです。

LINEペイを含むフィンテック事業はここに位置しています。LINEペイの決済高は2017年に4500億円を超えました。グローバルアカウント登録者数は4000万人を超え、月間取引件数は1000万件を突破しました。ローソン、大手ドラッグストアなど全国チェーン店での加盟店網を拡大して、メガバンク3行を含む50行以上の銀行と提携しています。

AIアシスタント「Clova」の展開も始まっています。LINEは2017年にスマートスピーカー「Clova WAVE」「Clova Friends」をリリースしました。

アマゾンの「アレクサ」、グーグルの「グーグルホーム」と同様のスマートスピーカーを手がける日本企業はＬＩＮＥだけです。サードパーティの企業や個人が利用できるソフトウェア開発キットを公開したことで、Ｃｌｏｖａで利用できる機能（スキル）は１２０以上に増加しています。スマホ上のコミュニケーションアプリとして成長してきたＬＩＮＥですが、ＡＩアシスタントを「スマホの次」のプラットフォームとして捉えていることは、間違いありません。

トヨタ、野村、みずほ銀行と組んだことの意味

Ｃｌｏｖａ利用シーンの拡大のため、トヨタ自動車と組んだことも特筆すべきニュースです。２０１８年12月発売の新型車から、Ｃｌｏｖａを車内で利用できるサービス「Ｃｌｏｖａ Ａｕｔｏ」がスタートしました。運転中でも音声入力によってＬＩＮＥメッセージの送受信や、音楽再生、目的地の天気を調べたりすることができる機能を提供します。

この提携には、ＬＩＮＥにとっては「クルマの中」という新たな空間に進出する狙いが、またトヨタ自動車側にはＬＩＮＥユーザーに多い若者を取り込む狙いがあります。すでにアマゾンのアレクサを搭載したモデルを発表済みのトヨタにすれば、ＬＩＮＥはワンオブゼムのパートナーに過ぎないかもしれません。それでも「天下のトヨタ」と組んだという事実は

ＬＩＮＥにとって大きな意味を持ちます。

後述しますが、ＬＩＮＥ証券の設立にあたって提携した野村證券、ＬＩＮＥ銀行設立に向けて手を組んだみずほ銀行にしても、堂々たるビッグネームです。ＬＩＮＥは東証一部に上場しているとはいえ、まだまだ新興企業です。各業界のトップと組んだことは極めて大きなアセットになります。自社単独ではなかなか入り込めない市場に進出するにあたっては、最大の武器になることでしょう。

ちなみに、フィンテックやＡＩと並んで「その他事業」に含まれるものにＬＩＮＥモバイルがあります。２０１6年に格安ＳＩＭ事業に参入したものの、ＮＴＴドコモなど大手の値下げの余波を受け、シェア獲得が滞りました。２０１8年1月には、ソフトバンクとの戦略的提携を発表しました。ソフトバンクがＬＩＮＥモバイルの株式を51％取得し、現在はＮＴＴドコモから借りている回線をソフトバンクに切り替えることになりました。

フィンテック事業に大きな期待

ＬＩＮＥは今、従来のコア事業である広告に、これらフィンテックとＡＩを合わせた「戦略事業」の強化を図っています。

投資にも積極的です。２０１8年9月、ＬＩＮＥは第3者割当増資を行いました。そこで調達する資金の具体的な使途として挙げられているのは、フィンテック事業とＡＩ事業でした。ニュースリリースには「新しいインフラ確立を目指しているモバイル送金・決済サービス『ＬＩＮＥ　Ｐａｙ』の決済対応箇所の更なる拡大、ユーザー数及び送金・決済高拡大のための広告宣伝費及び販促活動費」「今後展開を目指している金融関連サービスの立ち上げ及び運営に関わる運転資金、システムへの投資、人件費、各領域における国内外の戦略的融資」として約１０００億円（２０２１年12月まで）を、また「自社製品である『ＬＩＮＥ　Ｃｌｏｖａ』や関連サービスの開発のための人件費、外注費、広告宣伝費」に約４８０億円（２０２１年12月まで）を割く、とあります。

広告事業を継続して成長させていきながら、フィンテック事業とＡＩ事業に対して戦略的投資を行う。ここからは、ポストスマホとしてのＡＩスピーカーというインフラを強化する意図、そしてＬＩＮＥアプリ上に展開するフィンテック事業を強化する意図の２つが見えてきます。ＬＩＮＥはこれを「スマートポータル」戦略として整理しています。

いずれにせよ、戦略事業の１つと位置づけているフィンテック事業にかかる期待は大きいと言えます。以降、ＬＩＮＥのフィンテック事業を個別に見ていきましょう。

ＬＩＮＥペイの真の狙いは膨大な決済データ

あらためて確認しておきたいのは、フィンテック事業の中心にあるのはＬＩＮＥペイだということです。ＬＩＮＥペイを起点に、資産運用や保険、ローンなどの金融事業を総合的に展開するのが、ＬＩＮＥのフィンテック戦略だと言えます。

ＬＩＮＥペイは「ＬＩＮＥ上から送金・決済をする」サービスとして２０１４年12月にスタートしました。そこから、プリペイドカードやＱＲコード決済、クイックペイへと機能を拡張してきた経緯があります。ＬＩＮＥアプリ内に組み込まれているため、わざわざ専用のアプリをインストールする必要がありません。その手軽さは、他社の決済アプリと比べても群を抜いています。約７８００万人のユーザーが、今にもＬＩＮＥペイを使える状態にあるのですから。

それだけではありません。先ほど触れたように、ＱＲコード決済に限り加盟店の導入費用ゼロ、そして２０１８年８月から3年間、同じくＱＲコード限定ですが決済手数料を無料としていることです。ほかにも、利用額に応じてランク方式でポイント還元率が変わる「マイカラープログラム」など強力な普及促進策が講じられました。その結果、２０１８年12月期第３四半期決算では「ＬＩＮＥ Ｐａｙスマホ決済対応予定箇所が92万箇所を突破、年内１００万箇所に向け順調に拡大（ＱＵＩＣＰａｙ対応予定箇所72万箇所含む）」していると発表しました。2018年7月時点で120万か所（楽天ペイ＋楽天エディ＋楽天ポイント＋楽天カード）を突破している楽天には及ばないものの、猛追中です。

それにしても「導入費用ゼロ、決済手数料無料」とは、競合する決済サービス会社にとってはたいへんな脅威です。真似したくてもできるものではありません。自社の収益源を丸ごと手放すことになるからです。

これは「決済そのもの」で収益を上げる必要がない非金融プレイヤーならではの戦略だと言えます。オリガミなど、QRコード決済に特化して儲けようとしていたプレイヤーは、強い淘汰圧にさらされることになるでしょう。

それでは、手数料を無料にしてまでLINEペイが手にしたいものは何か。そこで得られる膨大な決済データです。これをビッグデータとして蓄積し、新たな金融サービスへと活かそうというのです。LINEにとってQRコード決済は通過点に過ぎません。

金融プラットフォーム企業へ提携や新事業続々

事実、いま続々とLINE傘下の金融サービスが立ち上がっています。2018年1月に立ち上がったLINEフィナンシャル株式会社は、資産運用、保険、ローン、仮想通貨（暗号通貨）など金融事業領域をさらに強化するのが狙いです。

個別の金融業態を挙げてみましょう。例えば、ＬＩＮＥ証券は、野村證券との提携により誕生したネット証券です。「天下の野村證券」が新興企業と手を組む狙いは、どこにあったのか。野村證券の森田敏夫社長は次のように述べています（ＮｅｗｓＰｉｃｋｓ、２０１８年8月13日）。

「野村證券の顧客は、50歳以上が7割。つまり、いわゆる『資産形成層』と言われる、若年層へのアプローチは、正直、弱いんです。これは、もう明らかです。

ＬＩＮＥさんには、７６００万人の月間アクティブユーザーがいる。我々が持つ証券口座は５３１万口座ですから、ざっと15倍の規模です。

そして、ＬＩＮＥさんの場合、逆に50歳未満の方々が、75％。つまり、『野村が弱い』というところを、しっかり押さえている。

（中略）ＬＩＮＥさんは逆に、証券業務については弱いわけです。そこは我々がきちっとお手伝いをする」

ＬＩＮＥスマート投資もスタートしました。これは、ドローン、ＶＲ、コスプレなど、身近なテーマに対し、10万円前後から気軽に投資ができるというサービスです。日本初のテーマ型オンライン証券会社であるＦＯＬＩＯとの提携が基盤となっています。

図表6-3　LINEの金融サービス展開

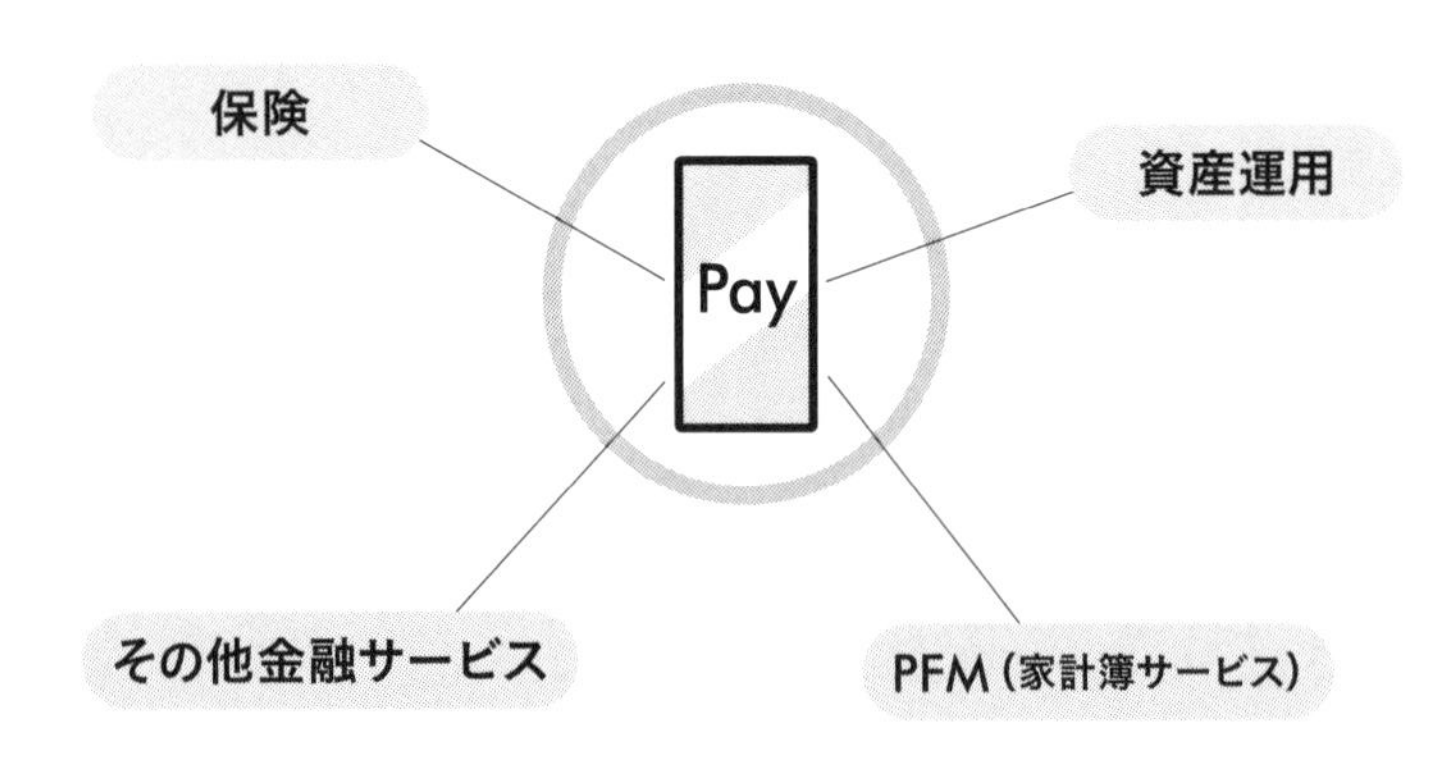

LINEの資料をもとに作成

そして損保ジャパン日本興亜との提携によってLINE保険も立ち上げています。スマホから最短60秒で手続きができて、「保険料は100円から」「LINEペイでの支払いも可能」としています。

そしてLINE銀行です。LINEフィナンシャル51%、みずほ銀行49%の出資で設立される銀行です。具体的なサービス内容は明らかになっていませんが、LINEの出澤剛CEOは「LINE Payに力を入れており、ユーザー数も増えている。LINE Payユーザーにさまざまな金融サービスを提供したいとなると、日常的に一番必要なのが銀行業」「規制やレギュレーションが厳しく、ユーザー向けのサービスにはまだまだ改善余地がある。そこでＬＩＮＥらしい挑戦ができないか」と語っています（ＣＮＥＴ Ｊａｐａｎ、２０１８年11月27日）。

ＬＩＮＥとみずほは「ＬＩＮＥクレジット」でも提携し、ＬＩＮＥの利用状況などのデータをもとに個人の信用力を測る「ＬＩＮＥスコア」や、個人向け無担保ローンサービス「ＬＩＮＥポケットマネー」などを展開するとしています。

垂直統合を実現できるか

こうして見ると、ＬＩＮＥが既存金融機関と良好な関係を築いていることがわかります。出澤ＣＥＯは「われわれが取り組む金融事業は、既存金融機関とパートナー関係を構築したうえで展開するのが基本方針。金融の独特な規制への対応や、より厳格な運営体制が求められることを踏まえれば、われわれが単独でやるよりも、金融のノウハウや知見を持っている既存金融機関を組んでやるほうがよい」（金融財政事情、２０１８年9月17日）との意向を示しています。

ＬＩＮＥが独自に開拓している金融サービスも少なくありません。例えば、ＬＩＮＥ家計簿です。７５０万人のユーザーを抱えるマネーフォワードなど先行するサービスがありますが、７８００万人に上るＬＩＮＥのアクティブユーザーをベースにしてマーケットを開拓できると判断しているようです。

さらにはトークンエコノミーにも進出しています。独自に開発したブロックチェーンネットワーク「ＬＩＮＫ Ｃｈａｉｎ」と、そこで利用できる汎用コインとして、海外向けに「ＬＩＮＫ」を、日本向けに「ＬＩＮＫ Ｐｏｉｎｔ」を発表しました。２０１８年10月からは、仮想通貨交換所「ＢＩＴＢＯＸ」で「ＬＩＮＫ」の取扱が始まっています（日米除く）。

こうした多彩な金融事業を、コミュニケーションアプリとしてのＬＩＮＥのもとに垂直統合できれば、ＬＩＮＥが次世代金融産業において勝ち残るプレイヤーの１つになる可能性は高いと思われます。不正ログインのトラブルなど、セキュリティー面の不安が報じられることもあるＬＩＮＥですが、みずほ、野村といった大手企業との提携は、信用力を補完するものになるでしょう。

懸念と課題

むろん、大手企業との提携がどのようなメリット・デメリットをもたらすか、未知数の部分もあります。

例えば、信用力が補完される一方で、ＬＩＮＥらしいスピード感が損なわれる懸念があります。また、デジタルトランスフォーメーションに遅れている大手が、かえってLINEの足かせになる危険も考えられます。

野村證券とのLINE証券にしても、単なるネット証券に終わっては、次世代金融産業の時代を生き残ることはできないでしょう。天下の野村證券も、過去においてネット証券を成功させることはできませんでした。そもそも、20年前に誕生して急成長したネット証券業界は、激しい手数料競争で疲弊し、ビジネスモデルの限界を迎えています。

今必要なのは、デジタルトランスフォーメーション時代の新しいデジタル証券であり、デジタル銀行です。すなわち、「取引している」ことすら感じさせないような、スムーズなユーザーインターフェイス／ユーザーエクスペリエンスの実現であり、デジタルネイティブ世代の価値観やライフスタイルに合致した、新しい金融商品を提供することです。

テンセントと比較するならば、今後のLINEの課題は、入り口としてのコミュニケーションアプリから、フィンテックやECなどそのほかのサービスに顧客を誘導することです。現状、顧客接点においては圧倒的優位に立つにもかかわらず、広告以外のサービスの伸びが思わしくありません。そのため、経済圏の大きさという点では、楽天やヤフー・ソフトバンク連合に見劣りします。

アプリの強みを「ＬＩＮＥ経済圏」の拡大へとつなげられるかどうか。今後のＬＩＮＥはその点に注目です。

最後に、私は、ＬＩＮＥが金融事業で覇権を握るために最も重要なことは、金融において最も重要な「信用」「信頼」を獲得できるかにかかっているのではないかと分析しています。野村證券やみずほ銀行と提携しても、得られるのは信用補完のみであり、信頼を得るのは別のことです。テクノロジーよりも、もっともっと高いハードルを乗り越えることができるか。ＬＩＮＥの挑戦から目が離せません。

ヤフー・ソフトバンク連合

話題沸騰「ペイペイ」を立ち上げ

ヤフー・ソフトバンク連合によるスマホ決済サービス「ペイペイ」が日本を賑わせたのは記憶に新しいところです。２０１８年10月にサービスを開始したペイペイは、ＬＩＮＥペイ、楽天ペイ、オリガミなどに続くＱＲコード決済の後発組でしたが、加盟店への支払いが最短翌日、決済手数料が３年間無料という条件で、ユーザーと加盟店を確保しようとしました。

そして同年12月には「100億円あげちゃうキャンペーン」という驚きのユーザー獲得策を開始しました。これはペイペイ利用者に購入金額の20％相当を次回以降の買い物に使えるポイントとして還元（還元額は1人当たり5万円を上限）するというもの。しかも、40回に1回の確率で全額ポイント還元（1回当たり10万円相当まで）されたのです。さらには、ソフトバンクのスマホならば10回に1回の確率で全額ポイント還元しました。

これは爆発的な反響を呼びました。キャンペーンは2019年3月まで続く予定でしたが、用意した100億円の予算はあっという間に溶けてなくなりました。ペイペイが使える家電量販店はレジ前には行列ができ、大混乱の中でキャンペーンは終了しました。たったの10日間で190万人のユーザーを集めたのです。

これほどの話題は、競合するLINEペイにも楽天ペイにもありませんでした。それまでスマホ決済に慎重だったユーザーが、ポイント目当てにペイペイのアプリをインストールしたケースも相当に多いはずです。つまりペイペイは、100億円という投資と引き換えに、190万人のユーザー候補者を取得したのです。1ユーザー当たりの獲得費用は5263円でした。同種のキャンペーンの第2弾、第3弾が用意されているとの噂もあります。

孫正義らしい超長期思考の戦略

この大胆な戦略には、多くの人が驚いたのではないでしょうか。私も実に「孫正義らしい」戦略だと感じました。孫氏は2001年、高速インターネット接続サービス「ヤフーBB」のモデムを街角で無料配布して一気にシェアを奪いました。稀代の事業家&投資家である孫会長は、日頃から「300年成長し続けられる企業になる」とのビジョンを掲げ、そのために多くの企業に投資を行い「30年以内にグループ5000社を目指す」という、超長期思考の持ち主です。

今回の「100億円あげちゃうキャンペーン」も、短期的な利益を度外視する超長期思考から逆算して導かれた施策であるはずです。QRコード決済自体は短期的には完全な赤字事業です。ご存知の通り、アリババもテンセントも決済事業自体は赤字なのです。しかしアリババとテンセントがそうであるように、ヤフー・ソフトバンク連合には多くの資金回収の手段があります。ペイペイを起点に経済圏を広げて、経済圏全体から回収するビジネスモデルが用意されているはずです。

LINEペイが3年間決済手数料無料を打ち出したことを機に、「決済料では儲けない」のがQRコード決済の覇権争いにおけるデフォルトになりつつあります。メルカリのメルペイなどもすでに参入しており、QRコード決済の覇権争いは混戦模様が続きます。おそらく

3年以内に勝負がつき、2~3社しか残らないでしょう。生き残るのは、決済料で儲けずとも経済圏全体で儲けることができるプレイヤーのみ。すなわち、QRコード決済のアプリはあくまで入り口として、そこから「ECへ誘導する」「広告売上を伸ばす」「金融事業につなげる」といった手で利益を得られるプレイヤーです。

その1つが、ヤフー・ソフトバンク連合である可能性は、極めて高いと言えます。その頃には、米ウーバーに77億ドル出資するなどしてソフトバンクが推しているライドシェアも解禁され、ペイペイと連携しているかもしれません。

ただし、ペイペイもよいニュースばかりではありませんでした。クレジットカードの不正利用が相次ぎ、「身に覚えのない請求がきた」などのトラブルが報告されました。これは残念なつまずきです。

エクスポネンシャルに成長する企業の常であるリーンスタートアップを試みた結果だと好意的に解釈することはできます。完成度を高める前にリリースし、ユーザーからの反響を見ながら超高速でPDCAを回していくやり方です。集客が望めるクリスマス商戦に間に合わせたことも、反響の大きさにつながりました。

しかし、それにしてもトラブル続きです。金融サービスにおいて「安心」は生命線です。安心が損なわれている金融サービスは、決してマジョリティの評価を得られません。またアプリとしての機能も現時点ではＱＲコード決済に限られており、アリペイのような「決済アプリから始まる経済圏」が展開されているわけではありません。これも「見切り発車」で始めた感は否めないのです。ペイペイがこれからどうＰＤＣＡを回していくか、注視していきたいと思います。

種々の金融サービスをシームレスにつなげる

もともとヤフーという会社は、ヤフーＩＤに紐づけるかたちで、「出会う（メディア、広告）」「調べる（検索、コンバージョンメディア、コマース）」「買う（カート）」「支払う（ウォレット）」「利用する（サービス、コンテンツ）」といった一連のユーザーアクションに対し、１００を超えるサービスを一気通貫で提供するところに特徴があります。

ヤフープレミアム会員数は１９７９万ＩＤ（２０１８年3月期）、月間ログインユーザーＩＤ数は４０００万超です。そこから得られるビッグデータは、より質の高いカスタマーエクスペリエンスを作り出すために活用されます。他のテクノロジー企業と同様、ビッグデータは彼らにとっても最大のアセットなのです。ヤフーの「統合報告書２０１８」にも、次のように記されています。

「２０１８年度からの数年間を第3創業期と位置付け、『スマートフォンの会社』に加えて

図表6-4　ヤフーの決済金融事業の位置付け

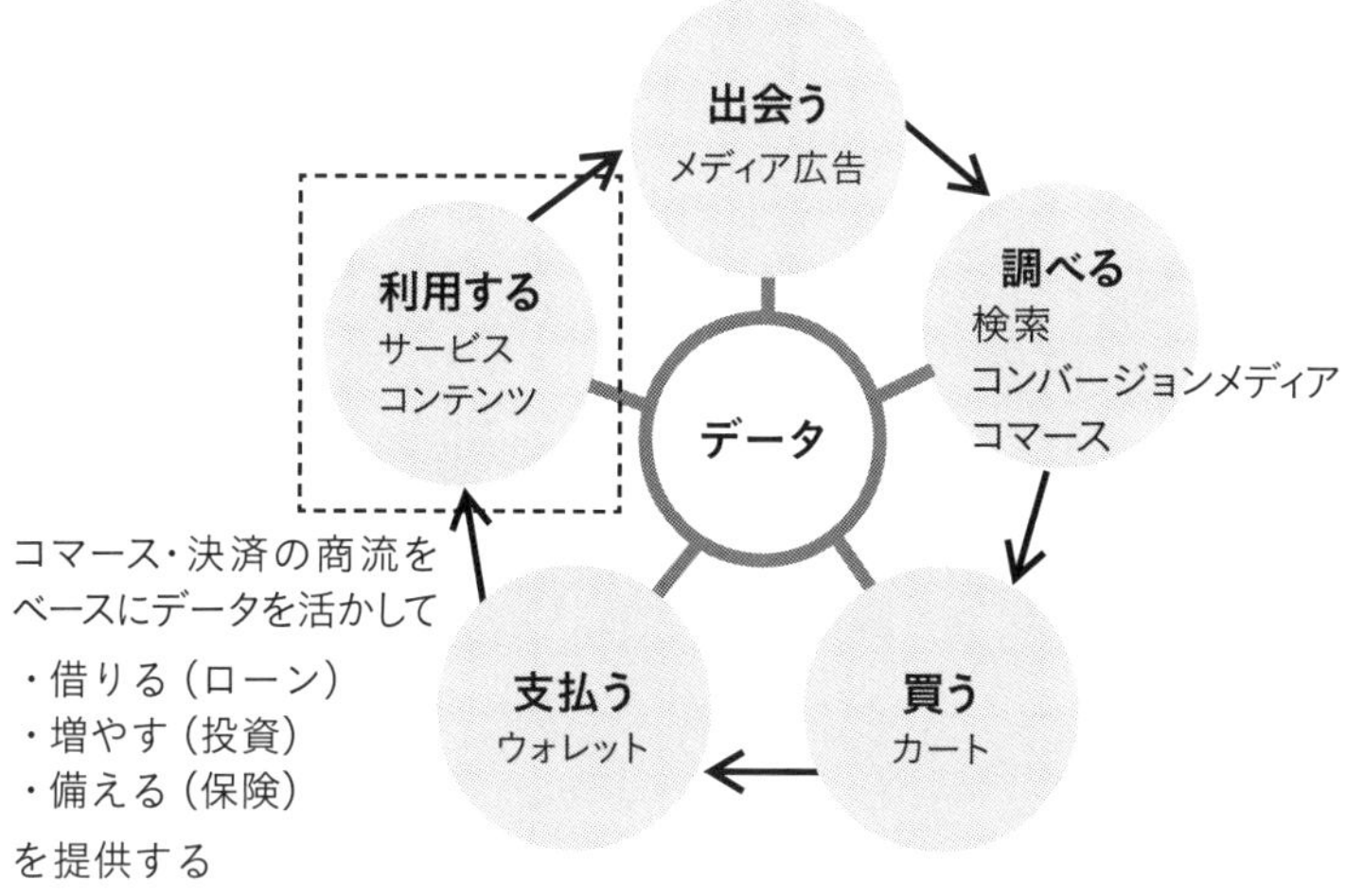

ヤフーの資料をもとに作成

『データドリブンカンパニー』へ変革するための取り組みを加速させていきます。今後の情報社会の『課題解決』において、データを取り込めるか否かが生産性やクリエイティビティの面で大きな差を生み出すことに、疑いの余地はありません。従って、サービス創りに際し、社員の経験と勘に頼るのではなく、『データドリブン』という軸を構築し、その軸に沿って成果を出す仕組みに切り替えていく必要があります。当社グループが持つデータをシームレスに活用し、利用者にとって最適なサービスの提供を実現することに加え、社外との連携や新規事業の創出にも挑戦していきます」

オフライン市場でのデータ獲得を狙う

それでは、金融サービスはどのように位置づけられているのでしょうか。

ペイペイは強烈な存在感を放っていますが、ヤフー・ソフトバンク連合が提供する金融サービスは特別多いとは言えません。クレジットカードの「ヤフーカード」、プリペイドカードの「ソフトバンクカード」、インターネット専業銀行である「ジャパンネット銀行」、ヤフーショッピングやヤフオクのストア向けの融資を行う「ＪＮＢビジネスローン」などがありますが、金融サービスの存在感は大きくありません。

その中で、ペイペイはどのような意味を持つのでしょうか。ヤフーにはもともとヤフーショッピングなどで使える「ヤフーウォレット」という決済サービスがありました。また「ヤフーカード」でカード戦略を強化し、実店舗における決済サービスも押さえていたのです。

これについてペイペイの伊東史博マーケティング本部広報室長が、次のように語っています（月刊消費者信用、２０１８年12月）。

「ヤフーはインターネット上でビジネスを展開する事業者にヤフーウォレットという決済ソリューションを展開してきた。これにより、ネットを通じた商取引を拡大し、ネット上において、だれがどんな商品を探し、何を購入したかといったデータを補足できるシーンを拡大し、ネット広告などのデータビジネスを展開する基盤を築いてきた。だが、商取引の市場規模を考えると、オンラインよりオフラインの市場のほうがはるかに大きい。

ヤフーがオンラインでも使える決済サービスに取り組んできたのは、まさにオフラインの領域でもデータを収集するチャネルを築き、データの利活用を他の事業の成長に結びつけられるようにするためだ。QRコード決済という新しい決済サービスの可能性が高まっているという環境変化を踏まえれば、ソフトバンクグループの経営資源を生かしてQRコード決済市場の主たるプレーヤーとなり、オフライン領域でできるだけ幅広くデータを補足できるようにする必要があると考えたからだ」

つまり、ペイペイはオフラインでのデータ活用が狙いです。

ヤフーは「コマース、決済の商流をベースにデータを活かして、借りる（ローン）、増やす（投資）、備える（保険）を提供する」としています。これは重要な視点です。

今のところヤフー・ソフトバンク連合の金融サービスはバラバラに存在している印象があります。しかし、ペイペイが「コマース、決済の商流」に関するデータを取り込むためのインフラとして確立されたらどうなるか。ペイペイは借りる、増やす、備えるといった金融サービス全般をシームレスにつなげる入り口となり、カスタマーエクスペリエンスを進化させていくことになるでしょう。前述した「決済アプリから始まる経済圏」が生まれるのは、その時です。

ソフトバンクグループとしてのシナジーで攻勢

ソフトバンクの側も、成長戦略の柱としてフィンテックを挙げています。ヤフーはソフトバンクグループの子会社です。フィンテックで連携するのはごく自然な流れだったことでしょう。

ソフトバンクは、数年内に1万7000人の従業員のうち9000人を、ペイペイなど新規事業に配置転換するとも明らかにしています。これが加盟店開拓に動くとしたらなんとも強力です。実際、「ペイペイは全国に20拠点を設け、数千人の営業戦力『ショップコンサルタント』を投入、各地でローラー作戦を展開している」（月刊消費者信用、2018年12月）といいます。改めて、この攻勢ぶりが孫会長らしさです。1つのビジネスを確立させるためには、あらゆるリソースの投入を惜しみません。

思い返せば、ヤフーからして、ソフトバンクグループがそのように急成長させてきた会社でした。1996年に米国ヤフーとソフトバンクの合弁で設立され、飛ぶ鳥を落とす勢いで成長し、今では時価総額1兆4000万円超です（2019年3月15日時点）。本家である米国ヤフーが表舞台から姿を消す一方で、日本ではこの成長ぶり。ソフトバンクグループが事業会社としても投資会社としても傑出していることの証左だと言えます。ペイペイの親会社であり、グループの通信子会社であるソフトバンクの宮内謙社長も、第2、第3のヤフーを作るという意気込みを語っています。

そして現在のソフトバンクグループは、通信、自動運転、半導体、ＥＶ、電力・エネルギーと、今後の急成長が望める市場に残らず投資をしています。そのソフトバンクグループとしてのシナジーが、金融サービスに投入されるとしたら。ペイペイのポテンシャルは計り知れないものがあります。

SBI
エクスポネンシャル企業として「破壊」を続ける

２０１８年８月１日、日本経済新聞の金融経済面に、「証券、柱の個人部門失速」の見出しで、次のような記事が掲載されました。

「（中略）主な証券会社の２０１８年４～６月期では、株式相場の膠着で個別株の売買が細ったうえに、各社が力を入れてきた投資信託の販売でも収入減が目立った。債券取引部門などの苦戦をリテールで補ってきた会社も多く、その変調は経営の不安材料となる」

この記事が指摘するように、野村ホールディングス、大和証券、三菱ＵＦＪ証券ホールルディングスの決算は減益でした。その中で大きく飛躍したのがＳＢＩホールディングスです。傘下のＳＢＩ証券が発表した２０１８年４～６月期決算は、純営業収益は前年同期比23・9％増の２８９億円、純利益は同30・5％増の99億円。口座数は２０１２年以降、年平均10・3％というハイペースで伸び続け、今や最大手の野村證券に次ぐ第2位のポジションにつけています。政府が「貯蓄から資産形成へ」を促進する起爆剤として位置づけているｉＤｅＣｏ（イデコ）やＮＩＳＡ（ニーサ）の販売も拡大しています。ｉＤｅＣｏの口座数は21万超、ＮＩＳＡ口座でも首位の野村證券に迫りました。

躍進しているのは証券だけではありません。住信ＳＢＩネット銀行の２０１８年４～６月期決算における経常利益は前年比33・9％増の39億円、投資利益は同36・2％増の11億円、預金残高４兆６５００億円と住宅ローン残高４兆３０００億円はネット銀行の中では圧倒的1位の数字です。

２００８年に開業したＳＢＩ損保は、保有契約件数が１００万件に到達しました。２０１５年に子会社化したＳＢＩ生命は、住宅ローンを組む際に加入を求められる団体信用生命保険が大きく伸び、申告件数は1年間で約4倍増です。

ＳＢＩは１９９９年にインターネット専業の証券会社（イー・トレード証券）として誕生しました。それが今、日本の4大金融ディスラプターの一角を担い、既存の金融業界を破壊しようとしているのです。

SBIの躍進は「エクスポネンシャル」という言葉にふさわしいものです。同社が創業したのはバブル崩壊後の不況の真っ只中でした。多くの金融機関は高金利環境のために貸出先がなく、また巨額の不良債権処理に苦しんでいました。そんな状況下にあって、SBIはデジタル化を真っ先に果たし、証券、銀行、保険など様々な金融会社を傘下に収め、ネットインフラに組み込みました。

それから約20年。「6つのD」(第4章参照)の「潜行」の時代は過ぎ、ついに金融市場の既存プレイヤーたちを「破壊」するフェーズを迎えています。それがSBIの現在地です。

金融の枠を超えて生態系を広げる

SBIは金融機関としての出自を持ちながら、スローガンとして掲げているのは「金融を核に金融を超える」です。SBIグループは2018年3月時点で230社にのぼります。証券、銀行、保険に加え、国内外のIT、バイオ、環境・エネルギー及び金融関連のベンチャー企業などへの投資を行う「アセットマネジメント事業」、医薬品・健康食品・化粧品等におけるグローバルな展開を行う「バイオ関連事業」などに展開しています。それぞれが多角重層的に提供するサービスは、金融という狭い枠を超えて、人間の健康、ライフスタイルに寄与しています。

その意味でＳＢＩグループは、一時期の米国でブームとなった「コングロマリット」（相互に関連のない多様な業種の企業を取り込み多角的な経営を行う巨大企業）とは異なります。ＳＢＩを率いる北尾吉孝社長は、次のように語っています（ＳＵＰＥＲ　ＣＥＯ、２０１８年6月28日付）。

「どの業界でも、インターネットが登場する前は、個別企業が価値を競い合うのが主でしたが、インターネットが登場してからは、複数の企業のシナジーから生まれる『ネットワークの価値』で競いあうようになる。そう予測していました。だから、企業生態系（筆者注：あらゆる金融サービスを網羅するグループ）を意識的につくりあげていったのです」

銀行、証券、保険など生態系内の様々なサービスが、面倒な資金の移動なしにシームレスに利用でき、グループシナジーが得られる。そこにＳＢＩの狙いがありました。そうなると、「貸し出したお金の利ざやで稼ぐ」「金融商品の手厚い販売手数料で利幅を増やす」といった、単純で旧態依然としたやり方に依存したまま生き残ろうとする旧来型の金融事業は「破壊」され、まもなく「非収益化」の波にさらされるはず。デジタルシフトに適応できないプレイヤーは対価を得られないサービスが増えていくでしょう。

仮想通貨に見る「グローバル展開」の夢

ＳＢＩはまた、人工知能や仮想通貨など、他の大手証券会社がなかなか手を出せない領域で大きく先行しています。その意図は、どこにあるのでしょうか。

２０１８年は仮想通貨にとって厳しい年になりました。２０１８年1月に日本の仮想通貨取引所大手コインチェックが引き起こした不正流出事件を受け、バブルとも言える高騰を続けていたビットコインは直前の２００万円超から60万円台へと暴落しました。下落傾向はそのまま止まらず、２０１８年末には３０００ドルに接近しました。そのため「仮想通貨はすでに死んでいる」と指摘する人も少なからずいます。またウォールストリート・ジャーナル（２０１８年8月3日付）が「一部の大型オンライン仮想通貨取引所で数十の取引グループが相場を操作し、ここ半年に売買行為で少なくとも8億２５００万ドルを稼いだ一方、多額の損失を被った人もいた」と報じているように、価格操作の可能性など市場の不透明感も拭いきれません。

私自身、もう一段の調整局面（価格上昇後に勢いが停滞、低迷する状態）を予想しています。並行して、一定の基準をクリアできていない「ニセモノ」の仮想通貨は、市場から淘汰されていくでしょう。

しかしながら、仮想通貨の基盤技術であるブロックチェーンの持つ大きな可能性は揺らいではいません。一定の基準をクリアした仮想通貨が再び大きな躍進を遂げることは、確実であると予測しています。

つまり仮想通貨市場もまた、エクスポネンシャルな成長の過程にある。私はそう見ています。

ここで再び「６つのＤ」を考えてみましょう。貨幣の「デジタル化」により個人投資家の資金が流れ込んだものの、短期的なバブルがはじけると懐疑的な見方が強まり、今や仮想通貨市場の成長は目に見えない状態にあります。私に言わせればこれは「潜行」の特徴です。これからは、個人投資家に代わりプロフェッショナルな投資家（機関投資家）が参入して市場の健全化が促されれば、「破壊」のステージを迎え、爆発的な成長へと転じるでしょう。その時こそ、通貨の定義は塗り替えられるのです。画素数を倍々にしながら成長を続けたデジタルカメラが、ある地点で一気にフィルムカメラ市場を「破壊」し、デジタルカメラそのものが「非収益化」し、スマホと一体になって「非物質化」したのと同じ道を、仮想通貨もたどるでしょう。

仮想通貨市場は再び活性化する。ＳＢＩは、そんな未来を見据えています。２０１８年４～６月期の決算発表会で北尾社長は、仮想通貨市場が現在の３０００億ドルから将来的に40兆ドルまで拡大するとの予想があることを紹介した上で、「10年でその半分（20兆ドル）に達してもおかしくない」との見方を示しました。

「フィンテック2・0」を目指す

SBIは、2016年には「ブロックチェーン推進室」を設立し、フィンテックへの挑戦をいち早くスタートさせ、仮想通貨関連のサービスを一挙に拡大してきました。

仮想通貨を含むデジタルアセット関連の高い技術力を有するベンチャー企業への出資を進め、取引所運営とデリバティブ市場の創設・参加、セキュリティー、機関投資家向け資産運用、情報提供、トークン発行及びイニシャル・コイン・オファリング（ICO）など9つの事業から成るエコシステム（ビジネス生態系）を完成させようとしています。

主なところでは、2017年9月に仮想通貨交換業者登録を済ませたSBIバーチャル・カレンシーズが新規口座開設の受付を始め、業界最狭水準のスプレッド（買い値と売り値の差、事実上の手数料）で「圧倒的ナンバーワンの取引所になる」（北尾社長）との宣言が現実のものになろうとしています。不正流出事件で明るみに出たセキュリティー脆弱性の問題についても、英国や台湾、デンマークなど世界の有力企業と連携し、改善に向けた体制構築に抜かりはありません。

また、国際送金の手段として活用が広がりつつあるリップル（送金プラットフォームを運営するリップル社）への出資は、仮想通貨市場の拡大につながる重要な布石です。送金に要する時間や送金コストの面で圧倒的に優れたリップルを活用すれば、決済手段としての仮想通貨の利用が拡大するでしょう。その結果価格が安定することで、市場そのものの成長を後押しするでしょう。

このような動きを見る限りＳＢＩは、エクスポネンシャルすなわち爆発的・飛躍的な成長への道筋を見通し、マネジメントの整備を進めているものと思われます。

ＳＢＩは、成長のステージを次のように整理しています。証券や銀行、生命保険などのネット金融サービスを１つの企業生態系として営むことによってシナジー効果を得る段階が「フィンテック１・０」、そこにブロックチェーンや人工知能など新しいテクノロジーを組込むことでサービスを改善する現在のステージが「１・５」、そしてブロックチェーンをあらゆる金融取引に活用して画期的なサービスを生み出すステージが「２・０」です。そしてＳＢＩは今後「２・０」を目指すとしています。真の成長はこれからです。

「金融を核に金融を超える」

もっとも、ＳＢＩグループが究極的に目指しているのは、金融分野で覇権を握ることではありません。同社にとって仮想通貨を含むデジタルアセットは、あくまでグローバル展開のためのツールでしかないのです。

優れた技術を持つ世界のデジタルアセット関連企業への出資、それを通じた技術の結集は、同社のグローバル展開を後押しします。ブロックチェーンは今後、金融分野にとどまらず、医療や法務、不動産、小売、さらには行政でも活用されるようになり、さらに市場規模が拡大していくでしょう。その時、戦略的な事業イノベーターとして最新技術を様々な産業向けに提供し、次世代の社会変革をもたらすことが、ＳＢＩグループの真の狙いです。それこそ、同社の掲げる「金融を核に金融を超える」というスローガンの真の意味でもあります。

決算発表会では、北尾社長から「その多くが2～3年以内に収益化に向かうだろう」という強気の発言がありましたが、私は現実にそうなると確信しています。同社は今まさにフィンテックを成長させる「潜行」期にいます。それが「破壊」期に移行する時、金融業界に何が起こるのか、注視したいと思います。

地方金融機関をアップデートする

グローバルとは対照的な意味合いですが、「地方創生」もＳＢＩを論じる上で欠かすことのできないキーワードです。

今、地域金融機関が隘路に陥っていると言われます。日本銀行の超低金利政策が長期化し、本業である融資からの収益が低迷。それ以前から地方共通の課題だった人口減少と相まって、存続を危ぶまれる金融機関も現れました。実際、金融庁の調査によれば、地方銀行106行のうち半数を超える54行が本業で赤字に陥っているとのことです（2017年3月期決算ベース）。また2018年7月、朝日新聞が地銀90行を対象に行ったアンケート調査（複数回答可）によると、地銀の8割以上が「日銀の金融緩和の長期化」と「地域の人口減少」を経営の懸念材料として挙げました。また5割以上が「収益力向上の難しさ」を訴えていることからも、地銀の苦しい経営状況が実感される結果となりました。

業績維持の重圧から、地域金融機関の組織そのものにも軋みが生まれ始めています。「地銀の雄」と呼ばれたスルガ銀行では、2018年3月に審査書類改ざんなどの不適切融資問題が発覚し、その規模は1兆円にのぼるという報道もありました。7月には、東日本銀行でも不適切な融資や手数料の不正徴収が明るみに出ています。「県境を越えた再編などに活路を求める動きもある」（毎日新聞、2018年8月22日）とは言うものの、課題の根本的な解決につながるとは到底思えません。

こうした状況下、前例のないプロジェクトが本格化しようとしています。SBIグループが旗振り役となって、地銀との連携を通じて地域の活性化を実現しようというものです。ローカルにおける同社の戦略は、いずれも斬新かつ網羅的です。地銀の収益力を上げるだけに終わらず、地方のビジネスのあり方をまるごとアップデートし得るものです。

提携やファンドで地銀を支援

世間ではあまり知られていませんが、ＳＢＩグループはここ数年、地域金融機関との提携を積極的に進めてきました。２０１７年3月の清水銀行との提携を皮切りに、２０１８年8月までのわずか1年半で30行との提携を実現、ＳＢＩ証券が取り扱う金融商品やオンラインサービスを地域金融機関の顧客に提供する仕組みを構築しました。

例えば、清水銀行・筑邦銀行とは、現地に共同店舗を構えて地方の顧客にワンストップサービスを提供することで、預かり資産や口座数を増やしています。またグループのＳＢＩ損保が提供する火災・がん・自動車などの保険商品や、ＳＢＩ生命が住宅ローン向けに提供している団体信用生命保険を、地域金融機関が取り扱うケースも２０１８年夏から急増しています。こうした実績をもって、ＳＢＩグループと地域金融機関の関係はますます強化されつつあります。

地方との関係強化をベースに、ＳＢＩグループはより具体的な地方銀行のサポートに動き出しました。２０１８年1月に設立された「ＳＢＩ地域銀行価値創造ファンド」はその最重要施策の１つです。

日銀の超低金利政策や人口減少に苦しむ地方銀行ですが、最先端のテクノロジーを活用すれば、企業価値を向上できる可能性は十分にあります。ＳＢＩ地域銀行価値創造ファンドは、こうした期待のできる地方銀行に投資し（＝株式を取得）、ＳＢＩグループが保有するフィンテック関連などの技術を導入し、企業価値を向上させて投資資金を回収するという息の長い取り組みです。ＳＢＩは価値創造ファンドに１００億円を出資しています。他の適格機関投資家からの出資も加えると、最大で１０００億円という大規模なものです。

また地域金融機関との共同出資で立ち上げた資産運用会社「ＳＢＩ地方創生アセットマネジメント」も具体的なサポートの１つです。ＳＢＩグループの抱える資産運用ノウハウを活用することで、地域金融機関が提供する自己資金と顧客預かり資産の実際の運用に貢献し、なおかつ共同出資会社の運営を通じて、地域金融機関の運用実務を担う人材育成を支援することもできる、一挙両得の取り組みと言えるでしょう。

グローバル展開の果実をローカルに結びつける

これらの多様な取り組みの肝は、フィンテック導入を推進し、地域金融機関のサービスの高度化を図ることにあります。

私は先ほど「仮想通貨を含むデジタルアセットは、ＳＢＩにとってグローバル展開のためのツールでしかない」と書きました。優れた技術を持つ世界のデジタルアセット関連企業への出資とそれを通じて結集された技術、そうしたグローバル展開の果実をローカルに結びつけることが、地方における営業基盤の強化につながるとＳＢＩは判断したのです。

そのための体制構築をＳＢＩは急速に進めています。

核となるのは、ＳＢＩフィンテック・インキュベーションが運営する「フィンテック・プラットフォーム」です。同社は、ＳＢＩホールディングス（60％）とソフトバンク（20％）、日本ＩＢＭ（10％）、凸版印刷（10％）の合弁会社です。地域金融機関はこのプラットフォームを導入・接続することで、ＳＢＩの出資先をはじめとする国内外のフィンテックベンチャーが提供するサービスと機能を、低コストで自在に活用できるようになります。

フィンテック・プラットフォーム以外にも、米国のネオバンク（提携金融機関向けにフィンテックなど新たな価値を提供する企業）のMovenが開発するモバイル専用の銀行アプリをカスタマイズして提供したり、スイスのFiannce Appが運営する保険商品仲介アプリ「Wefox」を活用した保険コンサルティング支援プラットフォームを提供したりと、地域金融機関がサービスを高度化させるために必要な、多岐にわたるサポートを準備しています。

ＳＢＩホールディングスの決算発表（２０１９年3月期第1四半期）の席で北尾社長が「テクノロジーには地方銀行を再生させる大きな潜在力がある」と強調していたことが、私には強い印象として残っています。

すでに欧米では銀行の新たなビジネスモデルとして「プラットフォーム化」の流れが鮮明になってきています。「チャレンジャーバンク」と呼ばれる新興系バンクが、オープンＡＰＩ（プラットフォーム側の汎用性の高い機能を手軽に利用できるように提供する仕組み）を推進しているのはその一例です。これは顧客データを基軸とした連携です。オープンプラットフォームにどれだけＢ２ＢとＢ２Ｃの流れをつくることができるかが、大きなポイントです。ＳＢＩはソラリス銀行というドイツのチャレンジャーバンクにも出資しています。地銀との連携は、日本からプラットフォーム金融機関が生まれる可能性を感じさせるものです。

３つの要素が有機的に絡み合う戦略

金融の基盤となる通貨という概念や言葉には、地域を越えて様々な価値観を持つ人々の差異を打ち消し、グローバル化させるパワーを感じます。それと同時に、地域（ローカル）がそれぞれの通貨で独自のパワーを持つ可能性を感じるのです。日本の大きな課題である地方創生を考える時、もはやグローバルとローカルを対立させる発想は意味を持ちません。そういう意味で、グローバルとローカルを金融という切り口で結びつけるＳＢＩグループの戦略は、極めて理にかなったものと言えないでしょうか。

図表6-5　5ファクターメソッドによるSBIの大戦略分析

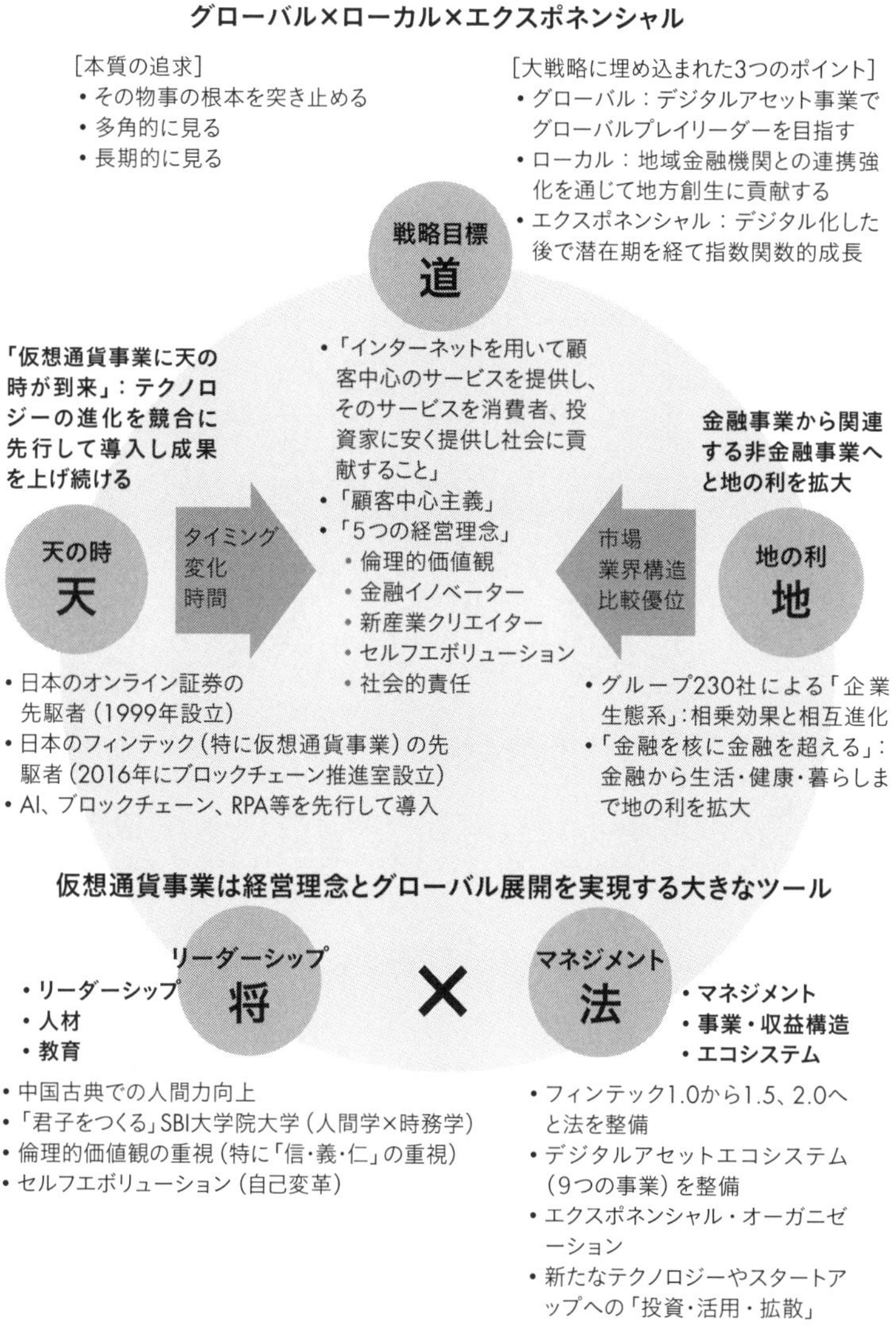

グローバル×ローカル×エクスポネンシャル

[本質の追求]
- その物事の根本を突き止める
- 多角的に見る
- 長期的に見る

[大戦略に埋め込まれた3つのポイント]
- グローバル：デジタルアセット事業でグローバルプレイリーダーを目指す
- ローカル：地域金融機関との連携強化を通じて地方創生に貢献する
- エクスポネンシャル：デジタル化した後で潜在期を経て指数関数的成長

戦略目標
道

- 「インターネットを用いて顧客中心のサービスを提供し、そのサービスを消費者、投資家に安く提供し社会に貢献すること」
- 「顧客中心主義」
- 「5つの経営理念」
  - 倫理的価値観
  - 金融イノベーター
  - 新産業クリエイター
  - セルフエボリューション
  - 社会的責任

「仮想通貨事業に天の時が到来」：テクノロジーの進化を競合に先行して導入し成果を上げ続ける

天の時
天

タイミング
変化
時間

- 日本のオンライン証券の先駆者（1999年設立）
- 日本のフィンテック（特に仮想通貨事業）の先駆者（2016年にブロックチェーン推進室設立）
- AI、ブロックチェーン、RPA等を先行して導入

金融事業から関連する非金融事業へと地の利を拡大

地の利
地

市場
業界構造
比較優位

- グループ230社による「企業生態系」：相乗効果と相互進化
- 「金融を核に金融を超える」：金融から生活・健康・暮らしまで地の利を拡大

仮想通貨事業は経営理念とグローバル展開を実現する大きなツール

リーダーシップ
将

- **リーダーシップ**
- **人材**
- **教育**

×

マネジメント
法

- **マネジメント**
- **事業・収益構造**
- **エコシステム**

- 中国古典での人間力向上
- 「君子をつくる」SBI大学院大学（人間学×時務学）
- 倫理的価値観の重視（特に「信・義・仁」の重視）
- セルフエボリューション（自己変革）

- フィンテック1.0から1.5、2.0へと法を整備
- デジタルアセットエコシステム（9つの事業）を整備
- エクスポネンシャル・オーガニゼーション
- 新たなテクノロジーやスタートアップへの「投資・活用・拡散」

図表6-5は、国家やメガテック企業の競争戦略を分析する際に、筆者が用いるフレームワーク「5ファクターメソッド」を用い、SBIグループの戦略を分析したものです。

ここですべてを解説するわけにはいきませんが、同社の躍進を説明する「グローバル」「ローカル」「エクスポネンシャル」という3つの要素が、いかに有機的に絡み合って戦略を成しているかが見て取れるのではないかと思います。

あらためて強調したいのは、この大きな戦略は「金融のためにあるのではない」ということです。

これまで指摘してきたように、「革新的な技術に投資をし、金融分野を超え、戦略的な事業イノベーターとして新技術を様々な産業向けに拡散し、次世代の社会変革をもたらす」ことこそが同社の究極的な目的です。

バーゼル銀行監督委員会は、フィンテックの急速な普及を背景に、銀行の新たな選択肢として5つのシナリオを示しています(最終章を参照)。そこで想定される新たな金融ビジネスは、評価経済、ICO、ブロックチェーン、サブスクリプションなどとフュージョンする動きになると考えられます。

そうなると、デジタルビジネスという本業の中で金融を垂直統合しようとするアマゾンやアリババは、金融を本業とする旧来型のプレーヤーにとって本当に大きな脅威になります。

金融を本業にしながらデジタルから出発したＳＢＩグループに期待したいところです。

日本の金融ディスラプターが乗り越えるべき壁

日本の金融ディスラプター企業について分析した章の最後に、どうしても指摘しておきたいことがあります。私は、ネット銀行やネット証券などのネット金融と、デジタル銀行やデジタル証券などのデジタル金融は、似て非なるものであると分析しています。

両者の違いを決定づけるものこそが、金融が本来担うべき役割を果たし、真の顧客志向から生み出された優れたカスタマーエクスペリエンスを顧客に提供し、金融として最も重要な信頼・信用を顧客から得られるか否かなのではないかと思っています。そしてスタートアップ企業のようなスピーディーな企業文化を維持していることも必要条件です。

このような条件から考えると、本章で取り上げた４つの金融ディスラプター企業には、それぞれに乗り越えるべき壁が存在しています。その壁を突き破って日本から真のフィンテック企業やデジタル金融が生まれるのか。それは日本の活路への分岐点とも言えるでしょう。

第3部

既存金融機関の反撃

第7章

ゴールドマン・サックスとJPモルガンの決断

次世代金融産業の覇権を巡る戦いとは、既存金融機関とテクノロジー企業の戦いです。

ただし、テクノロジー企業は「金融機関になろうとは思っていない。なる必要もなければ、なりたいとも思っていない」というのが本音でしょう。テクノロジー企業は、本業を通じて金融事業を垂直統合しようとしているだけです。

一方、既存金融機関は自己否定にもつながるような決断を迫られています。既存金融機関は、テクノロジー企業への変革を急いでいます。

この戦いの発火点は米国でした。本章では、米国金融機関の動向を追いかけます。主となるプレイヤーは、ゴールドマン・サックスとＪＰモルガンです。

リーマンショックとフィンテックの勃興

リーマンショック後に起きた混乱は、ご存知の通りです。

米国の金融システムが危機に陥ったことを受け、米国政府は70兆円もの公的資金を投入し、金融機関の救済を図りました。リーマンショック後、国の資本が入らなかった大手金融機関はほぼありません。後述するゴールドマン・サックスにしても、ウォーレン・バフェット率いる投資会社バークシャー・ハサウェイから50億ドルの出資を受け、息をつないでいます。モルガン・スタンレーには日本のＭＵＦＧも手を差し伸べました。

この時、米国金融機関に対する批判の声は頂点に達しました。「顧客を忘れて好き放題に荒稼ぎし、バブルが弾ければ国のお金＝市民が納めた税金で救済されるとは何事か」。もはや批判というレベルを超え、「嫌悪感」とも言える強烈な悪感情が市民から噴出しました。

この嫌悪感が、テクノロジー企業による金融サービス、すなわちフィンテック登場の機運を高めたと言われています。市民は、既存金融機関に代わる、新しい金融プレイヤーの登場を待望しました。そこに登場してきたのが、進化するテクノロジーによって市民の期待に応えようとする、新たなプレイヤーです。

ペイパルマフィア

米国におけるフィンテックの祖にして代表プレイヤーは、オンライン決済サービスのペイパルです。個人と個人、あるいは個人と小規模企業との取引を仲介するサービスです。相手に銀行口座やクレジットカードなどの支払い情報を知らせる必要がない安全な決済サービスとされます。

ペイパルは1998年創業です。2002年にイーベイに買収されましたが、2015年に独立し、今も高成長を続けています。現在では2億5000万人以上が利用する世界最大級の決済サービスとなっています。

あわせて指摘したいのは、ペイパルがフィンテックを含むテクノロジー業界にもたらした影響力の大きさです。イーベイに買収された際に多くの「元ペイパル人材」が流出しました。彼らは通称「ペイパルマフィア」と呼ばれ、そのネットワークと資金力で、次々に新しい企業を立ち上げたのです。

その代表が、電気自動車メーカーのテスラを経営するイーロン・マスクです。マスクは2002年にロケット開発会社のスペースXを創業し、宇宙事業にも進出しました。そのほかにも、リンクトインを創業したリード・ホフマン、ユーチューブの創業者の1人であるチャド・ハーリーなどもペイパルマフィアとして知られています。躍進するスタートアップの背後には、いつもペイパル出身者がいました。ペイパルマフィアが創業したスタートアップ企業のうち7社がユニコーン企業に成長したと言えば、彼らの存在感が伝わるでしょう。

「グル」の教え

ペイパルマフィアの「ドン」とされるのがピーター・ティールです。ペイパルの共同創業者にして、現在は投資家、ヘッジファンドマネジャーとして、様々な企業に投資をしている人物です。ピーター・ティールはフェイスブックにとって初めての外部投資家としても知られます。フェイスブックに50万ドルを出資し、その上場後に売却することで10億ドルを手にしました。

彼は、ペイパル出身者がビジネスを立ち上げる時は必ずといっていいほど出資しています。健康保険のオンラインプラットフォームであるオスカー、ビットコイン決済のビットペイ、家計・資産管理サービスのミントなどのフィンテック企業にも数多く投資しています。

ティールはテクノロジー企業の「グル」、すなわち思想的リーダーでもあります。彼のスタートアップ論がまとめられている著書『ゼロ・トゥ・ワン』（関 美和訳、NHK出版）は、起業家にとっての教科書の1つになっています。

その書名は「ゼロからイチを生み出す」を意味します。同書の中でピーター・ティールは、次のように語っています。

「もちろん、新しい何かを作るより、在るものをコピーする方が簡単だ。おなじみのやり方を繰り返せば、見慣れたものが増える。つまり1がnになる。だけど、僕たちが新しい何かを生み出すたびに、ゼロは1になる。何かを創造する行為は、それが生まれる瞬間と同じく一度きりしかないし、その結果、まったく新しい、誰も見たことがないものが生まれる。

この、新しい何かを生み出すという難事業に投資しなければ、アメリカ企業に未来はない。現在どれほど大きな利益を上げていても、だ。従来の古いビジネスを今の時代に合わせることで収益を確保し続ける先には、何が待っているだろう。それは意外にも、二〇〇八年の金融危機よりもはるかに悲惨な結末だ。今日の『ベスト・プラクティス』はそのうちに行き詰まる。新しいこと、試されていないことこそ、『ベスト』なやり方なのだ」

独占できる市場を発見せよ

同書には、「競争を避け、独占を目指す」という彼の哲学の一端が込められています。ピーター・ティールは独占的なビジネスモデルを確立することが企業の永続と発展を決定づけると論じています。

「どんなスタートアップもはじまりは小さい。どんな独占企業も市場の大部分を支配している。だから、どんなスタートアップも非常に小さな市場から始めるべきだ。失敗するなら、小さすぎて失敗するほうがいい。理由は単純だ。大きな市場よりも小さな市場の方が支配しやすいからだ。（中略）ニッチ市場を創造し支配したら、次は関連する少し大きな市場に徐々に拡大してゆくべきだ。アマゾンはそのお手本と言える。ジェフ・ベゾスは創業時からすべてのオンライン小売市場を支配するというビジョンを持っていたけれど、極めて意図的に、まず本から始めた。（中略）アマゾンは徐々にカテゴリを拡大し、ついに世界一のデパートになった」

独占できる市場を発見するためにも、他人とは違う「逆張り」の発想をよしとするのも、ピーター・ティールの特徴です。『ゼロ・トゥ・ワン』の第1章も、「賛成する人がほとんどいない、大切な真実はなんだろう？」という、印象的な質問から始まるのです。

現在のフィンテック業界でも、ペイパルマフィアの活躍は目立っています。マックス・レブチンはオンライン決済ソリューションのアファームを、プレマル・シャーは少額融資サイトのキバを立ち上げ、ビル・ハリスはロボ・アドバイザーによる投資助言会社のパーソナル・キャピタルを展開しています。

そしてもちろん、米国におけるデジタル決済革命をリードしてきたペイパル自身も、自らが『ゼロ・トゥ・ワン』を生み出し続け、さらには積極的なM&Aを実行し、フィンテック分野のイノベーションを取り込んで成長を持続しているのです。

最後に、ピーター・ティールが重視している「競争を避け、独占を目指す」こと、「賛成する人がほとんどいない大切な真実」を探求することを本書のメッセージとしても指摘しておきたいと思います。

大手金融機関の反省と模索

リーマンショック後、大手金融機関から人材が流出し、フィンテック企業に流出する動きもありました。フィンテックはこうして金融産業を熟知する人材を受け入れながら、文字通りテクノロジーと金融の両輪で発展していきました。

しかしフィンテックは、新興のフィンテック企業が独占するものではなかったのです。リーマンショックの痛手から回復する過程において、既存金融機関も自身のあり方を反省し、新しい金融の姿を模索し始めました。ゴールドマン・サックスとＪＰモルガンは、既存金融機関でありながら、いち早くデジタルトランスフォーメーションに着手し、フィンテック領域で大きな成果を収めている企業であると考えられます。

ＪＰモルガンのダイモンＣＥＯによる「Silicon Valley is coming（シリコンバレーが近づいている）」という発言は象徴的です。名門ＪＰモルガンはかつて、格付けでみればシティグループなどに劣り、チェースとの経営統合によって生き残りを図りました。ところが今では名実ともに米国トップの金融機関として復活しました。それはダイモンＣＥＯが推し進めた「テクノロジー企業への脱皮」の成功によるところ大なのです。

図表7-1　BISグローバル金融システム委員会が示した「金融危機後の銀行の変化」

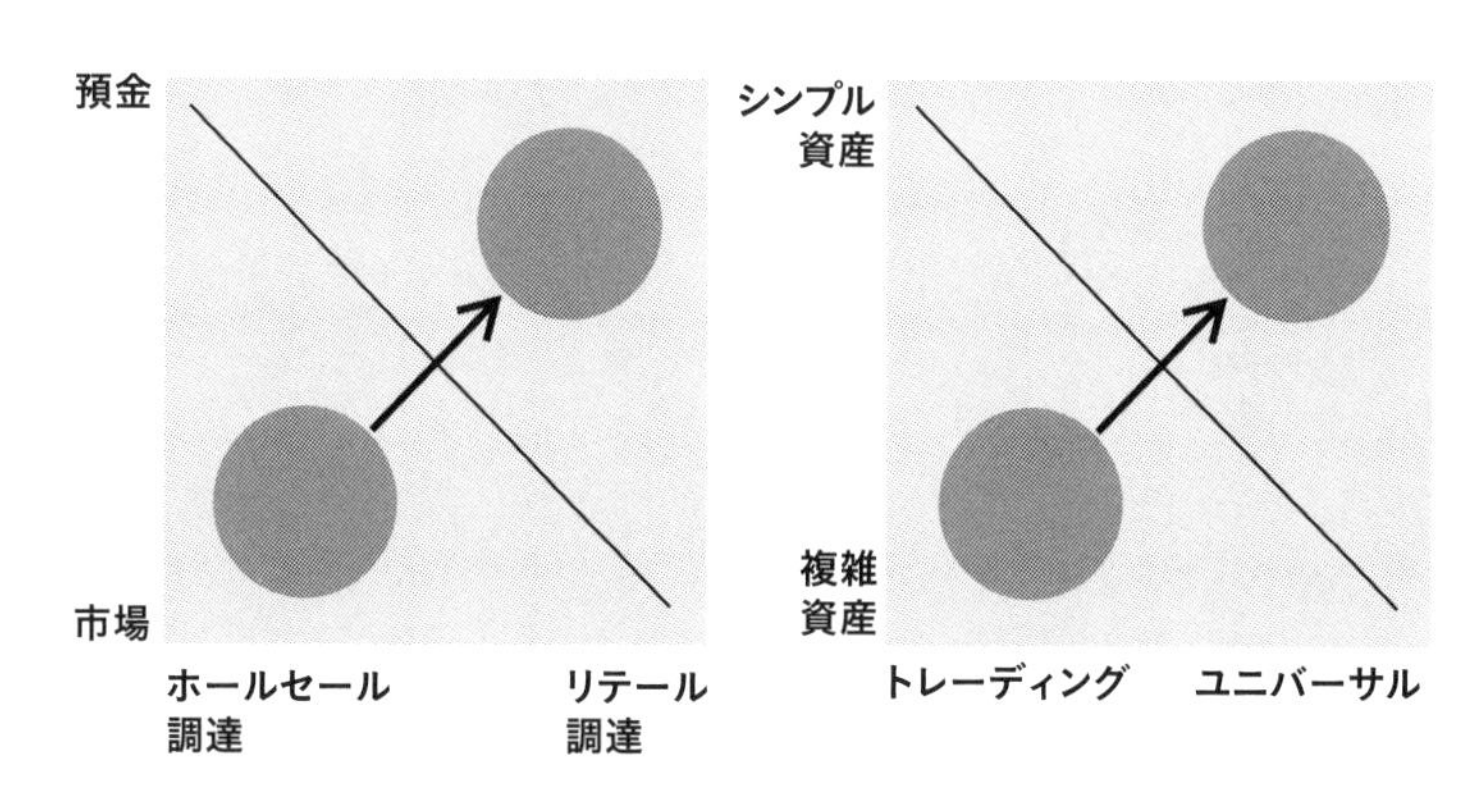

本来果たすべき役割へ

リーマンショックを経て、米国金融機関はどのように変わったのでしょうか。

リーマンショックから10年目を迎えた2018年春、様々なレポートが発表されました。その1つがBISグローバル金融システム委員会による報告書「金融危機後の銀行の構造変化」です。これは非常に興味深い論考です。ここでは日本証券経済研究所が出している要約版をもとに、報告書の指摘を紹介しましょう。

BISの報告書は、銀行を4つのタイプに分類しました。リテール調達、ホールセール調達、トレーディング、ユニバーサルです。

リテール調達銀行とホールセール調達銀行は、資金調達における違いです。ここでいうリテール調達は主に預金です。消費者から小口の預金を集める方法で資金調達します。一方、ホールセール調達は、インターバンク市場などを通じてほかの銀行から資金調達をしている銀行です。BISによると、リーマンショック以前はホールセールに傾斜していたものが、今はリテール調達の方に軸足が移りつつあります。預金による資金調達の方が、より安定的で健全だということです。

一方、トレーディング銀行とユニバーサル銀行は、運用業務における違いです。トレーディング銀行とは、「リーマンショック前の米国金融機関がそうだったように、リスクが高く、また大きな資本を必要とするもので運用する銀行」です。ユニバーサル銀行は、トレーディング資産だけでなく、「収益性は高くない代わりにリスクも高くない、流動性の高い資産」を扱います。

まとめると、リーマンショック前後の変化は次のように整理できます。すなわちホールセール調達からリテール調達へ。またトレーディングからユニバーサルへという変化です。リスクは抑え、本来果たすべき役割を意識した変化とも言えるでしょう。

テクノロジー企業を目指す

リーマンショックによって金融機関が受けた影響をグローバル規模で俯瞰してみると、地域差があることがわかります。

欧州の金融機関は、ドイツ銀行をはじめ、総じてリーマンショックから立ち直っていません。ギリシャなど様々な国で債務危機が顕在化し、民間銀行のみならず国そのものが危機に陥った痛手を今も引きずっているのです。ＲＯＥも貸出量もリーマンショック以前の水準には戻っていません。その間、欧州の銀行は国際業務を縮小し、海外の拠点数を縮小させました。市場からの評価も低いままです。

日本の金融機関は、欧米企業に比べればリーマンショックによるダメージは相対的には軽微でした。欧州の金融機関が撤退した分、海外事業を伸ばしています。中国や新興国もまた、リーマンショックの混乱から一定の距離がありました。

こうした国々と比較すると、米国の金融機関はリーマンショックによる打撃が大きかったのですが、対応もスピーディーでした。

まずは政府からの資本注入によってバランスシートの修復や改善が速やかに行われました。それから規制強化への対応も急ぎました。リーマンショック後、世界中の金融当局が危機の再発防止に動き、自己資本比率やレバレッジ比率、流動性規制などを含む銀行の健全性規制（バーゼル規制）が強化されました。銀行から高リスク業務を隔離する米国ボルカー・ルールや、英国リテール・リングフェンスなども導入されました。これらはいずれも、トレーディング業務を抑制する方向に働くものですが、米国の銀行はその対応を進めました。

さらに「選択と集中」も大胆に進めました。選択と集中には事業・地域・顧客の3軸があります。それぞれについて「続けるのか、強化するのか、撤退するのか」選択が下されました。

米国金融機関のデジタルトランスフォーメーションは、この大胆な「選択と集中」の一環でもあると言えます。

ゴールドマン・サックス
「ベスト&ブライテスト」の選択

米国金融機関の反撃の代表として、まずはゴールドマン・サックスを取り上げます。まずは、ゴールドマン・サックスについての3C分析をしてみましょう。そこには米国金融機関がテクノロジー企業へ進化する必然も浮かび上がります。

Company（自社）はどうでしょうか。ゴールドマン・サックスは、リーマンショックで若干損なわれた印象があるとはいえ、今なお金融の世界において随一のレピュテーションとブランド力を誇ります。人材も極めて優秀です。採用するのは「ベスト&ブライテスト

図表7-2　ゴールドマン・サックスの3C分析

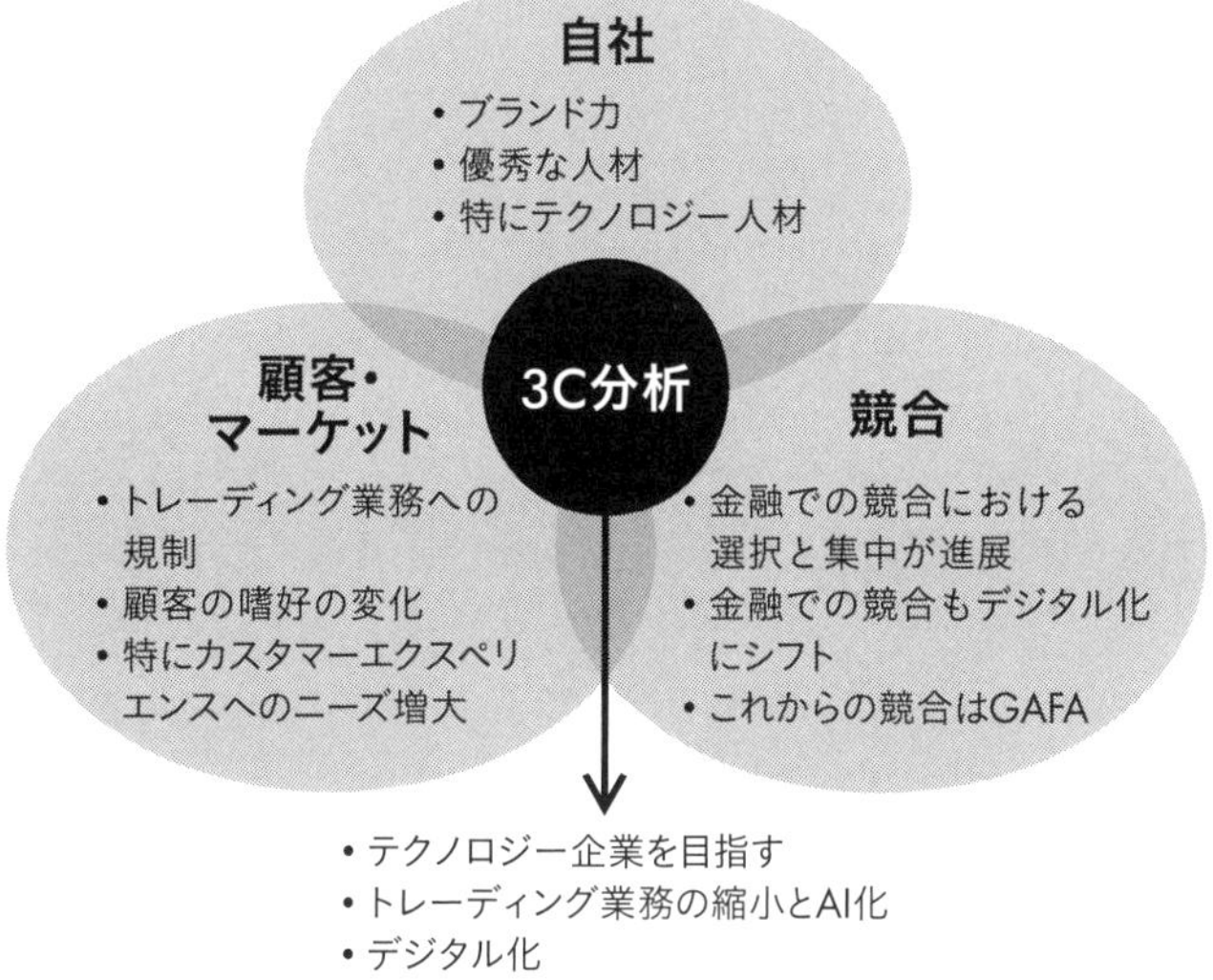

自社
- ブランド力
- 優秀な人材
- 特にテクノロジー人材

顧客・マーケット
- トレーディング業務への規制
- 顧客の嗜好の変化
- 特にカスタマーエクスペリエンスへのニーズ増大

3C分析

競合
- 金融での競合における選択と集中が進展
- 金融での競合もデジタル化にシフト
- これからの競合はGAFA

↓

- テクノロジー企業を目指す
- トレーディング業務の縮小とAI化
- デジタル化

（最も優秀で最も賢い）」の人材のみです。中でもディーリング業務がメインであったことから、理数系、テクノロジー系の人材が集められていました。

Ｃｕｓｔｏｍｅｒ（顧客・マーケット）はどうでしょうか。マーケット要因で大きかったのはトレーディング業務の規制です。相次ぐ規制強化が影響し、それまでの屋台骨だったトレーディング業務は収益を大きく落としています。ゴールドマン・サックスのアニュアルレポートによれば、純収入におけるトレーディングの割合は２００６年段階で68％を占めていましたが、２０１７年には37％にまで減少しています。逆に、祖業である投資銀行部門、つまり株式や債券の引受や、

M&A助言の業務は拡大しています。ここから読み取れるのは、ゴールドマン・サックスは金融商品の市況に左右されない事業構造に転換しつつあるという事実です。

こうした事業転換と足並みを揃えるように、2018年には投資銀行部門出身のデービッド・ソロモン氏がCEOに就任しました。またCOOにも投資銀行部門出身のジョン・ウォルドロン氏が指名されました。これまでゴールドマン・サックスはトレーディング部門出身者が経営を担うのが伝統でした。しかし「トレーディング業務メインでは生き残れない」と判断し、経営陣を刷新したのです。

Competitor（競合）はどうでしょう。デジタルトランスフォーメーションを進める金融機関の経営陣は異口同音に「これからの競合はGAFA」という認識を示しています。この背景にあるのは言うまでもなく、フィンテックの台頭です。テクノロジー企業が提供するカスタマーエクスペリエンスは、既存金融機関を嫌悪する顧客のニーズに応えるものでした。ゴールドマン・サックスは、既存の金融サービス業の収益4・7兆ドル分が、新規に参入してくるプレイヤーによって代替されると分析しています。

以上の3C分析から、ゴールドマン・サックスは、テクノロジー企業を目指し、トレーディング業務の縮小とAI化を実現し、デジタルトランスフォーメーションに活路を見出していることがわかります。

AI化で中核業務を大改革

ゴールドマン・サックスは、トレーディング業務の縮小に加えて、同業務のAI化で話題になりました。それはテクノロジー企業の脅威への対抗であるのは明らかです。

ブルームバーグは、ソロモンCEOの発言を次のように伝えています（2018年5月1日）。「ゴールドマンのデービッド・ソロモン社長は、米カリフォルニア州ビバリーヒルズで4月30日に開かれたミルケン研究所のグローバルコンファレンスで、『株式トレーディングの場合、われわれは15～20年前にはマーケットメーク（値付け業務）で500人を抱えていたが、今では3人だ』と語った。

ソロモン社長は、『トレーディングビジネスにより多くのテクノロジーが導入された結果、顧客にとって効率が改善される一方、新たなリスクがもたらされた』と指摘。ゴールドマンにとって、それは人員構成の変化につながり、今では9000人のエンジニアを雇用し、規制を専門とする行員の数も増えたと説明した。

ソロモン氏はその上で、ゴールドマンが『マシンラーニング（機械学習）と、市場がどのように機能するかを巡る過去の経験に基づく予測に莫大な投資』を行っていると述べ、スピードが『資本よりはるかに重要』になっているとの認識を示した」

マイナーな業務ならまだしも、かつてのメイン業務をここまでドラスティックに変革するというのは、ゴールドマン・サックスの「本気度」を示していると言えるでしょう。

伝統の陰り

ゴールドマン・サックスとはどのような会社だったか。あらためて同社の「これまで」を振り返ってみることにします。

ゴールドマン・サックスといえば、名実ともに権威とブランド力を持つ金融機関であり、ベスト&ブライテストの人間が集まります。歴代の財務長官などにも多くの人材を輩出しています。

組織面では、「顧客第1主義」の優れた経営理念を持っています。また伝統的な投資銀行のパートナーシップ文化が残っていることも特徴です。パートナーシップ制にはリスクとリターンを分け合うという側面があるため、強い仲間意識が形成されます。パートナーが様々な業務を経験し、トップ経営陣がチームで意思決定を行うのが、ゴールドマン・サックスの伝統です。リーマンショックで痛手を被ったとはいえ、組織全体としてのリスクマネジメントには長けています。

こうした伝統を背景に、ゴールドマン・サックスは同業他社に比べて組織やチームワークを大切にする組織文化があるとされています。共有されたコミットメントを重視し、あらゆる階層のリーダーが人材を大切にし、厳格で思慮深く、長期的に組織をよくしていくという文化が共有されています。

ただし、最大の権威とブランド力を誇る投資銀行も、リーマンショック前後にはそれがむしろ「傲慢」と受け止められ、彼らが受け取る高報酬と相まって批判や嫌悪の対象になりました。

それは米国のビジネススクールの卒業生の就職先にも表れました。例えば私が卒業したシカゴ大学MBAでは、卒業生はまずゴールドマン・サックスやモルガン・スタンレーなどの投資銀行に就職するのが目標でした。マッキンゼーやボストンコンサルティンググループなど戦略コンサルティング会社やその他の事業会社を経て、起業するパターンも主流でした。

それが今では、トップスクールの卒業生は軒並み、金融ではなくGAFAなどテクノロジー企業を目指すようになっています。ゴールドマン・サックスの誇りとプライドも、以前と同じではいられないはずです。

デジタル戦略を全面展開

「これから」のゴールドマン・サックスを語る上で欠かせないのが、以下に述べるデジタル戦略ということになります。同社のデジタル戦略は、他社と比較して「金融機関全体」に及びます。先に述べたトレーディング部門のＡＩ化はその先行例に過ぎません。金融機関の生命線であるリスク管理にもデジタル化は及んでいます。

テクノロジーへの投資額は膨大なものです。２０１５年には25億～35億ドルを支出しました。フィンテック企業への投資のほか自社でのＩＴ開発にも積極的で、トレーディングをはじめとする既存サービスの自動化・高度化・効率化を図るとともに、新しいビジネスの創出に余念がありません。

テクノロジー人材の割合も、顕著に高まっています。「マネージングディレクターへの昇格者のうちエンジニアは、２００４年には16人に１人だったが、２０１５年は６人に１人の割合となった。グループ全体で見ても、２０１５年９月末時点で全従業員３万７０００名のうち１万１０００名がエンジニアで、11部門のうち最大勢力である。市場インフラにおける特許数は90件にのぼり、これは二番手モルガン・スタンレーの倍以上である」（佐藤広大「海外金融機関に見るイノベーションの取り組み　ゴールドマン・サックスとウェルズ・ファーゴを中心に」野村資本市場クォータリー、２０１６Ｓｕｍｍｅｒ）

データの集積と分析を強化

ゴールドマン・サックスのデジタル戦略を象徴する取り組みとして、ここでは「マーカス」「データレイク」「マーキー」を紹介したいと思います。

ゴールドマン・サックスのデジタル戦略は、他社と比較すると、データの集積と分析、リスク管理システムを強化し、意思決定のスピードを高めようとしているところに本質があるように思われます。

例えば「データレイク」です。データレイクは、取引や市場に関する調査情報だけではなく、メールやSNS、ブログのログから得られた洞察まで、あらゆるデータを一か所に集約するものです。それをAIによる分析にかけ、クライアントに提供します。ゴールドマン・サックスの幹部であるマーティ・チャベス氏は次のように発言しています（BUISINESS INSIDER、2017年4月18日）。

「望まないリスクを抱えているクライアントもいれば、あえてリスクを求めるクライアントもいる。我々の仕事は、彼らの望みを実現すること。それがゴールドマン・サックスの根本的な姿だ。クライアントが、手放したいリスクについて、あるいは求めているリスクについて、我々に電話したり、相談したりしなくなれば、我々は一切ビジネスができなくなる」

「ゴールドマン・サックスに価値があるのは、膨大な量のデータを所有しているからだ。

我々の仕事は、クライアントに我々に電話しようと思わせることだ。それにより、また驚くような量の情報が集まる。その情報を役立てて、クライアントにより良い結果をもたらすことが我々の仕事だ」

次に「マーキー」は、社内で利用していたリスク管理や分析ツールを法人顧客に提供するためのプラットフォームです。マーケットデータの取得やリサーチのための「GSマーケッツ」、セールス&プレ・トレードのための「サイモン」などのアプリを提供し、取引のスピードと透明性の向上を図っています。

一般個人向けデジタル銀行「マーカス」の衝撃

そして最も興味深いのは、2016年10月に始まった「マーカス」です。これは一般向けのオンライン金融プラットフォームというべきものです。ゴールドマン・サックスは2016年からリテール向けデジタル銀行事業として「GS Bank」をスタートさせました。これを、より強力なモバイル戦略のもとで再編成したのがマーカスです。

ゴールドマン・サックスは、持ち株会社に移行して銀行免許を取得し、リテール向けの金融事業が可能になっていました。とはいえ、「ゴールドマン・サックスがリテール銀行に参入」というニュースは、大きな驚きをもって業界に迎えられました。

機関投資家向けの金融機関であり、オリジネーション業務ではグローバルな大企業ばかりを相手にしてきたゴールドマン・サックスが、個人を相手に取引するなど考えられなかったことです。一部、富裕層向けのプライベートバンキング業務は手がけていたものの、相手にするのは資産1000万ドル以上の顧客に限られていました。

ところがマーカスがターゲットにしているのは一般消費者です。彼らに対する無担保個人融資と貯蓄口座が、主なサービスです。無担保個人融資は、信用格付の高い層を対象に最大4万ドルを無担保保で融資します。返済期間は3～6年、手数料はゼロの固定金利ローンです。金利は、申込者のクレジットスコアや過去の返済履歴、返済期間、借入の目的などに基づき、6・99～24・99%に設定されています。

「当社の運命を左右する」

マーカスは従来型の金融サービスに対する市民の不満の声に応えるものです。固定金利、手数料ゼロ、返済日を自由に設定できる。また全プロセスをオンラインで行える簡潔さから、「消費者にやさしい」「返済しやすい」と評判を集めました。一方、1ドルで開設できる貯蓄口座の金利は全米平均の0・06%を大きく上回る2・25%です（2019年3月16日時点）。

こうした消費者目線のサービスが奏功し、マーカスは急成長しています。預金量は300億ドルを突破、融資額は40億ドルを超える勢いです。日本展開も検討中と発表されています。

マーカスについて前CEOのロイド・ブランクファインは「今後数年間にわたり当社の運命を左右すると思う」と述べています（ブルームバーグ、2018年2月14日）。

「消費者の関心は、従来型の実店舗からテクノロジーを活用してスムーズにニーズを満たしてくれるソリューション型へと移行しており、当社はこのタイミングでマーカスを立ち上げました。当社には既存の販売網、テクノロジー、事業など、消費者へのサービスの妨げとなる負の遺産がない一方で、当社の安定した財務基盤、高いリスク管理能力、テクノロジーを活用することができます。このことから、ゴールドマン・サックスは消費者金融の『破壊者』となることのできるユニークな立場にあります」

「オンライン消費者金融分野での当社の実績はそれほど長くありませんが、市場のニーズは底堅く、さらなる投資の機会に注目しています。今後もローンや預金商品の販売を、直接またはパートナー経由で徐々に拡大していく予定です」（ゴールドマン・サックスのコーポレートサイト）

富裕層から、リテールへ。

傲慢だったゴールドマン・サックスから、消費者に優しいゴールドマン・サックスへ。

ゴールドマン・サックスのベスト&ブライテストの面々が出した答えがデジタル銀行だっ

たことは、注目に値します。既存の銀行業務をオンラインに移管しただけのサービスではありません。マーカスは、顧客第1主義、カスタマーエクスペリエンスの追求といった、次世代金融産業の条件を十分に備えています。

なお、2019年3月25日、アップルは新サービス説明会において、クレジットカードの「アップルカード」をゴールドマン・サックスを発行会社として発行する計画を発表しました。発行会社としての実績をもたないゴールドマンをアップルが選んだ理由は、そのブランド力や信用であることは明白です。ゴールドマンにとっては、アップルの優良個人顧客層にアクセスできる大きなチャンスとなります。マーカスの事業展開上も大きなプラスとなるでしょう。私はアップルとゴールドマンとの組み合わせは、クレジットカード事業においては最後発であっても、決して侮れないものであると評価しています。

JPモルガン

IT投資に年1兆円を投じる

ゴールドマン・サックスと並び、デジタルトランスフォーメーションに注力している米国金融機関の代表がＪＰモルガンです。フィンテック分野への投資額は年１兆円を超えています。同社の技術革新を統括するウマール・ファルーク氏は「技術企業以外でブロックチェーンのプラットフォームを持つのは我々だけ」「（ブロックチェーン以外にも）データサイエンス、ロボティックス、人工知能（ＡＩ）の分野で世界のトップ人材を集め、専門集団を形成している」と語っています（日本経済新聞、２０１８年８月８日）。

ＪＰモルガンは、商業銀行、投資銀行を含めて、最も上手にリーマンショックを乗り切った金融機関だと言えます。２０１１年11月には資産額でバンクオブアメリカを抜いて米国最大の銀行になりました。また２０１０年から２０１５年にかけてのＲＯＥは10％前後と安定的に推移しています。

Silicon Valley is Coming

同社を率いるジェイミー・ダイモンＣＥＯの「Silicon Valley is Coming（シリコンバレーが近づいている）」という発言は、インターネット企業の台頭を受けている既存金融産業の危機感を示すものでした。そしてダイモンＣＥＯは、フィンテックに１兆円を投じる方針を打ち出すなど強化部門には大胆に投資する一方で、縮小事業では徹底的なコスト削減を行いました。

ダイモンCEOは2018年初頭に「あと5年やる」と公言しており、今後も彼のリーダーシップが発揮されることになります。総じて言えるのは、短期利益の追求に走らず、長期的視野の経営を行っているということです。デジタル化に着手したタイミングこそゴールドマン・サックスより遅かったかもしれませんが、先手を打ってデジタル化に踏み切った金融機関の1つです。

JPモルガンはテクノロジー企業との連携にも積極的です。2016年からは、フィンテック企業を自社オフィス内に招き入れて事業開発をサポートする「イン・レジデンス」プログラムをスタートさせました。フィンテックへの投資額1兆円のうち30億ドルは、ベンチャーへの出資など新規の投資に充てる構えです。2018年にはアマゾン、投資会社バークシャー・ハザウェイと組み、医薬品・ヘルスケアについての合弁事業を展開すると発表しました。またシリコンバレーに1000人以上が勤務するフィンテック拠点を2020年に設置するとも報じられています。

個人向けの統合的なデジタルサービス

JPモルガンで何より注目したいのは、個人向けに統合的なデジタルサービスに乗り出している点です。既存の銀行業務を超えて、顧客の「日常生活」そのものをデジタル化しようしているのです。それは中国のアリババやテンセントにも重なります。具体的には、ユーザーの消費動向分析や家計簿管理など、金融サービスの周辺にある生活サービス全般を取り込もうとしているのです。この「日常生活への注力」という視点は、リテールに限らず、富裕層向けのサービスにおいても活かされようとしています。

中でも目玉になっているのが、モバイルバンキングアプリ「Ｆｉｎｎ」です。実店舗を嫌い、オンラインを好むミレニアル世代向けに、すべてのサービスがスマホで完結します。「オンラインから5分で口座が開設できる」「ユーザーがいつ預金を当座口座から普通口座へ移すかルールを決めておくことができる」といった機能が特徴です。

1つひとつの機能を見れば、幾多のフィンテックがこれまで提供してきたサービスの後追いかもしれません。しかし、大きく違うのは、それらを当座預金と普通預金に結びつけて展開していることです。つまりＦｉｎｎの特異性は、金融サービスの中核から周辺まで取り込もうとしている点にあるのです。

これまで日本や米国では、中国のアリペイやウィーチャットペイのように、アプリを入り口として金融サービス全域の覇権を握ろうとする既存金融機関側のプレイヤーはいませんでした。日米のフィンテックはその周辺領域のみにとどまっています。

しかしここにきて、ＪＰモルガンはＡＰＩを通じてオープンプラットフォームを構築しつつ、自社でも新たな金融商品の開発を進めています。

既存金融機関にとって、顧客に合わせて魅力的な金融商品を創造するのは、得意とするところです。ＪＰモルガンはＦｉｎｎを起点に、いずれは株式や投資信託にも手を広げることになると予想されます。第5章で触れたように、アリババはアリペイユーザー向けに新しい投資商品を開発しましたが、ＪＰモルガンにも同じことができるはずです。

最後に、ＪＰモルガンは２０１９年2月、独自の仮想通貨「ＪＰＭコイン」を発行する計画を発表しました。米国の銀行では初の試みであり、企業向けに、高速決済できるサービスを提供していきます。私は、ダイモンＣＥＯが批判してきたビットコインのデメリットであるボラティリティーの高さを米ドルとリンクさせることで緩和させ、新たな決済手段として確固たる地位を確保するのが目的ではないかと分析しています。ブロックチェーン技術の実用化が米国やグレーターアメリカで本格的にスタートしたものとも言えるでしょう。

米国の変わらない部分

ＪＰモルガンにしろゴールドマン・サックスにしろ、それぞれの分野において最もブランド力のある金融機関であり、ユダヤ金融資本でもあり、極めて大きな力を持っています。その力を使うことで、政治、経済、社会のあらゆる方面で影響力を行使しています。ＧＡＦＡ

が銀行を持てないのも、彼らが政治力で食い止めてきたという側面も大きいのではないかと推測されます。

以上を踏まえると米国では、中国のように「アリババやテンセントのようなメガテック企業が金融産業を牛耳る」構図とは違い、ゴールドマン・サックスやＪＰモルガンに代表される有力な金融機関がデジタルトランスフォーメーションを進めながら、金融の周辺領域で生まれるフィンテックを垂直統合し、発展していく可能性が高いと予想します。米中新冷戦の中で、中国のアリババやテンセントは米国にいる中国人向けサービスは展開できても、米国人向けサービスの本格的な展開は簡単には許容されないでしょう。ＧＡＦＡについても、金融サービスを自社サービス促進のために行うことは許容されても、ゴールドマン・サックスやＪＰモルガンの直接的な競合となるような動きは今後も阻止されるのではないかと思います。日本では比較的容易に事業会社が銀行を設立できましたが、米国では規制が持株会社やグループ企業全般に及ぶため事業会社が銀行を設立するのが困難であるという事情にも、規制要因以外のものが大きく影響しているのです。次世代金融になっても、変わる部分と変わらない部分を峻別して見ることが重要なのです。

第8章

邦銀のデジタルトランスフォーメーション

伝統的銀行業務からの脱却

次世代金融産業の覇権を巡る戦いで、最も苦しい戦いを余儀なくされているのは、日本のメガバンクかもしれません。

第7章で取り上げた米国金融機関と比べても、デジタルトランスフォーメーションの遅れは否めません。金融ディスラプターが優れたユーザーインターフェイス／ユーザーエクスペリエンスを提供する顧客接点を開発する一方で、メガバンクの顧客接点は今なお店頭窓口やATMというビジネスモデルから脱却できていません。

環境はメガバンクに不利な方向へと変化しています。それはデータを見ても明らかです。例えば、スマホやタブレットの普及による「モバイルシフト」は銀行においても急速です。米国ではすでにユーザーが銀行を選ぶ際の決め手は「モバイルサービスが充実しているかどうか」です。Business Insider Intelligence（BII）の調査「モバイル・バンキング・コンペティティブ・エッジ」によると、モバイルバンキング利用者のうち64％が、銀行口座を開く前にその銀行のモバイルバンキングサービスについて調べており、61％がモバイルバンキングの使い勝手が悪いと銀行を乗り換えるといいます。

また三菱ＵＦＪフィナンシャル・グループ（ＭＵＦＧ）では、２０１６年までの10年間で銀行窓口を訪れる客数が約４割減少する一方で、ネットバンキングの利用者は5年間で約４割増加しました。

米国でも欧州でも、こうしたモバイルシフトを受けて、支店の閉鎖が相次いでいます。日本のメガバンクも、こうした苦しい状況は百も承知です。旧態依然とした金融機関としてのあり方を否定し、新時代のデジタル銀行を模索し始めています。

共通する動きとして挙げられるのは、ビッグデータやＡＩの活用による業務の効率化や新しいサービスの開発です。メガバンクの「レガシー」として変革の妨げになっていた全国の店舗網や大量の人員も見直されています。ＭＵＦＧは２０２３年までに窓口で店員が接客する支店を半減させて、自動化が進んだ次世代店舗を増やすとしています。みずほも２０２４年までに全拠点を次世代店舗に転換して、同時に１００店舗を削減する方針です。ＳＭＢＣは２０１９年までに全４３０店舗を次世代型店舗にするとしています。

フィンテックとの連携

フィンテックとの連携による、新サービス開発も顕著な動きです。自前のサービス開発でフィンテックに対抗する動きとは別に、フィンテックを育成するスタートアッププログラムを提供したり、有望なスタートアップに出資をしたりといった、オープンイノベーションを目論んでいます。例えば三井住友フィナンシャルグループ（SMBCグループ）は、シリコンバレーやニューヨークのアクセラレータと提携して、現地に拠点を設けました。日本でも東京都渋谷区にイノベーションハブ「hoops link tokyo」を設立して、多様なフィンテックプレイヤーからなるエコシステムの発展を目指しています。

自らをディスラプトしかねない新興フィンテック企業と、競争するのではなく共創する。一見、利益相反する戦略のようにも思えますが、こうした提携はメガバンクとフィンテック企業の双方に多くのメリットをもたらしています。『FinTechの衝撃』（城田真琴著、東洋経済新報社）は、フィンテック企業側のメリットとして次の7点を挙げています。

①既存金融機関の顧客にリーチできる
②知名度や消費者からの信用が増す
③複雑な金融規制やコンプライアンスへの理解が向上する
④リスク管理ノウハウを獲得できる
⑤資金調達力がアップする
⑥グローバル決済システムにアクセスできる

⑦独自に銀行免許を取得しなくてもよい

既存金融機関もまた、フィンテック企業との提携で次のようなメリットを享受します。

①レガシーシステムの制約を受けることなく、新しいアイデアを試すことができる
②ビッグデータや人工知能など先端技術を活用したサービスを顧客に提供できる
③融資などのサービスを、従来よりも低コストで素早く顧客に提供できる
④今までは手が回らなかった、ややニッチな領域のサービスも提供できるようになる
⑤カスタマーエクスペリエンスを改善し、ミレニアル世代など、新規の顧客層の開拓が期待できる

実はこれまで日本では、銀行とフィンテック企業との連携は、銀行法によって妨げられていました。しかし、2018年6月に改正銀行法が施行されたことで状況は変わりました。世界のフィンテックの潮流に日本が立ち遅れている状況を重く見た金融庁の主導により、フィンテック企業との間でデータを連携できる「オープンAPI」を導入するよう努力義務が課されたのです。これにより、メガバンクとフィンテック企業の共創が、一気に加速するも

のと見られています。

こうした変化を受けて、日本のメガバンクはデジタルトランスフォーメーションを加速しています。以下では、各社の取り組みを概観します。

MUFG
イノベーションのジレンマを打ち破る

デジタルトランスフォーメーションへの取り組みにおいて先行するのは、三菱ＵＦＪフィナンシャル・グループ（ＭＵＦＧ）です。私がここで「先行」という言葉を使うのには大きな理由がありますが、それは本項の最後に記しました。

ＭＵＦＧは「デジタルトランスフォーメーション戦略」を２０１７年9月に発表し、伝統的な銀行業務からの変革を宣言しました。改革の具体策は２０１７年5月に発表された「ＭＵＦＧ再創造イニシアティブ」に記されています。改革の柱は、ビジネス、カルチャー、プロセス、社会の４つ。また「デジタルを活用した事業変革」により、営業純益効果２０００億円を目指すとしています。

優秀なエンジニアが活躍する組織になれるか？

改革にあたって、ＭＵＦＧは新たな役職ＣＤＴＯ（チーフデジタルトランスフォーメーションオフィサー）を設置しました。またデジタル企画部を設置し、外部の知見も活用することで、従来の銀行員的発想から脱却した施策を推進するとしています。

ＣＤＴＯには、ＣＩＯと兼任する亀澤宏規氏（２０１９年3月時点では取締役専務執行役員）が就任しました。同氏がデジタルトランスフォーメーション完遂に向けた最高責任者ということになります。

ＣＤＴＯは一般には認知されていない役職かもしれませんが、デジタルトランスフォーメーションを推進する指揮官であり、求められるものは大きいのです。デジタルトランスフォーメーションの対象がリテールバンキングだとするなら、リテール業務を熟知している必要があります。同時に、昔ながらの金融システムとＧＡＦＡなどメガテックの文脈における最新テクノロジーの両方に精通していなければなりません。アリババ、テンセントなど金融ディスラプターの動向もキャッチアップしておく必要があります。そんな人材はメガバンクにおいては希少な存在です。

加えていうなら、デジタルトランスフォーメーションには優秀なエンジニアが不可欠です。世界の金融ディスラプターたちも欲しがっている優秀なエンジニアをいかに惹きつけ、採用し、定着させるか。これもＣＤＴＯの仕事です。それは容易ではありません。優秀なエンジニアを採用できたとしても、彼らが活躍できる職場環境を整備できなければ、彼らは早々に見切りをつけ、ライバル企業へ流出してしまうでしょう。

ＣＤＴＯはそれほど広範な領域でリーダーシップを発揮する必要があります。ＭＵＦＧに限らず、どのメガバンクもＣＤＴＯを任命していますが、次期頭取と目される優秀な人材が選ばれることが多いのは、そのためです。

私は、メガバンクをはじめとする邦銀が金融のデジタルトランスフォーメーションという戦いで勝ち残れるかどうかは、「優秀なエンジニアを惹きつけ、自律的に働くことを促進し、スタートアップ企業のような組織文化に刷新し、イノベーションを生み出すことができるか」にかかっていると分析しています。

チャネル改革と業務効率化

ＭＵＦＧの「デジタルを活用した事業変革」とは、２０１８年度にスタートした中期経営計画において示された、11ある構造改革の柱を横断的に推進するものです。それは「会社の芯まで変える」デジタルトランスフォーメーションの本質を摑んでいる証左であると私は考えています。

具体的な取り組みとしては、第1に「チャネル強化」が挙げられます。例えば、スマホアプリや電話のFAQの自動応答などをはじめとする非対面チャンネルの拡大があります。これにより、キャッシュカードや通帳の再発行、住所変更なども、わざわざ実店舗を訪れる必要がなくなります。これには、店頭来店客数の減少、ネット決済を選ぶユーザーの増加といった取引スタイルの変化に合わせた多様な取引チャネルを提供する意図があります。

その一方で、有人チャネルも変革します。国内に500強ある有人店舗のうち70〜100店舗を新型店舗「MUFG NEXT」に切り替える方針です。税金や公共料金の支払いを機械化し、またテレビ電話でオペレーターと相談できる窓口を設けるのが特徴です。これにより店頭事務を効率化し、店舗に配置する人員は2〜3人で済むようになる見込みです。

このように、チャネルの多様化と次世代店舗化を図ることで、顧客がいつでもどこでもサービスにアクセスできる、ロケーションフリーなチャネルを構築するとしています。

AIとビッグデータの活用も進めます。ヘルプデスクや帳票処理、検索、営業支援、審査などの5テーマにおいてAIによる業務代替を進めます。今後10年間でそれらの業務の約4割をAIに代替できるとしています。

すでに2016年からは、RPAの活用による業務プロセス改革が始まっています。RPAとは、人がパソコンで行う一連の業務をロボットが代替し、自動化することで効率化を図るものです。適用業務は、住宅ローンの書類点検や、外国送金関連業務、株主総会議案の通知、決済データなどの分析、インターバンク決済関連業務などです。今後も効率化を進め、いずれは約2000業務に適用される予定です。

ブロックチェーン活用やオープンイノベーションも推進

MUFGはメガバンクでありながら、ブロックチェーンを用いた仮想通貨の開発を進めることも話題となりました。決済のデジタル化という潮流を踏まえて、日常的な支払いから企業間の送金、インターバンク決済に至るまで様々なユース・ケースを想定して実証を重ねています。

その1つに「MUFGコイン」の試験導入があります。「相場変動が大きくて不安定」「通貨の発行体が不明」などこれまでの仮想通貨の課題を解決し、銀行発行による価値安定（1コイン＝1円）によって、信頼される決済インフラとして利用されることを目指しています。外部事業者とも提携して新サービスの開発などを進めるとしています。2018年3月には、MUFGコインを活用するビジネスをテーマにしたハッカソンを開催するなど、新しい金融サービスを模索しています。

前述の亀澤CDTOは「単なるお祭りにはしたくない。優れたアイデアは事業化を検討する」と語っています（ITmedia NEWS、2018年3月5日）。また亀澤CDTOは、「オールジャパンのプラットフォームも想定している」として（日本経済新聞、2017年9月22日）、他の銀行との連携する可能性も示唆しました。

MUFGは、インターネット企業が得意とするオープンイノベーションにも積極的に取り組んでいます。

金融サービスの機能を「MUFG APIポータル」を通じて外部に公開し、外部企業と提携しながら新しい金融サービスをスピーディーに展開する基盤を用意しました。海外にはグローバルイノベーションチームを創設し、現地のフィンテックベンチャーとの提携を加速させながら、実証実験を行っているといいます。現在までに、シリコンバレー、ニューヨーク、シンガポール、ロンドンに拠点を構えています。

また2017年10月に設立したジャパン・デジタル・デザイン社は、これまで内部組織として拡大してきた「イノベーション・ラボ」を独立させたものです。外部エンジニアや地域金融機関34社との協働などによって、革新的なカスタマーエクスペリエンスの開発や社会的コストの低減に向けた取り組みを推進するとしています。

金融サービスに変革をもたらす起業家やベンチャー起業を支援し、事業提携を模索する「MUFGデジタルアクセラレータプログラム」にも2015年から取り組んでいます。そこでは「ＭＵＦＧグループの総力をあげて、事業プランのブラッシュアップ、プロトタイプの構築支援、事業プランの方向性に合わせたパートナー選定、アライアンスなど、事業化に向けたステップを全面的に支援」し、新たな事業の立ち上げを目指すとしています。

デジタルバンクへの脱皮に向けカルチャー改革に取り組んでいることもＭＵＦＧの特徴です。「万全を期す、失敗を許さない、機会損失を責めない」という従来の考え方から、「スピード重視、チャレンジを推奨、失敗から学ぶ」ことなどを重視する考え方へのシフトが謳われており、「会社の芯までデジタル化」しようとしている姿勢が見受けられます。

「カニバリゼーションすることをせよ」

そして、最後に指摘しておきたいのは、ＭＵＦＧのトップである会長の平野信行氏がデジタルトランスフォーメーションについて述べる際に社内で最もよく使うという言葉です。それは、「カニバリゼーションすることをせよ」という言明です。カニバリゼーションとは、既存事業と新規事業とが食い合いとなることを意味します。イノベーション論において、企業が破壊的イノベーションを生み出すための最大の障害になると指摘されているものです。いわゆる「イノベーションのジレンマ」です。

「最強の金融ディスラプター」でもあるアマゾンのＣＥＯジェフ・ベゾスがこの「イノベー

ションのジレンマ」を強烈に意識していることは米国では広く知られています。アマゾンはすでに巨大企業になっていますが、それでもなお破壊的イノベーションを自ら起こす企業であり続けようとし、それに成功しているわけです。このようなことが可能なのは、ベゾスが既存ビジネスとのカニバリゼーションに躊躇しないことが理由の1つでしょう。

例えば、キンドルがよい例です。アマゾンは書籍のネット通販から始まった会社ですから、電子書籍というのはそれとカニバリゼーションを起こす可能性がありました。しかしベゾスは、それまで書籍部門を任せていた幹部をデジタル部門に異動させた上で、「君の仕事は、いままでしてきた事業をぶちのめすことだ。物理的な本を売る人間、全員から職を奪うくらいのつもりで取り組んでほしい」と述べたそうです（ブラッド・ストーン著『ジェフ・ベゾス 果てなき野望』井口耕二訳、日経BP社）。

通常は既存事業が破壊されることを恐れて大胆な計画を打ち出すことが困難である中で、MUFGの平野会長はむしろカニバリゼーションとなることを推進しようとしています。アマゾンのように「イノベーションのジレンマ」を打ち破ろうとしているのです。グループ全体の中では軋轢を生んだと外部では言われている銀行と信託の統合についても、私は平野会長が金融機関経営を長期の大胆なビジョンから逆算して動いているからこその行動であったと分析しています。

銀行自身が本当に破壊されるかもしれない大きな過渡期にある中では、経営者の強力なリーダーシップが不可欠であることは言うまでもありません。亀澤氏の登用も同じ文脈で分析しないと判断を誤ります。

そもそも銀行がテクノロジー企業に生まれ変わらないと生き残れないことが明白である中において、次代のリーダー像がこれまでと大きく変化するのは当然のことなのです。そしてメガバンクに求められているデジタルトランスフォーメーションとは、単なるシステム化ではなく、テクノロジー戦略でもなく、経営戦略ですらありません。自らをデジタルトランスフォーメーションによって破壊することが求められています。だからこそ、邦銀全体の試金石として、MUFGのカニバリゼーションからは目が離せないのです。

みずほFG

有力テクノロジー企業との提携を活発化

みずほフィナンシャルグループ（みずほFG）は2018年の採用活動において、「みずほらしくない人に会いたい。」をキャッチフレーズにしました。これは旧態依然とした金融機関特有の「失敗しないことを優先する守りの文化」を壊す、創造的な人材の採用を目指すものです。「会社の芯まで変える」デジタルトランスフォーメーションにあたっては、人材の刷新も不可欠です。

みずほFGのコーポレートサイトには「金融イノベーションへの積極的取り組み」と題し、次のようなメッセージが掲げられています。

「メガバンクとしてこれまで築きあげてきた『顧客基盤』や『情報基盤』、そして『金融知見・技術』に強みを有する一方、『革新的創造』、『先端テクノロジー』、『目利き力』については必ずしも磐石なものではありませんでした。そうした中、これらに強みを持つ大手ベンダーやFinTech企業と連携することにより、新ビジネス創出やこれまで以上にお客さまに寄り添った利便性の高いサービスの提供に努め、先進的なブランドイメージの構築を目指しています」

2015年7月にはグループ横断的な取り組みにより新ビジネス創出を目指す「インキュベーションプロジェクトチーム」を設置しました。また2017年4月にはデジタルイノベーションを専担する役員としてCDIO（チーフデジタルイノベーションオフィサー）を設置し、インキュベーションプロジェクトチームをデジタルイノベーション部に再編しました。これが、組織の垣根を越えたデジタル化推進部隊という位置づけです。

モバイルコンピューティング導入で着々と成果

具体的な取り組みを見ていきましょう。

業務の効率化は随時進められています。例えば、手書き帳票の読み取りと入力を自動化するシステムを開発し、みずほ銀行に２０１９年から導入される見通しです。みずほ銀行が出資するフィンテック新会社ブルーラボと、ＩＴコンサルティング会社のシグマクシスなどが共同で開発したものです。実証実験においては帳票処理の８割を自動化できたといいます。また銀行、信託、証券のサービスを一体で受けられる店舗を拡大しつつ、支店数を削減する方針です。

顧客接点の多様化や、カスタマーエクスペリエンスの向上も急いでいます。２０１７年10月には「みずほダイレクト」アプリに生体認証機能を導入しました。２０１８年春にはスマホを使ったデビット決済「スマートデビット」と、スマートデビットが使えるスマホ決済アプリ「みずほＷａｌｌｅｔ」の提供が始まりました。クレジットカードではなく銀行口座から直接チャージされるため決済と同時に引き落しが完了します。２０１８年８月には、ＪＲ東日本との提携により、「みずほスイカ」の機能が追加されました。こちらもみずほ銀行の口座から直接チャージができます。

こうした取り組みの結果、モバイルコンピューティングの導入により高度なシステムを構築し、顕著な成果をあげている企業や団体を表彰する「MCPC award」を8年連続で受賞しました。

みずほ銀行のモバイル戦略について尋ねられた同行個人マーケティング推進部デジタルチャネル開発チームの西本聡氏は、次のように語っています（ITmedia Mobile、2018年8月24日）。

「よくQRとNFCの比較表を書いたり、加盟店手数料が3％、1％といった部分を比較したりするのを見ますが、顧客視点ではありません。利用者だけでなく加盟店のことも考えなくてはいけないという意見も聞きますが、加盟店がいくら便利になっても、利用者が使わなければサービスそのものが成り立ちません。どちらがよいか悪いかではなく、利用者第1で、顧客体験価値をどう向上させるかが重要なポイントです」

「キャッシュレスになると8兆円のコスト削減で、ATMも削減できますという話が出ていますが、そういった展望を達成するためにも、まずはユーザーに便利に使ってもらえることが何より重要です。利便性の向上の後に、利益やコスト削減がついてくるという考え方です。銀行本位、業界本位のサービスではなく、普及促進に必要なものは顧客体験の向上です。ですので『NFCなのかQRなのか』『QRにすれば加盟店手数料が下がる』という話ではなく、『スターバックスが高いといわれてもなぜ皆が利用するのか』という話で、やはり顧客体験が重要なのだと思います」

銀行の都合ではなく、カスタマーエクスペリエンスを重視するという西本氏の言葉は、既存金融機関の課題を正しく認識していることを示す言葉として、注目に値します。

AIが信用スコアを算出して融資

フィンテックとの提携によるオープンイノベーションも積極的に進めています。

代表的なものに、2016年11月、みずほ銀行がソフトバンクと共同で立ち上げた株式会社ジェイスコアがあります。これは融資を受けたい顧客が質問に回答することでデータを提供し、これをもとにAIが信用スコアを算出して融資するというものです。すべての手続きはスマホ内で完結します。事業開始から半年で貸付残高が約35億円に達するなど、滑り出しは好調です。

2017年6月にはWiLグループなどと提携し、次世代型のビジネスモデル創造を進める株式会社ブルーラボを設立しました。決済プラットフォームの構築やAI、ビッグデータの活用によるソフトウェア開発などを行っています。

オンラインバンクでは、LINEを用いた残高照会、マネーフォワードによる入出金管理サービス、マネーツリーの家計簿アプリを使った「一生通帳」などを提供しています。銀行口座と連動する自動貯金アプリ「フィンビー」はネストエッグからの提供です。また資産運用ロボアドバイザー「スマートフォリオ」によって、顧客1人ひとりのリスク許容度に適した運用ポートフォリオを提案しています。

そして2018年には、LINEとタッグを組み、LINE銀行を設立することが発表されました。2020年中にも開業する見通しです。いまだに新興企業であるLINEにとって、メガバンクが持つ信頼、安心は金融サービスを強化する上でなくてはならないものです。またみずほ側には、LINEユーザーのデジタルネイティブ世代を取り込みたいという狙いが透けて見えます。

SMBCグループ

オープンイノベーションの基盤づくりに注力

三井住友フィナンシャルグループ（SMBCグループ）と三井住友銀行は、ITを用いたイノベーションをグループ横断的に強化する目的で「ITイノベーション推進部」を設置しています。ＳＭＢＣグループにおけるイノベーションハブという位置づけです。

具体的な取り組み例には、次のようなものがあります。

２０１５年にはＧＭＯと三井住友銀行がＳＭＢＣ ＧＭＯ ＰＡＹＭＥＮＴを設立して、決済代行ビジネスをスタートしました。２０１７年にはＮＴＴデータなどと共同で生体認証プラットフォームを提供するＰｏｒａｒ・ｉｆｙを設立して、顔や指、声などの生体情報を使った認証アプリを提供しています。そのほか、ブロックチェーンやＡＩ、ＩｏＴといった技術を用いた実証実験を進めています。

オープンイノベーションを生み出すための基盤づくりにも注力しています。海外では、シリコンバレーに要員を派遣し、先進的なベンチャー企業やＩＴベンダーとの関係作りを行っています。また、グローバル規模のベンチャーキャピタルであるプラグアンドプレイとの連携などを通じて、優良なベンチャー企業との提携を進めています。

国内においても同様です。ベンチャーとの連携のため、オープンイノベーションミートアップやピッチコンテスト、金融ＡＰＩを活用したハッカソンなどを開催しています。

２０１７年9月には、オープンイノベーションの拠点として「hoops link tokyo」を東京都渋谷区に開設しました。ＳＭＢＣグループの知見やネットワークのもと、スタートアップや自治体、大学、大企業などが課題を持ち寄り、連携します。またＩＴイノベーション推進部のメンバーが常駐、アクセラレータプログラムやセミナー、ピッチイベントなどを開催します。

店舗の改革も進行中です。現在約430店ある店舗を、2020年3月までに「次世代型店舗」に移行する店舗改革を推進しています。セルフサービスや自動化により窓口業務を減らしつつ、一方では、資産運用やローンの相談などに来店した顧客のニーズにも密に応える方針です。2018年2月には、マイクロソフトと共同で開発した対話型自動応答システムを、グループ各社へ展開していくと発表しました。

日本のメガバンクには何が残るのか？

2018年から金融ディスラプター主要各社がQRコード決済事業を本格化させ、日本でもキャッシュレス化の機運が高まっています。そのため銀行不要論や銀行消滅論などをメディアで目にする機会も増えてきました。しかし、銀行は決済業務だけを行っているわけではありません。金融ディスラプターの台頭で既存の銀行がどのような影響を受けるかを考えるには、事業構造をきちんと分析することが重要です。ここでは日本の銀行の何が失われて何が残る可能性があるのかを分析していきたいと思います。

死守すべき大企業コーポレートファイナンス

まず重要になるのが、第2章で示した「レガシー分析」です。最終的に銀行側が「真のレガシー」として残していかなければならないもの、今からさらに高めていかなければならないものは、信頼・信用と専門性であると考えられます。私は、これらの優位性が発揮できるものは銀行に残り、優位性があまり発揮できないものは失われていく可能性が高いのではないかと予測しています。

銀行業務をいくつかの重要な切り口で分類して見ていきましょう。

まずは顧客が法人か個人かという違いです。法人取引の方が個人取引よりも相対的に残りやすく、さらにはその中でも大企業取引の方が中小取引よりも残りやすいと考えられます。

例えば、高度な専門性を必要とする大企業のコーポレートファイナンス取引は最後までメガバンクが死守すべき業務でしょう。個人取引については、富裕層取引は残りやすく、一般の個人向け取引は金融ディスラプターの影響を強く受ける部分になってくると思います。富裕層は信頼・信用と専門性をより重視する一方で、一般の個人向けに優れたカスタマーエクスペ

図表8-1　QRコード決済のレイヤー構造

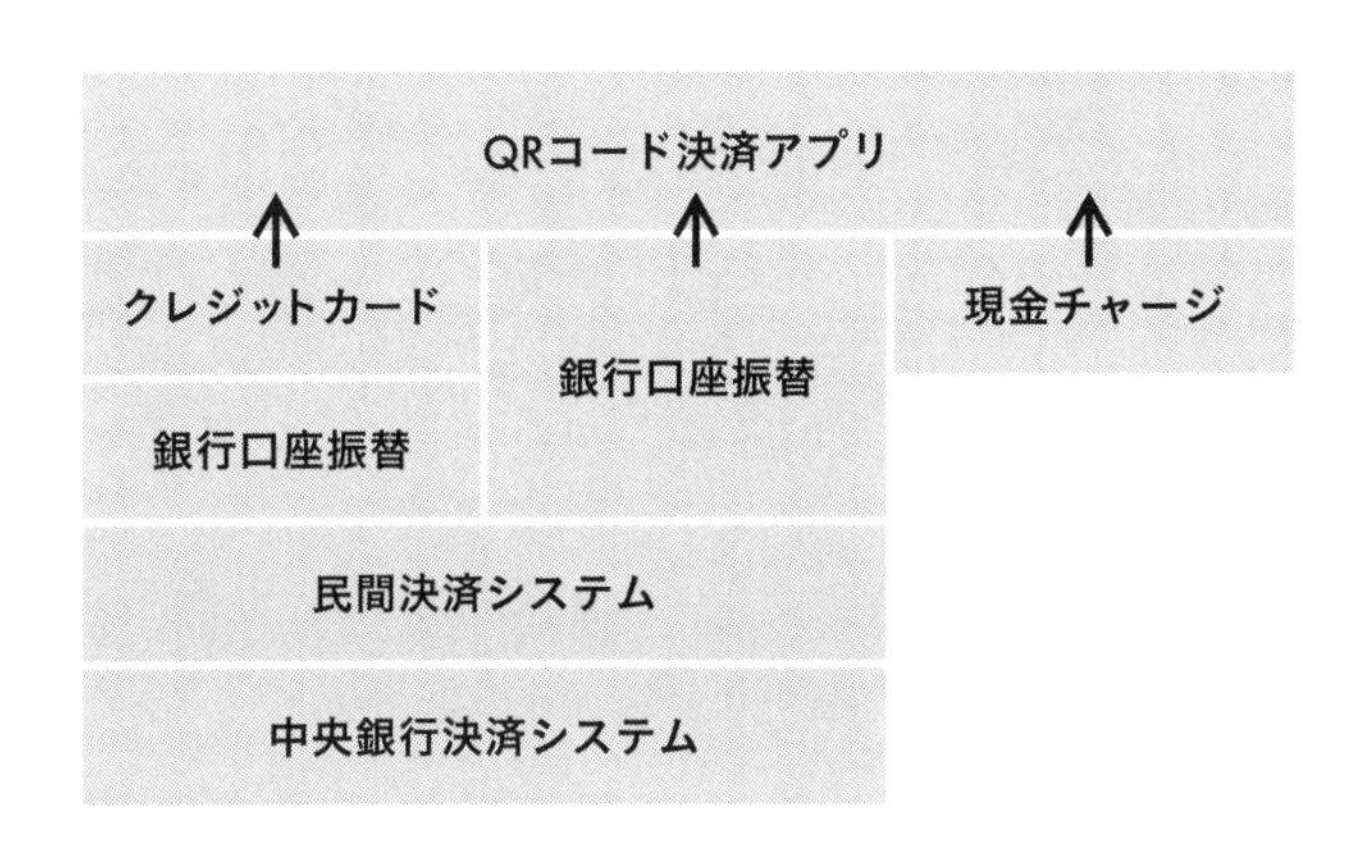

リエンスを提供するという点では金融ディスラプターの方が得意だと考えられるからです。

業務別に見ていくと、預金・貸出・為替という3大業務の中でも最も大きな影響を受けるのは為替（決済）であると予想されます。金融ディスラプターも事実上預金に近いサービスをさらに積極的に展開してくるものと予想される一方、業法上の預金を提供できるのは一定の条件を満たす金融機関に限られます。貸出については、大企業取引は残りやすく、中小企業取引は金融ディスラプターの攻撃を受けやすい部分になるでしょう。

送金手数料の収入を失う？

当面の焦点である決済については、多くの方式がありますが、ここでは現在話題となっているQRコード決済に絞って見ていきましょう。図表8－1のようにレイヤー構造の最上位に位置し、顧客の直接的な決済手段となるのがQRコード決済です。同決済は、主にはクレジットカード、銀行口座振替、現金チャージの3つの方法に支えられています。

このうち、前者2つについては最終的に銀行口座が決済インフラとなっています。またここで見逃せないのはクレジットカードです。「スマホでのQRコード決済が広がるとクレジットカードは不要になるのではないか」と考える向きも少なくないのではないかと思いますが、実際には同決済はかなりの割合でクレジットカードと紐づけして使われていることが多いのです。

その一方で、決済の中でも数年後には銀行が大きな影響を受けるようになりそうなのが送金です。特に、スマホを使った個人間送金が広がり、銀行は大きな影響を受けることが予想されます。QRコード決済のアプリでは、手数料なしのシンプルな操作でメンバー間の送金が可能になっていくでしょう。

スマホの個人間の送金がどこまで広がるかは、ネットワーク効果の働き方に左右されます。SNSや携帯電話が普及した時と同じように、QR決済の利用者がある程度の規模まで増えると、そこから一気に普及が進む可能性があります。そうなれば、銀行側は送金手数料という大きな収益源を失っていくことが予想されます。

なお、ここで指摘しておきたいのは、QRコード決済の決済インフラとして銀行が提供する部分が残る可能性はあるものの、顧客接点はQRコード決済部分が担っているということです。第5章でも指摘した通り、金融の決済という顧客接点から様々なビジネスが発展していく大きな可能性があります。各社ともそれを目論んで群雄割拠の激しい戦いに挑んでいるのです。

このようななかで、メガバンクでは、みずほFGが先行して、デジタル通貨「Jコイン」を発行し、スマホでQRコード決済を行う「Jコインペイ」を始めました。銀行口座からアプリへのチャージと口座への戻し入れ、さらには利用者間の送金も無料とすることが大きな強みであると強調されています。同決済連合には約60の銀行も参加することから、これから大きな影響力をもつようになると予想されますが、銀行側に求められるのはQRコード決済という顧客接点をいかに他のサービスに結び付けられるかという点です。アリババやテンセントによってすでに実現されている収益化モデルです。

テクノロジー企業側がQRコード決済から本業に誘導することで収益化を実現している中で、ここでのシナリオが描けないと単に決済での収入を減少させることになりかねません。QRコード決済自体は短期的には赤字事業であることがすでに明白となっているなかで、銀行側にはサービス企業への大転換が求められているのです。なお、最終章においては、ここで分類した方法も援用しながら、２０２５年の次世代金融シナリオ予測を行います。

ＱＲコード決済についての記述の最後として、乱立する各社の同サービスが異なる機能を提供している大きな理由となっている法制度についても触れておきたいと思います。

ＱＲコード決済への現金チャージには、前払式支払手段発行者の登録が必要です。この手続きには審査は不要で登録のみとなっている一方、業者には50％以上の供託金が要求されます。

クレジットカードと紐付けするためには、クレジットカード番号等取扱契約締結事業者の登録が必要です。この登録には経済産業省の審査が必要であり、ハードルは高めなものになっています。

銀行口座引き落しには電子決済等代行業者の登録が必要であり、こちらはさらに高いハードルが課せられています。また決済アプリ等に溜まっている残額の口座取り出しには、銀行業か資金移動業の登録が必要であり、後者の場合、１００％以上の供託金が要求されています。

決済は金融取引の中核を占めるものであることから、消費者に対して利便性の高いサービスを提供するには、銀行法や資金決済法などにより、企業側には高いハードルが課せられているのです。

「当たり前」の認識に大きな開き

銀行にこれから本当のレガシーとして残るであろう「店舗、人、システム」とは、メガバンクが展開し始めた「未来型店舗」の中にそのヒントを見ることができると思います。

その一方で、リアル店舗としての「未来型店舗」は、金融ディスラプター側もデジタル銀行という軸足から、それだけに特化して展開することが可能であるということは見逃せない点です。

メガバンクをディスラプトしようとしているテクノロジー企業が最大の武器としている顧客第1主義やカスタマーエクスペリエンスをメガバンクが本当に理解しているかどうか。私はまだ大いに懐疑的に思っています。

形式的に真似することは難しいことではありません。スマホ決済アプリにせよ、オープンイノベーションにせよ、メガバンクは積極的です。しかし、テクノロジー企業が重視している価値観まで我が物にできるかというと、疑問が残るのです。インターネット企業の「当たり前」と、メガバンクの「当たり前」の間には、まだ大きな開きがあるように私は思えてなりません。

インターネット企業と同等の顧客第1主義を貫徹しようとするなら、メガバンクとしてのプライドをいったん捨てる必要があります。それは自己否定の苦痛を伴うものかもしれません。

しかし、それを実行してみせた銀行が存在しているのです。シンガポールのＤＢＳ銀行です。次の章ではＤＢＳ銀行について解説します。

メガバンク最大のリスク要因としての海外事業

ここでメガバンクのリスク要因について触れておきます。本書では、紙面の関係でメガバンクのデジタルトランスフォーメーション戦略に特化して記述しましたが、本来であれば経営戦略全般についても論考したいところです。ここでは私が考えるメガバンク最大のリスク要因について、簡単に触れておきます。

アジア通貨危機の実体験

１９９７年7月、タイから始まったアジア通貨危機の最中に、私はＭＵＦＧのシンガポール拠点に勤務していました。東南アジアのシンジケートローン、プロジェクトファイナンス、起債、Ｍ＆Ａアドバイザリーなどの投資銀行業務を担当し、週の半分はシンガポール、残りの半分は東南アジアへの出張という生活を送っていました。

タイから発火したアジア通貨危機は、その後、マレーシア、インドネシア、フィリピン、韓国などに飛び火し、タイ、インドネシア、韓国はＩＭＦ管理下に入るという厳しい展開となりました。

日本も対岸の火事ではなく、アジア向け貸出債権が不良債権化し、政府が緊縮財政を取っていたタイミングとも重なり、翌年の１９９８年には金融危機が勃発しました。１９９８年10月の長銀国有化、同年12月の日債銀国有化などは、まだ記憶に新しいのではないかと思います。

シンガポールでは、ロイターなどの金融ボードに示される対ドルレートが刻一刻と切り下がっていく状況を目の当たりにしたことを今でもよく覚えています。

私はその頃、ＭＵＦＧが主幹事アレンジャーとして組成した、インドネシア最大の製薬会社向けシンジケートローンを担当していました。その組成が完了し、ほっとしたところでアジア通貨危機に見舞われたのです。その後、その製薬会社も債務不履行に陥り、年末には大規模な債権者集会を開催したことも目に焼き付いている光景の1つです。

インドネシアでは、秋口からジャカルタで暴動が起きるリスクが真剣に語られるようになり、実際に翌年の１９９８年には暴動が勃発し、独裁政権だったスハルト政権も崩壊していくことになります。

当時、日本ではあまり報道されなかった出来事としては、インドネシアがＩＭＦ支援を受ける直前に、同じイスラム教の産油国に支援を求めたということがあります。地政学的なパワーバランスが崩れることを怖れた米国から政府高官がジャカルタに入り、その後ＩＭＦからの支援が決まりました。

１９９7年12月には、親しくしていたインドネシア最大級の華僑系財閥グループの番頭から、「道昭、もうしばらくはインドネシアへの渡航は控えた方がいい。うちの華僑系経営人はもうみんなシンガポールへ逃避した。暴動時の脱出用にヘリコプターも何台か追加で購入したところだ」とアドバイスされました。その直後に空港に向かい、シンガポールへと戻った時、私の前のフライトであるジャカルタ発シンガポール行きのシンガポール航空子会社シルクエア便が墜落したとのニュースを知りました。この墜落は、当時ジャカルタの華僑ビジネスマンの間ではテロではないかと噂されました。

米中新冷戦が引き金になる恐れ

さて、アジア通貨危機の当時と比べると、現在の経済環境はどうでしょうか。経常赤字の規模、外貨準備の規模、経済成長率、インフレ率など、国としての脆弱性を表す経済指標を見ると、インドネシアを含めてほとんどの国で大きな改善が見られます。

その一方で、実際にアジア通貨危機を現地で経験した私にとっては、２０１８年後半にかけて通貨ルピアが下落したインドネシアの動向は大いに気になりました。それは、同国では近年また経常赤字が拡大しており、ヘッジファンドなどの標的になりやすいからでもあります。また米中新冷戦の中で、インドネシアが米中双方のサプライチェーンに深く組み込まれていることも懸念材料です。

第7章で述べたように、リーマンショック後に海外事業を縮小した欧州勢に対して、海外事業を拡大してきたのが日本のメガバンクです。米中新冷戦で勃発的な事態が発生すれば、即座に起こることが新興国不安であることは確実です。そうなった場合、グローバルの金融機関において最も大きな影響を受けるのは、近年新興国融資を積極的に拡大してきた日本のメガバンクとなる可能性が大きいのです。

いま私たちは、新興国からの資金流出、銀行危機、信用収縮、流動性危機、経済危機などの顕在化を注視していく必要があります。

そして、だからこそ米中新冷戦が拡大しないことを祈るとともに、日本ができることは何かを真剣に考え、それを実行することが求められているのです。それを私の過去の経験からお伝えしておきたいと思います。

絶対に負けられない戦い

次章の最終項では、日本のメガバンク3行と欧米主要銀行、DBS銀行との財務指標比較を行っています。これを見ると、メガバンク3行への市場評価の低さが目立ちます。3行ともPBR（株価純資産倍率）は0・5前後という低水準にとどまっています（図表9－8）。定性・定量分析をしてみると、メガバンク3行は収益性、資本の充実、株主還元対策などで海外の主要銀行と比較して見劣りをしていることがわかります。

また日本では業務粗利益、業務純益など収益の絶対値が注目される傾向が強いのですが、米銀は違います。例えばJPモルガンチェースの決算では各種収益率や配当性向などが強調されています。こうした傾向は日米のそもそもの違いとして指摘できます。米銀は、中央銀行によるストレステストをパスしないと配当や自社株買いができません。そうした中でも、それらを実行している米銀は、株主還元対策でも評価されていることが比較分析では見えてきます。

そのような違いがある中でも、特に目立っているのが、日本のメガバンク3行の株式評価が必要以上に低いことです。

私はこれを「ジャパニーズディスカウント」だと分析しています。ゼロ金利に代表される日本の金融政策の方向性がもたらしている事業環境の厳しさ、日本市場の将来性、海外市場に依存せざるを得ない事業構造、そうしたことから収益面では磐石でないビジネスモデルになっていることなどが大きな要因ではないかと見ています。

日本を支えていくという使命

メガバンク3行は、規制対応のため事業は制約を受け、外部環境の厳しさからも収益は下振れしやすい状況にあります。それでもメガバンク3行には、日本の金融を担い、金融仲介機能や信用創造機能で日本を支えていくという大きな使命があります。歴史的には金融危機が繰り返される運命にあるのだとすると、それに備えての金融規制や規制資本の拡充は不可欠です。日本経済や国民にとって必要だからこそ、金融規制は存在しているのです。

だからこそ、次世代金融の覇権を巡る戦いは、メガバンクにとっても、私たち日本人にとっても、「絶対に負けられない戦い」なのです。金融規制下にある既存金融機関は勝ち残る必要があるのです。

そしてだからこそ、私は、「世界一のデジタルバンク」DBS銀行をきちんとベンチマークする必要があるのだと確信しています。

第9章

「世界一のデジタルバンク」DBS銀行

自己破壊によって生まれ変わる

日本では一般的には知られていませんが、世界中の金融関係者から注目を集めている銀行がシンガポールにあります。それがＤＢＳ銀行です。

ＤＢＳ銀行の名を世に知らしめたきっかけは、金融専門情報誌「ユーロマネー」による極めて高い評価です。ユーロマネーは「World's best digital bank」の称号を、２０１６年と２０１８年の2度にわたりＤＢＳ銀行に与えました。また「グローバル・ファイナンス」誌が選ぶ「World's Best Banks 2018」においても、ＤＢＳ銀行はアジア初の「Best Bank in the World」を受賞しています。

ＤＢＳは、本来は「The Development Bank of Singapore」の略称ですが、今では「Digital Bank of Singapore」の意味を持ち始めています。

デジタル化の意味を収益性で定量的に示した

では、ＤＢＳ銀行がゴールドマン・サックスやＪＰモルガンなど、デジタルトランスフォーメーションに取り組む名だたる銀行を抑えて「ベストバンク」に選ばれた理由は、どこにあるのでしょう。ユーロマネーは、DBS銀行について次のように評しました。

「DBS銀行は、2017年11月、あまり目立たないながらも革新的なことを行いました。それは、デジタル戦略についてただ語るのではなく、デジタル化が収益性にどのような意味を持つのかを定量的に示したことです。――それによると、DBS銀行でデジタル取引を行う顧客は、店舗を訪れる伝統的な顧客と比べて、2倍の売上をもたらし、より多いローンと預金も保有する。デジタル取引の顧客の獲得にかかる費用は、伝統的顧客を獲得する費用に比べて57%も低い。デジタル取引の顧客は、伝統的顧客と比べて16倍も多く自発的に取引を行う。そして、伝統的な顧客の取引から19%のROEが得られるのに対して、デジタル取引の顧客の取引からのROEは27%にものぼる。――実際、まるで『ジェフ・ベゾス』のようなピユシュ・グプタCEOに関するコメントといっしょに、これら事実が開示されると、市場アナリストのDBS銀行に対する評価はアップグレードされ、その当日の株価は4%も跳ね上がったのです。これは、デジタル化についてはっきりと言えることが示す力と言えるでしょう。グプタCEOは〝ディスラプション（破壊）に対峙する最善の方法は、先んじて自らを破壊すること〟と強く主張してきました。しかし、デジタル化への道が、いかにして、そしてなぜ利益をもたらすのかを説明することに勝るものはありません。2017年、DBS銀行の時価総額は44%上がりました。DBS銀行の株式は、テクノロジー企業の株式として市場で評価され始めたのです」

既存事業との食い合いを辞さなかった

ユーロマネーが「あまり目立たないながらも」としているように、DBS銀行が推し進めたデジタルトランスフォーメーションは、一見すると米銀や日本のメガバンクら競合のそれとさして変わらない印象を持つかもしれません。

しかしDBS銀行は、世界で初めて、デジタルトランスフォーメーションの成果を数字で証明してみせました。またグプタCEOが口にした「破壊」というキーワードは、DBS銀行のデジタルトランスフォーメーションが企業全体を刷新するほどに本質的で、徹底的なものであることを示唆しています。

米銀や日本のメガバンクは今、既存金融機関として「自己否定」を試みている段階にあります。第8章で触れたように、MUFGなどは「カニバリゼーションすることを恐れるな」とトップが明言し、既存事業と新規事業の食い合いも辞さない構えを示しています。しかし、彼らの変革はまだ途上です。DBS銀行はすでに、自己否定を超えた「自己破壊」を完了させ、デジタル銀行に生まれ変わった段階にある、とも言えるかもしれません。

会社の芯までデジタルに

世界最高のデジタルバンク、DBS銀行とはどのような銀行なのでしょう。

DBS銀行は1868年にシンガポール政府系の開発銀行として設立されました。現在は、東南アジア（シンガポール・インドネシア）、グレーター・チャイナ（中国・香港・台湾）、南アジア（インド）など18の国・地域に280以上の拠点を構え、グループの従業員数は約2万4000人です。銀行事業は、持株会社DBS Group Holdings Ltd.のもと、シンガポールとインドをカバーするDBS銀行、中国・香港・台湾・インドネシアそれぞれをカバーするDBS銀行の各現地法人によって行われています。DBS Group Holdings Ltd.はシンガポール証券取引所に上場しており、時価総額は約642億シンガポールドル（約5兆2770億円、2019年3月11日現在）です。シンガポール政府が所有する投資会社テマセク・ホールディングスやその他金融機関など20社ほどが全体の9割以上の株式を保有しています。

具体的なサービスに目を転じると、リテールバンキング、資産運用管理やプライベートバンキング、中小企業バンキングやコーポレートバンキング、証券仲介、保険など広範に及んでいます。

規模を見ても、東南アジア最大です。法人顧客20万社以上、個人顧客880万人以上をベースに、総資産5180億シンガポールドル（約42兆8000億円）、売上高119億シンガポールドル（約9800億円）、当期純利益43・9億シンガポールドル（約3600億円）、預金量3736億シンガポールドル（約30兆7800億円）を誇ります。

経営陣が掲げた3つの標語

優良な銀行そのものにも見えるDBS銀行が、テクノロジー企業をベンチマークし、デジタルトランスフォーメーションに着手したのは2009年のことです。変革をリードしたのは2009年に入社したグプタCEOと、その前年に入社したデビッド・グレッドヒルCIOです。

DBS銀行は、デジタルトランスフォーメーションに際して、実に印象的な3つの標語を掲げました。

「会社の芯までデジタルに（Become digital to the core）」
「自らをカスタマージャーニーへ組み入れる（Embed ourselves in the customer journey）」
「従業員2万2000人をスタートアップに変革する（Create a 22,000 start-up）」。

「会社の芯までデジタルに」とは、オンラインサービスやモバイルサービスを提供するといったフロントエンドの表面的なデジタル化にとどまらず、バックエンドの業務アプリケーション、ソフトウェア、ミドルウェア、ハードウェアやインフラのレベルまで、さらには経営陣・従業員のマインドセットや企業文化まで、例外なく見直すことを意味しています。

「自らをカスタマージャーニーへ組み入れる」とは、銀行としての自身の存在意義を問い直す中で、次世代金融産業においてどのようなプレイヤーになるのかといったビジョンを示す言葉です。端的にいえば、それは預金・貸出・為替といった銀行目線のトランザクションジャーニーから、ユーザー1人ひとりのライフスタイル、生活パターン、ニーズに寄り添う顧客目線のカスタマージャーニーへの転換を意味します。DBS銀行はまた「簡単、シームレス、目に見えない（simple, seamless, and invisible）」というコンセプトも提示しました。カスタマージャーニーの中で顧客はシンプルにしてシームレスなサービスを享受する。そこにおいてDBS銀行は顧客の「目に見えない（invisible）」存在になろうというのです。

そして「従業員2万2000人をスタートアップに変革する」。会社の芯までデジタルにするには、経営陣・従業員のマインドセットも変えなければなりません。トランザクションジャーニーからカスタマージャーニーへと発想を転換する必要があるのです。DBS銀行はそのために社内ハッカソンや、スタートアップへの出資や買収を通じて、新たなマインドの養成、取り組みを進めました。

「目に見えない銀行」として顧客のカスタマージャーニーに入り込む

以上のデジタルトランスフォーメーションを進めるにあたり、これまでに2つのフェーズがありました。第1フェーズは2009年から2014年、第2フェーズは2014年以降です。

第1フェーズは、デジタルバンクを構築するための基礎を固める時期でした。銀行システムの脆弱性を解消するためにデータセンターを増設し、セキュリティーオペレーションセンターやモニタリングセンターも設置しました。エンジニアリングやテクノロジーのアウトソース依存からの脱却に積極的に取り組み、現在85％の内製化が実現しました。またチャンネル、プロダクト・サービス、イネーブラー（経営情報システムなど社内のシステムやインフラ）ごとに不必要なアプリケーションを売却し、必要なアプリケーションを購入することによって、2014年までにデジタルバンクになるためのインフラやプラットフォームを構築しています。

第2フェーズは、全社的にデジタルバンクを構築する時期でした。「プロジェクト型組織からプラットフォーム型組織へ」「アジャイルな開発チームの編成」などのテーマで組織改革を進めました。あわせて、「クラウド・ネイティブになる」「プロダクトやサービスの市場投入を格段に加速する」「APIによってエコシステムのパフォーマンスを上げる」「データ・ドリブン、カスタマーサイエンス、計装と実験に基づく顧客第1主義を徹底する」「人とスキルに投資する」といった具体的な目標を定めました。

そして2018年5月、DBS銀行は「銀行を意識することなく、生活を楽しもう」というミッションを採用しました。これは10年以上掲げてきた「アジアとともに生きる、アジアとともに躍動する」を進化させたものです。「自らを破壊する」ことによって、「目に見えない銀行」として顧客のカスタマージャーニーに入り込むことを明確に示したのです。

最強の都市国家シンガポールの宿命

しかし、そもそもなぜ、DBS銀行はデジタルトランスフォーメーションに踏み切ったのでしょう。背景には、グプタCEOら経営陣の、そしてシンガポールという国そのものが抱える強烈な危機感があります。

グプタCEOは、「ユーロマネー」誌に対し、「金融ディスラプターと戦うベストな方法は、彼らに先んじて自らを破壊すること」と言い切りました。主戦場の1つである中国でのアリババ、テンセントなど金融ディスラプターの躍進を引き合いに出しながら「自らデジタル化していかなければ、私たちは死んでしまう」と断言しました。グレッドヒルCIOも「早く行動しなければ、私たちの役割は抜かれてしまってまったく必要とされなくなってしまう」と語りました。異様にも思えるほどの強い危機感です。

グプタ氏がCEOに就いた2009年から2017年までの間、DBS銀行の経営状況は決して悪くありませんでした。むしろ、売上高の年平均伸び率は7％以上、当期純利益の年平均伸び率は13％以上を記録するなど、好調そのものだったのです。しかし、シンガポールという国が置かれた環境を考えれば、DBS銀行の危機感が正当なものであることがわかります。自らを破壊しなければならない。それはシンガポールという国そのものが発しているメッセージでもあるのです。

国内市場に期待できない

ご存知のように、シンガポールは小さな都市国家です。国土面積は約720平方キロメートルと東京23区と同等程度で、人口はわずかに約560万人です。したがって国内市場の拡大は望むべくもなく、加えて言うなら天然資源もほとんどありません。その一方で、シンガポールの経済発展は目覚ましいものがあります。1人当たりのGDPは約6万米ドルと、すでに日本や米国を追い抜きました。

この急成長の理由はどこにあるのか。1つには、東南アジアのど真ん中という立地を活かした「貿易立国」です。海外交易の拠点となり、同時に海外から産業・企業・テクノロジーを積極的に取り込んできた歴史があります。

つまり国内市場に期待できないシンガポールという国は、「海外に打って出なければ生き残れない国」なのです。そのためシンガポールは宿命的に、外国市場の動向やテクノロジーのトレンドに対してセンシティブかつ柔軟にならざるを得ません。

首相自らが政策として「破壊」を推奨

シンガポールのリー・シェンロン首相は、2016年8月の「National Day Rally」の施政方針演説において、シンガポールが直面している経済課題として、テクノロジーの進化に伴う「破壊」に言及しました。タクシー業界の強大なライバルとして出現したウーバーとグラブを例に、時代の変化に追いつくため、政策として「破壊」を推奨していくと宣言したのです。ウーバーのシンガポール進出で、タクシー業界が淘汰の波にさらされるのも覚悟の上。

また世界に先駆けて自動運転車（AV）が走行する都市を整備するため、交通政策や規制の修正を行ったのも、シンガポールでした。

「ラッシュ時の自家用車通勤に年間1万5000ドル弱の課徴金を課す一方、『自動車には人間の運転者が必要』という規定は廃止した。住宅地の開発に当たっても、あえて道幅を狭くし、縁石を高くし、駐車場を減らすなどのルールを設け、AVに優しくマイカー族に厳しい街づくりを促している」（ニューズウィーク日本版、2019年2月19日号）

おわかりでしょうか。驚くべきことに、シンガポールは、国そのものが自己破壊を旗印にしているのです。その姿は、ウーバーをはじめライドシェアを「禁止」している日本とは、対照的に見えます。

中国の金融ディスラプターとの正面対決

時を同じくして中国には「金融ディスラプター」が出現しました。彼らは、シンガポール国内も含めて、DBS銀行にとって重要なアジア圏の市場を破壊しようとしています。

アリババは8億7000万人もの年間アクティブユーザーを抱える決済アプリ「アリペイ」を入り口にして、EC・小売、物流、メディア・エンターテイメントなど生活全般に及ぶアリババサービスを束ね、生活サービスのプラットフォームとして拡大しています。テンセントはコミュニケーションアプリ「ウィーチャット」を入り口にして、オンラインゲーム、メディア、決済、ユーティリティ、小売など多角的に生活サービスのプラットフォームを強化・拡大しています。ウィーチャットの月間アクティブユーザーは約10億5700万人、コンテンツの有料契約者は1億5000万人にのぼります。

彼ら金融ディスラプターの特徴は、すでに銀行の業務をDuplicate（擬似的に創造）していること、圧倒的多数のアクティブユーザーが存在すること、本業が別にあることから金融サービスそのもので利益を得る必要がないこと、などが挙げられます。これはすべての既存金融機関にとって大きな脅威です。

「自らデジタル化していかなければ、私たちは死んでしまう」

「早く行動しなければ、私たちの役割は抜かれてしまってまったく必要とされなくなってしまう」

これはDBS銀行だけの話ではないのです。

しかし、ここで強調すべきは、DBS銀行の危機感が競合を上回っていた、という事実でしょう。シンガポールと香港を主戦場とするDBS銀行にとって、中国のアリババとテンセントの中華・アジア圏での躍進は、まさに目の前に差し迫る脅威です。グプタCEOら経営陣の危機感は決して大袈裟なものではありません。DBS銀行が自らを破壊したのは「そうしないと生き残れなかった」からに他なりません。

ここまで本書を読み進んでいただいた方ならおわかりのように、デジタルトランスフォーメーションを謳う金融機関は、今さら珍しいものではありません。しかし、デジタルトランスフォーメーションをお題目で終わらせず、圧倒的な危機感を背景に、より本質的に、より徹底的に、よりスピード感を持って実行し、完遂して見せたところに、DBS銀行の特異性があるのです。

「自らを破壊する」ためのアジェンダ

DBS銀行は、事業セグメントごとに「自らを破壊する」ためのアジェンダを設定しました（図表9－1）。最重点セグメントであり2017年の売上高の44％を占めるシンガポール・香港のリテールと中小企業取引に対しては、「ディスラプターに先んじて自らを破壊する」。4％を占め成長市場として位置づけるインド・インドネシアのリテールと中小企業取引に対しては「既存銀行を破壊する」。残りの52％を占める中国・台湾、あるいはプライベ

図表9-1　DBS銀行のアジェンダ

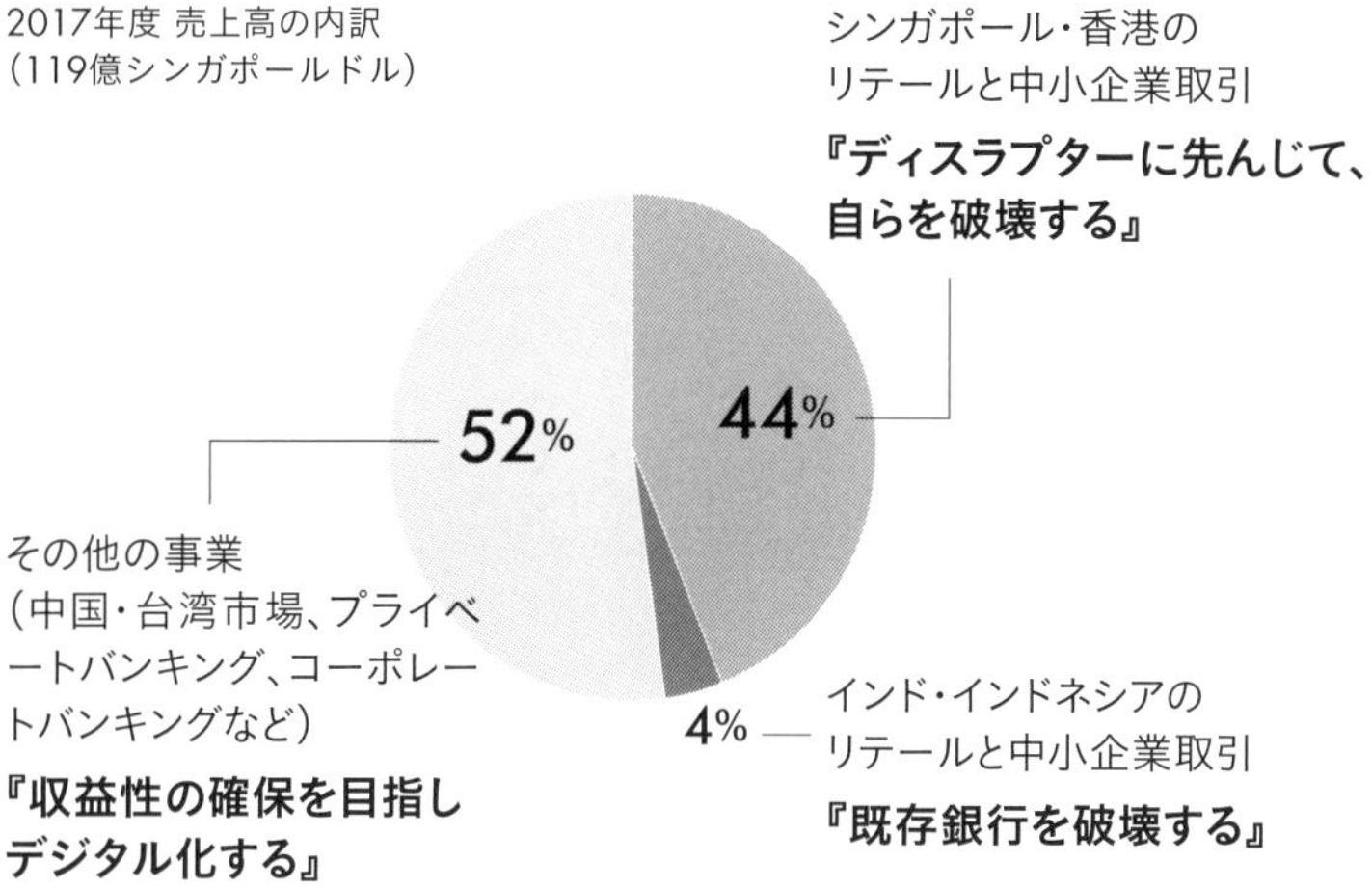

2017年度 売上高の内訳
（119億シンガポールドル）

シンガポール・香港の
リテールと中小企業取引
**『ディスラプターに先んじて、
自らを破壊する』**

44%

52%

その他の事業
（中国・台湾市場、プライベートバンキング、コーポレートバンキングなど）
『収益性の確保を目指しデジタル化する』

4%

インド・インドネシアの
リテールと中小企業取引
『既存銀行を破壊する』

「Investor day 2017」の資料をもとに作成

ートバンキング、コーポレートバンキングなどその他の事業に対しては「収益性の確保を目指しデジタル化する」としました。

以上のアジェンダを踏まえ、DBS銀行のデジタルトランスフォーメーションの具体的な柱となったものは、次の4つです。

「クラウド・ネイティブになる」

第1に、DBS銀行のデジタルトランスフォーメーションとは「クラウド・ネイティブになる」ことです。

グレッドヒルCEOは、「単なる〝リップスティック〟ではなく、システムの芯までクラウド化する」と言います。テクノロジーの内製化に加えて、アマゾンのAWSを利用してのクラウド化は、経営課題として重要です。

何より、クラウド・ネイティブ化によるコスト削減効果は甚大です。DBS銀行はクラウド化によって、ハードウェア、ソフトウェア、アドミ（管理部門）の人件費の8割以上を削減しました。またクラウド化により、銀行システム全体の弾力性・拡張性も強化され、銀行の信頼性が増すことにもなります。現在、ハードウェア、プラットフォームソフトウェア、アプリケーションとすべての階層がクラウド・ネイティブになろうとしています。2017年末までにアプリケーションの66％がクラウドへ移行されました。2018年中には全ITシステムの50％をクラウド化するとの目標が設定されています。また2019年前半にはクラウド化によってデータセンター設備を75％削減するとしています。

「APIによってエコシステムのパフォーマンスを上げる」

第2に、DBS銀行のデジタルトランスフォーメーションとは「APIによってエコシステムのパフォーマンスを上げる」ことです。

のちに詳しく触れますが、オープンAPIは、DBS銀行がカスタマーエクスペリエンス志向、顧客第1主義のサービスを提供するために構築するエコシステムのカギです。現在、会計ソフト「Xero」やERPソフト「Tally」との連携など、200以上のAPIを通して60社以上のパートナーとのエコシステムが構築されています。

「顧客第1主義を徹底する」

第3に、DBS銀行のデジタルトランスフォーメーションとは「データ・ドリブン、カスタマーサイエンス、計装と実験に基づく顧客第1主義を徹底する」ことです。これは顧客接点のデジタル化です。

例えば、リテールバンキング部門では、口座開設がオンライン上で完了するのは当然のことです。そのほか、自動車・不動産物件・電気の売買・契約・支払いをワンストップで仲介・提供するマーケットプレースや、アリペイやウィーチャットペイに相当するモバイル決済システム「PayLah!」、ストレスのない購買体験を提供する「Foodster on FB Messenger」、子供がいつどのようにお金を使ったかをスマホアプリで確認する「POSB Smart Buddy」などのサービスを開始しました。オフラインバンキングとオンラインバンキングを統合させた店舗「Click and Mortar」にも取り組み、「お気に入りのカフェに行くように銀行に行く」という新しいカスタマーエクスペリエンスの創出に努めています。

またプライベートバンキング部門では、オンライン資産運用管理プラットフォーム

「iWealth」、オンライン財務・資金管理シミュレーションプラットフォーム「Treasury Prism」など、コーポレートバンキング部門ではオンライン・コーポレート・バンキング・プラットフォーム「DBS IDEAL」、中小企業向けに事業に関する専門アドバイスやサービスを提供するネットワーキングコミュニティー「ビジネスクラス」などのサービスがあります。

インドでは、ＥＲＰソフト「Tally」とＡＰＩ連携することによって、Tally利用者がＤＢＳ銀行のサービスを利用することができる仕組みを構築しました。店舗設備を持たないスマホ銀行「digibank」は、インドとインドネシアでリテールバンキングを提供し、インドではすでに１８０万人以上の顧客を獲得しています。

ＤＢＳ銀行の最重点セグメントのシンガポールと香港では、実店舗の出店余地は少なくなっているのが現状です。中国やインドネシア向けの海外戦略も、出資規制など制約が課されます。しかしＤＢＳ銀行は、物理的に商圏を拡大するのではなく、銀行そのものをデジタル化することで、こうした制約を超えようとしています。デジタル銀行であれば、現地での公的規制も比較的緩く、拡張の余地があるのです。

「人とスキルに投資する」

第４に、ＤＢＳ銀行のデジタルトランスフォーメーションとは「人とスキルに投資する」

こと。すなわち、人・企業文化の強化です。

先に述べた「従業員２万２０００人をスタートアップに変革する」との標語の通り、イノベーティブなマインドセットを根底から持つべく、経営陣・従業員に対して様々な取り組みが行われています。「徹底した顧客第１主義」「データ・ドリブン」「リスクを取って、実験に挑む」「アジャイル型」「学ぶ組織になる」の５つの指針が設定され、具体的な施策が次々と展開されています。

例えば、学びのスペース「ＤＢＳアカデミー」や、スタートアップ企業などとのコラボスペース「ＤＢＳアジアＸ」が設置されました。「デジタル・マインドセット・ハッカソン」「ＡＰＩハッカソン」「ストラテジー・ワークショップ」「カスタマージャーニー」「デイリー・イノベーション・ブリーフィング」など、多くのイノベーション施策が実行・運営されています。スタートアップ企業などとの協業機会や「ガンダルフ・スカラーズ」「ＤＢＳラーン」「ホライズン・クラス」「テック・ブートキャンプ」などといった学びの機会も存分に提供されています。

このように、ハードウェア、アプリケーション、ＩＴシステム、データセンターなどテクノロジーやインフラ、顧客接点のプロダクト・サービスといった技術的・物理的な変革にとどまらず、人・企業文化といった人心面での改革を徹底している点は注目に値します。

何より、こうして矢継ぎ早に施策を打ち出す様子そのものが、金融機関というよりもテクノロジー企業を思わせます。ハッカソンにしても、もともとはプログラマー、グラフィックデザイナー、エンジニアなどが1か所に集まりソフトウェア開発などを行うイベントだったようですが、DBS銀行ではそうした手法を人と企業文化を強化するために細部に取り入れているのです。

グレッドヒルCIOは「ビジネスの発想を転換させるためには、企業文化を変える必要がある」と断言しています。仮に、マインドセットの変更なしに事業を転換しようとしたところで、定着するはずがありません。だからこそ、DBS銀行という枠組みだけを残し、中身（マインドセット）を完全に入れ替えなければならない。まさに「会社の芯までデジタルに」です。

以上を踏まえると、DBS銀行のデジタルトランスフォーメーションとは、バックエンド、フロントエンド、そして人・企業文化の三位一体の変革として理解することができるでしょう。

「ガンダルフ・トランスフォーメーション」

ＤＢＳ銀行がデジタルトランスメーションを推し進めるにあたりベンチマークとしたのは、同業他社ではありませんでした。

彼らが目指したのは、グーグル・アマゾン・ネットフリックス・アップル・リンクトイン、フェイスブックといったメガテック企業です。ＤＢＳ銀行はこれらメガテック企業の頭文字（Ｇ・Ａ・Ｎ・Ａ・Ｌ・Ｆ）に自らの頭文字Ｄを入れて、「Ｇ・Ａ・Ｎ・Ｄ・Ａ・Ｌ・Ｆ（ガンダルフ）」の一角を担う存在になると決意しました。

メガテック企業には、ＤＢＳ銀行が見習うべき点がいくつもありました。例えば、グーグルのオープンソースソフトウェア志向。アマゾンのＡＷＳ上でのクラウド運用。ネットフリックスのデータを利用したパーソナル・レコメンデーション。アップルのデザイン思考。リンクトインの「学ぶコミュニティーであり続ける」こと。フェイスブックの「世界中の人々への広がりを持つ」こと。

こうしたメガテック企業と同等のカスタマーエクスペリエンスを提供し、なおかつビッグデータ×ＡＩの活用で「察する」サービスを併せ持つ銀行があれば、確かに魅力的です。

ちなみにガンダルフとは、映画『ロード・オブ・ザ・リング』の原作であるトールキン著『指輪物語』に登場する魔法使いの名前です。魔法の力で銀行をテクノロジー企業にする。そのような思いが伝わってきます。

「ジェフ・ベゾスが銀行をやるとしたら、何をする?」

グレッドヒルCIOは、「もしアマゾンのジェフ・ベゾスが銀行業を行うとしたら、何をするだろうか?」という視点で徹底的に考えたと言います。そこから導き出された答えこそ、3つの標語「会社の芯までデジタルに」「自らをカスタマージャーニーへ組み入れる」「従業員2万2000人をスタートアップに変革する」でした。

何より、DBS銀行が金融ディスラプターから学んだのは、プラットフォーム戦略です。とりわけ、「自らをカスタマージャーニーへ組み入れる」という標語は、ジェフ・ベゾスが創業時に紙ナプキンにメモしたアマゾンのビジネスモデルに通じます。

アマゾンのビジネスモデルとは、「品揃えを増やす」→「お客様の満足度が上がって、顧客の経験価値が蓄積される」→「トラフィックが増える」→「そこで物を売りたいという販売者が集まる」→「品揃えが増え、お客様の選択肢が増える」→「お客様の満足度が上がり、顧客の経験価値がさらに蓄積される」→「さらにトラフィックが増える」という成長サイク

図表9-2　DBS銀行のビジネスモデル

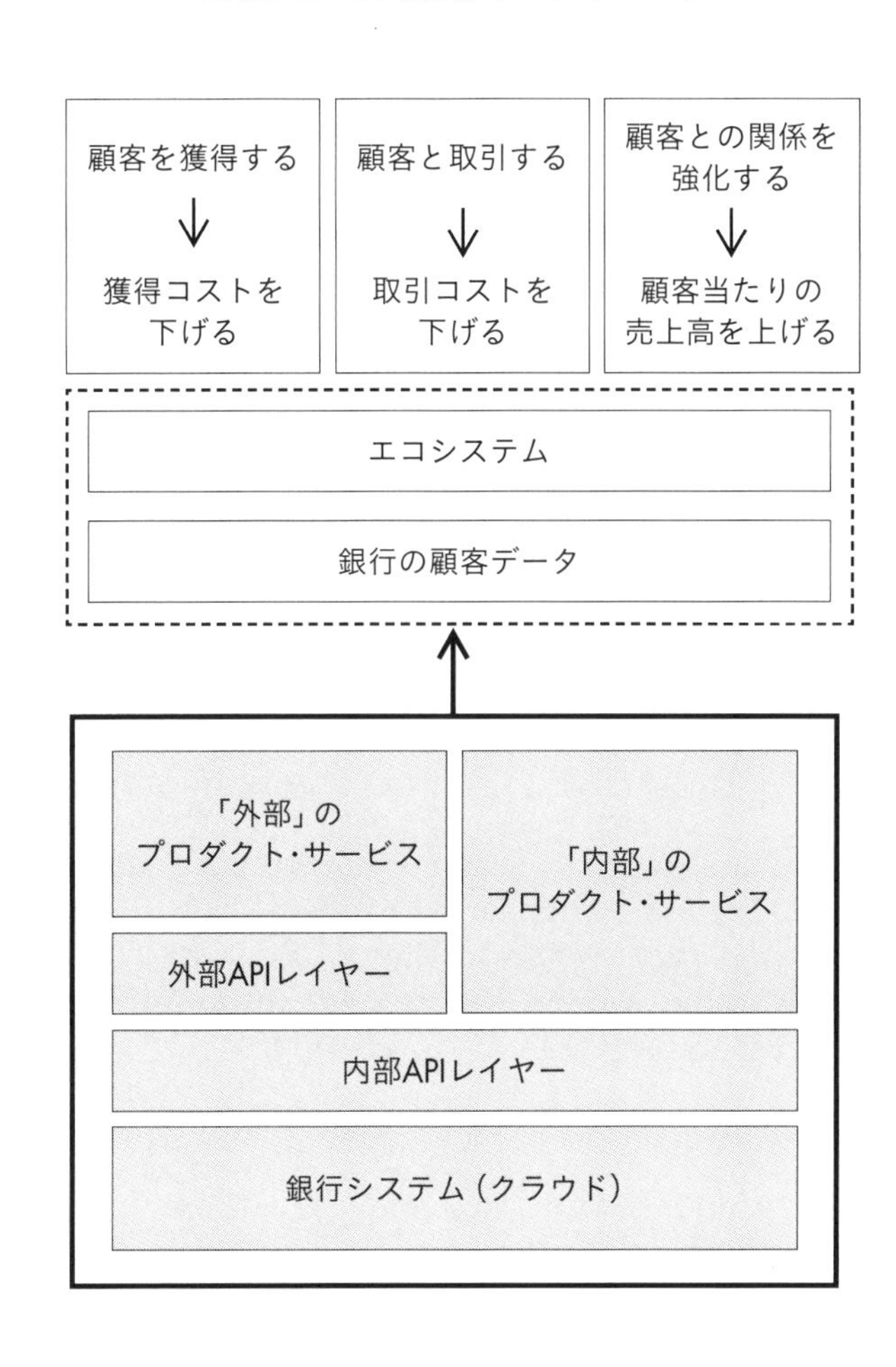

「Investor day 2017」の資料をもとに筆者作成

ルを回すことにより、アマゾン経済圏を拡大していくことです。そこには「低コスト体質」が前提であることや、「顧客は第1に低価格と品揃えを求める」というベゾスの信念が示されています。

一方、図表9－2はDBS銀行のビジネスモデルを示しています。「顧客を獲得する」→「顧客と取引する」→「顧客との関係を強化する」という一連の業務プロセスは、DBS銀行が有する顧客データと、それを基にしたDBS銀行内外のプロダクト・サービスのエコシステムによって成り立っています。DBS銀行のエコシステムは、顧客データを蓄積・管理・処理するクラウド上の銀行システム、銀行内部向けAPIと銀行外部向けAPI（オープンAPI）を通したプロダクト・サービスからなるものです。「顧客データ＋エコシステム」が拡大するほど、「顧客を獲得するコストを下げる」「顧客と取引するコストを下げる」「顧客当たりの売上高を上げる」ことになります。

このように、アマゾンとDBS銀行のビジネスモデルと対比すると、その類似性を見て取ることができます。カスタマージャーニーを前提に、外部の第3者とともにエコシステムを構築し、顧客が金融サービスに限らず様々な生活関連サービスを享受することができる仕組みを整えました。サービスの品揃えが増えれば顧客満足度は上がり、それだけ顧客の経験価値が蓄積されます。するとトラフィックが増加、エコシステムに加わる第3者・事業者も増えます。顧客が享受できる生活関連サービスの品揃えや選択肢がより増えることで、顧客満足度はいっそう上がり、顧客の経験価値はより蓄積されます。そうして、トラフィックがいっそう増加します——。

このビジネスモデルにおいてカギを握るのは、クラウド・ネイティブ化によって実現される「低コスト体質」、そしてオープンAPIによって構築される「エコシステム」です。

オープンAPIが創出する「目に見えない銀行」

ここでオープンAPIについて説明をしておきましょう。DBS銀行に限らず先進的な金融機関はすでにAPIの公開を始めています。なぜならAPIは、APIエコノミーとでもいうべき、エコシステムを形成する潜在力を持っているからです。日本でいえば楽天が「楽天エコシステム」拡大のために、オープンAPIの活用を進めています。

金融サービスの拡大・高度化の武器

APIとはアプリケーション・プログラミング・インターフェースの略称です。第6章でも触れましたが、あるアプリケーションの機能や管理するデータなどを他のアプリケーションから呼び出して利用するための接続仕様・仕組みを指します。それを他の企業などに公開することをオープンAPIと呼びます。企業の内部と外部がAPIを通してサービス連携するのです。オープンAPIには、グーグルマップのように誰にでもオープンなAPI、ある一定の規約や約款のもとで提供されるAPI、限定されたコミュニティーに対して提供されるAPI、そして個別に契約を締結したパートナーや契約当事者にのみ提供されるAPIなど、様々なタイプがあります。

金融に関わるオープンAPIとしては、外部たる第3者・事業者が内部たる銀行の顧客口座情報などを照会する「照会型API」と、第3者・事業者が銀行の顧客に対してサービスを直接提供する「実行型API」とに分けることができます。

特に、実行型APIは金融サービスの拡大・高度化につながるものです。例えば、銀行がAPIをオープンにすることによって、第3者・事業者は銀行の顧客口座データにアクセスできるようになります。そして、第3者・事業者が銀行の顧客データを利活用して、銀行では提供することができない多様なサービスを、銀行の顧客に対して直接提供する、というわけです。その結果、第3者・事業者にはビジネスチャンスが広がり、銀行の顧客は利便性を享受でき、また利用できるサービスも増えることになります。

銀行にとってもメリットがあります。第3者・事業者と連携して、サービスの高度化、あるいはカスタマーエクスペリエンスの高度化が図れます。また、銀行だけでは取得することができない顧客に関する行動データや位置データなどを入手できるのも大きなメリットです。それによって、より顧客のニーズに合った銀行サービスを提供することも可能になります。

そして実行型ＡＰＩこそ、ＤＢＳ銀行が第3者・事業者とのエコシステムを構築し、自らが「目に見えない銀行」としてカスタマージャーニーに入り込むカギとなるものです。そこにはＤＢＳ銀行の存在は感じられません。「銀行を意識することなく、生活を楽しもう」というミッションはこうして達成されたのです。

マクドナルドやグラブなど60社以上がパートナー

ＤＢＳ銀行のオープンＡＰＩでは、会計ソフト「Xero」やＥＲＰソフト「Tally」との連携が代表例です。Xeroは、Xero社が世界で１５８万社もの中小企業にサービス提供する会計ソフトです。Tallyは、Tally Solutions社がインドをはじめ世界１００か国以上で８００万社以上の中小企業にサービス提供するＥＲＰソフトです。XeroやTallyのアカウントがＤＢＳ

銀行の口座とオンライン・コーポレート・バンキング・プラットフォーム「DBS IDEAL」を通して自動連携されることによって、中小企業の出納情報と銀行の口座情報がタイムリーに一致します。利用者はこうして便利な決済ソリューションを享受できるのです。

ＤＢＳ銀行のコーポレートサイトには、他にもオープンＡＰＩの事例が紹介されています。ＤＢＳ銀行のクレジットカードの使用で貯まったポイントを第３者・事業者での購買に充当できるポイント還元ＡＰＩ。住宅購入能力の事前審査やＤＢＳ銀行への住宅ローン申し込みなど住宅購入支援ＡＰＩ。第３者・事業者のＡＴＭを通してＤＢＳ銀行の口座からお金を引き出すことができる送金ＡＰＩ。モバイル決済システム「PayLah!」をはじめ、決済、デビッド、取引分析、使用金額上限の設定などペイメントＡＰＩ。外国為替レートやＤＢＳ銀行の一般情報など情報提供ＡＰＩ。

こうしたＡＰＩは現在２００以上もあり、マクドナルド、グラブ、フードパンダ、soCashなど60社以上がパートナーとなっています。

ゲームのルールが変われば、自らも変わる

ＤＢＳ銀行のオープンＡＰＩは、金融サービスを「目に見えないもの」にするための、格好のツールでした。言うまでもなく、これはカスタマーエクスペリエンスの向上に、大きく

寄与します。

筆者は、第2章で、銀行の3大業務である預金・貸出・為替はもはやDuplicate（擬似的に創造）できると指摘しました。そして「金融ディスラプター」が金融を垂直統合してくるという趨勢にあって、金融にも「当たり前」が求められてくると述べました。「当たり前」とは、例えば、「便利であること」「手間や時間がかからないこと」「わかりやすいこと」「フレンドリーであること」「楽しいこと」「存在を感じさせないこと」です。

DBS銀行にとってのデジタルトランスフォーメーションとは、新しい金融の趨勢に対峙するとともに、新たな「当たり前」を実現するものです。「銀行は不便でわかりにくい」「ランチタイムには、窓口のみならずATMでも長蛇の列に並ばなければならない」。こうした既存金融機関の「当たり前」を破壊し、新しい「当たり前」を作るものです。

アマゾンをはじめとするテクノロジー企業は、テクノロジー企業の「当たり前」を金融産業に持ち込みました。カスタマーエクスペリエンスや「顧客との継続的で良好な関係性」をゲームのルールとし、同じルールで戦うことができない旧態依然としたプレイヤーを破壊しようとしています。同じことを、既存金融機関であったDBS銀行が、自己破壊とともに実行に移したのです。この事実はDBS銀行がテクノロジー企業へと進化した証左になるでしょう。

ゲームのルールが変わったならば、それに合わせて会社そのものも変わらなければならない。そのためには自己破壊が不可避である。これも、ＤＢＳ銀行のデジタルトランスフォーメーションから学ぶべき教訓です。

金融ディスラプターと伍していく

「目に見えない銀行」となったＤＢＳ銀行は、金融仲介・信用創造・決済という銀行が果たすべき機能をシームレスに担う、プラットフォームと化しました。

私は本書の第1章において、次世代金融産業における戦いの構図の1つとして「顧客接点やカスタマーエクスペリエンス、顧客との継続的で良好な関係性を巡る戦い」を挙げました。アマゾン、アリババ、テンセントといった金融ディスラプターの脅威とは、彼らが構築したＥＣやソーシャル・コミュニケーションといった生活サービスのプラットフォームの中に、顧客の商流・物流・金流を取り込むところにあります。そこで得られたビッグデータとＡＩを活用して優れたカスタマーエクスペリエンスを創出します。同時に、新しい金融サービスの開発に活かしています。

ＤＢＳも同じなのです。オープンＡＰＩを通して構築されるエコシステムにおいて、「顧客との継続的で良好な関係性」を築くことこそがＤＢＳ銀行が目指すところです。これにより、顧客の商流・物流・金流を、顧客のビッグデータとして把握・蓄積する。このデータは、金融ディスラプターと伍していくための武器になります。つまり、顧客の商流・物流・金流に関わるビッグデータをバックエンド、フロントエンド、人・企業文化に練りこみながらエコシステムを拡充し、優れたカスタマーエクスペリエンスと金融サービスを創出しながら、さらに「顧客との継続的で良好な関係性」を築いていく。このサイクルを回していくことが、DBS銀行が推し進めるデジタルトランスフォーメーションの本質なのです。

金融ディスラプターが躍進する中、既存銀行はカニバリゼーションを恐れ、店舗やシステムなどのレガシー・インフラを抱えるばかりに、変革が滞っています。そうこうしているうちに、金融ディスラプターが信用・信頼や専門性を手に入れ、既存銀行のレガシー・インフラが破壊されてしまえば、既存銀行が金融ディスラプターに完全に取って代わられるでしょう。

これに対してDBS銀行は、先んじて自己破壊を行い、エコシステムの中でカスタマージャーニーに組み込まれ、「目に見えない銀行」となることを選びました。ここでDBS銀行が第1に大切にしているのは顧客であり、エコシステムを構成する第3者・事業者です。金融ディスラプターと同等の顧客第1主義、カスタマーエクスペリエンス重視の経営に、こうしてDBS銀行はたどり着いたのです。

デジタルトランスフォーメーションの成果

以上を踏まえると、ＤＢＳのデジタルトランスフォーメーションをユーザーが高く評価するのは、当然の帰結と言えます。この変革は、お題目でもなければ、銀行のみが利益を求めるものでもなく、何よりもカスタマーエクスペリエンスの追求です。

ＤＢＳ銀行のデジタルトランスフォーメーションの成果は、様々な経営指標の改善として表れています。本章の冒頭で紹介したユーロマネーの評価の通り、それはＤＢＳ銀行の先進性を表す数字だと言えます。ＤＢＳ銀行でデジタル取引を行う顧客は、店舗を訪れる伝統的な顧客と比べて、2倍の売上をもたらし、２０１7年にはＤＢＳ銀行の時価総額は44％上昇しました。

最重点セグメントでの画期的な成功

ＤＢＳ銀行の財務の数字を細かく見ていきましょう。ＤＢＳ銀行がデジタルトランスフォーメーションに際して最重点セグメントと位置づけたのは、シンガポール・香港のリテールと中小企業取引でした。このセグメントの全売上高に占めるシェアは、２０１5年の38％か

図表9-3　DBS銀行のデジタルトランスフォーメーションの成果①
最重点セグメント：シンガポール・香港のリテールと中小企業取引

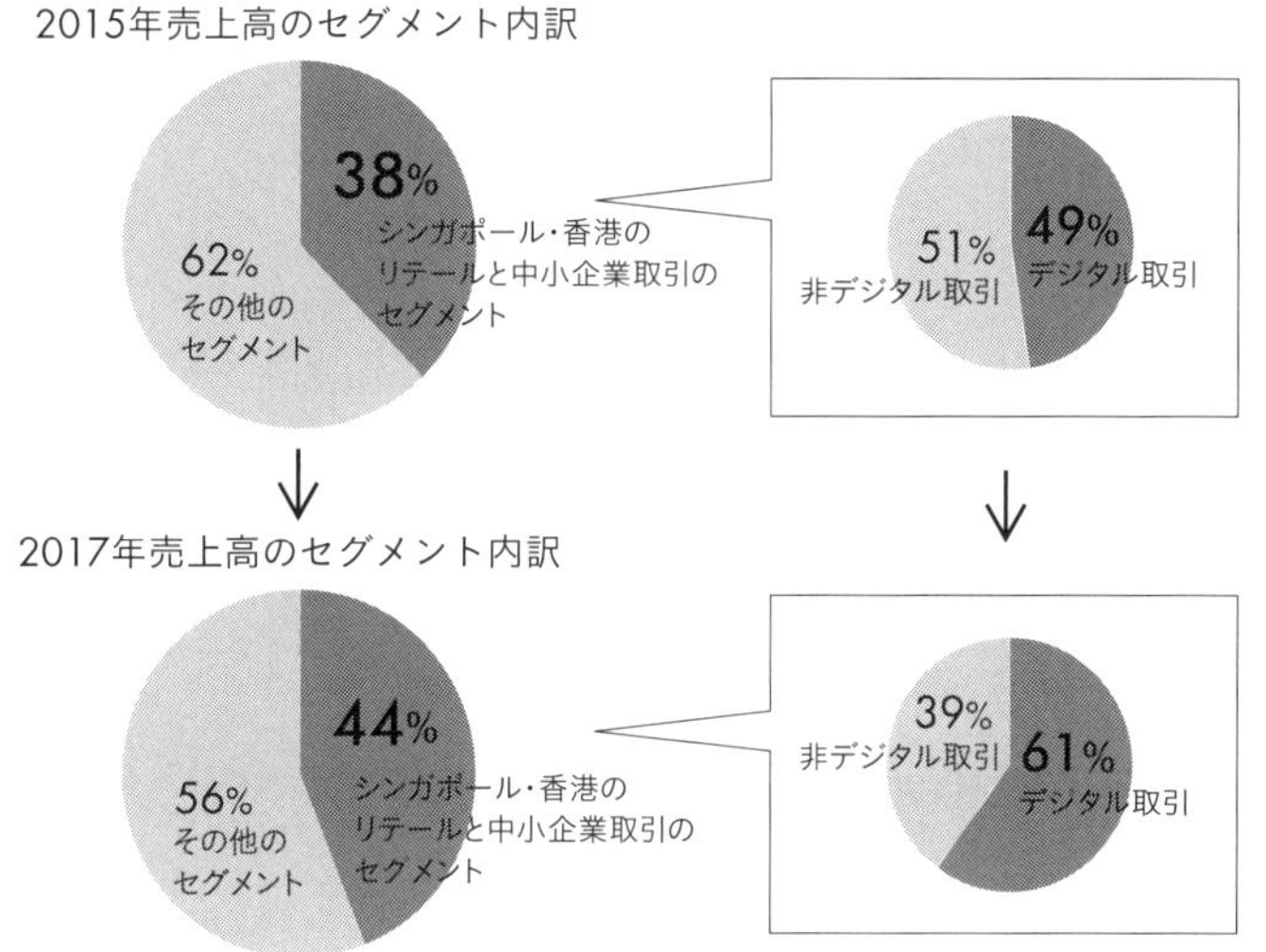

「Investor day 2017」の資料をもとに筆者作成

ら２０１７年の44％に上昇しました（図表９‐３）。同期間、全売上高の年平均伸び率が約７・５％であるのに対して、このセグメントに限った売上高の年平均伸び率は11％です。

また２０１５年は、同セグメント売上高（全売上高の38％）の49％がオンラインやモバイルなどデジタル取引からの売上でした。それが２０１７年は、同セグメント売上高（全売上高の44％）のうち61％がデジタル取引からの売上となりました。つまり売上伸び率を見ても、デジタル取引と非デジタル取引の勢いの差は明白です。デジタル取引からの売上高の年平均伸び率が23％であるのに対して、非デジタル取引からの売上高の年平均伸

図表9-4　DBS銀行のデジタルトランスフォーメーションの成果②
最重点セグメント：シンガポール・香港のリテールと中小企業取引

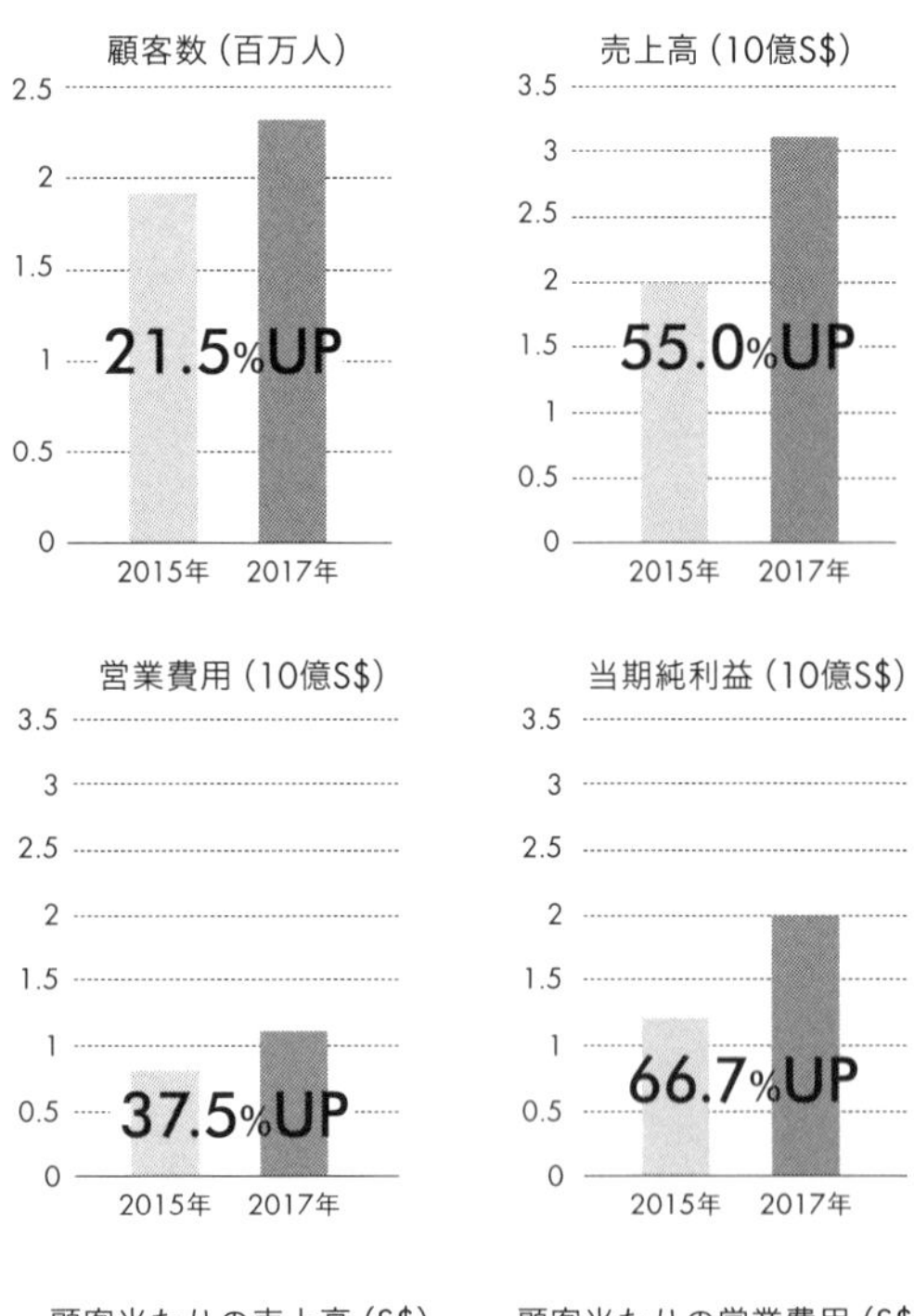

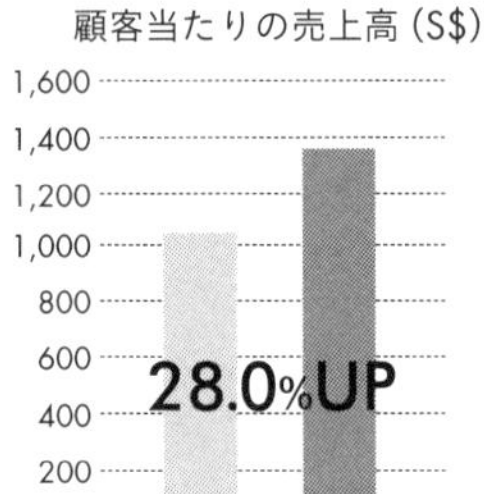

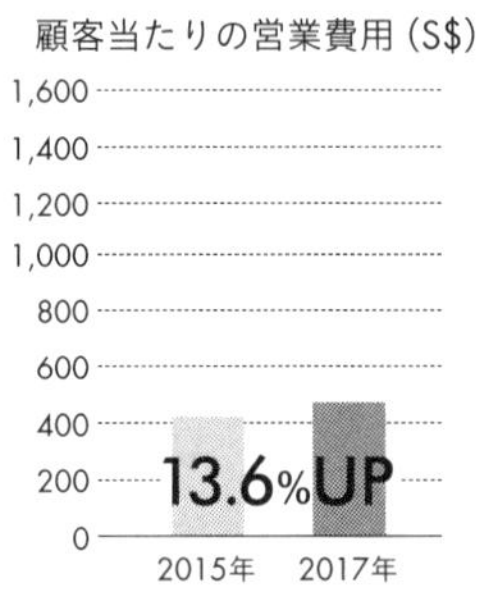

「Investor day 2017」の資料をもとに筆者作成

び率はマイナス2%です。デジタル取引の増加が、同セグメントの全売上高に占めるシェアを押し上げた格好です。

さらに、同セグメントでのデジタル取引について、顧客数などをみてみましょう（図表9-4）。顧客数は、2015年の1900万人に対して2017年には2300万人（21・5%増）、売上高は2015年の20億シンガポールドルに対して2017年には31億シンガポールドル（55%増）、営業費用は2015年の8億シンガポールドルに対して2017年には11億シンガポールドル、そして当期純利益（Profit before allowances）は2015年の12億シンガポールドルに対して2017年には20億シンガポールドル（66・7%増）となっています。成長の勢いは明らかです。

また顧客1人当たりの売上高が2015年の1052シンガポールドルから2017年には1347シンガポールドルへ28%増えた一方で、顧客1人当たりの営業費用の伸びは13・6%にとどまっています。同セグメントにおけるデジタル取引に確かな収益性が備わっていることもわかります。

全体の39%のデジタル取引で、全体の69%の利益を上げる

続いて、2017年の同セグメントで、デジタル取引と非デジタル取引のシェアを見てみ

図表9-5　DBS銀行のデジタルトランスフォーメーションの成果③
最重点セグメント：シンガポール・香港のリテールと中小企業取引

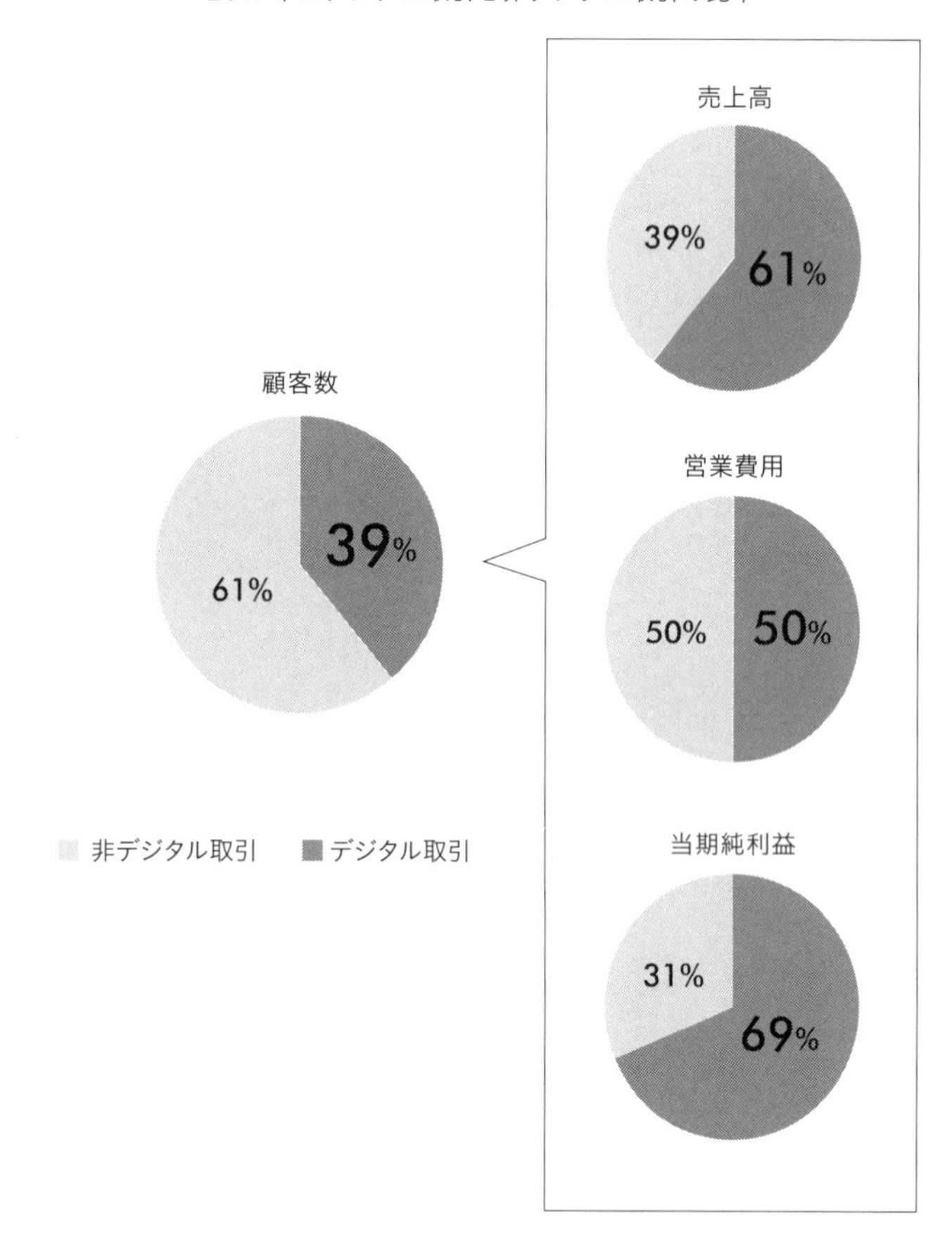

「Investor day 2017」の資料をもとに筆者作成

ましょう（図表9－5）。顧客数は、セグメント全顧客5900万人のうちデジタル取引は2300万人（39％）、非デジタル取引は3600万人（61％）です。売上高では、セグメント全体で51億シンガポールドルのうち、デジタル取引は31億シンガポールドル（61％）、非デジタル取引は20億シンガポールドル（39％）です。当期純利益（Profit before allowances）では、セグメント全体で29億シンガポールドルのうちデジタル取引20億シンガポールドル（69％）、非デジタル取引9億シンガポールドル（31％）です。つまり、このセグメントの中では、39％を占めるに過ぎないデジタル取引の顧客が、売上高の61％、当期純利益の69％をもたらしていることになります。

さらに、同セグメントの2017年の顧客1人当たりの売上高について、非デジタル取引が600シンガポールドルであるのに対して、デジタル取引は1347シンガポールドルです。売上高に対する費用の比率は、非デジタル取引の55％に対して、デジタル取引は34％です。そしてROEは、非デジタル取引は19％、デジタル取引は27％となっています。

以上の数字が示すものは、DBS銀行の最重点セグメントにおいて銀行取引のデジタル化が好調に進んでいること、デジタル取引において低コストで効率良く稼ぐ仕掛けができていること、同セグメントのシェアや戦略性がより高まっていることです。最重点セグメントでのデジタルトランスフォーメーションは、DBS銀行の収益を確実に押し上げているのです。

図表9-6　規模の比較

■ 従業員数

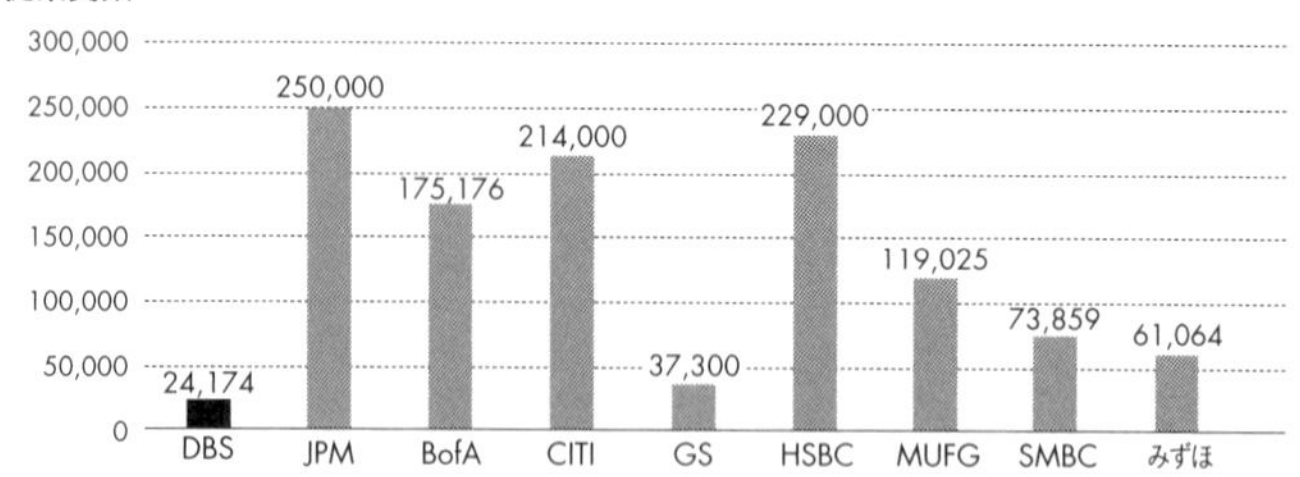

■ 売上高・税引前利益

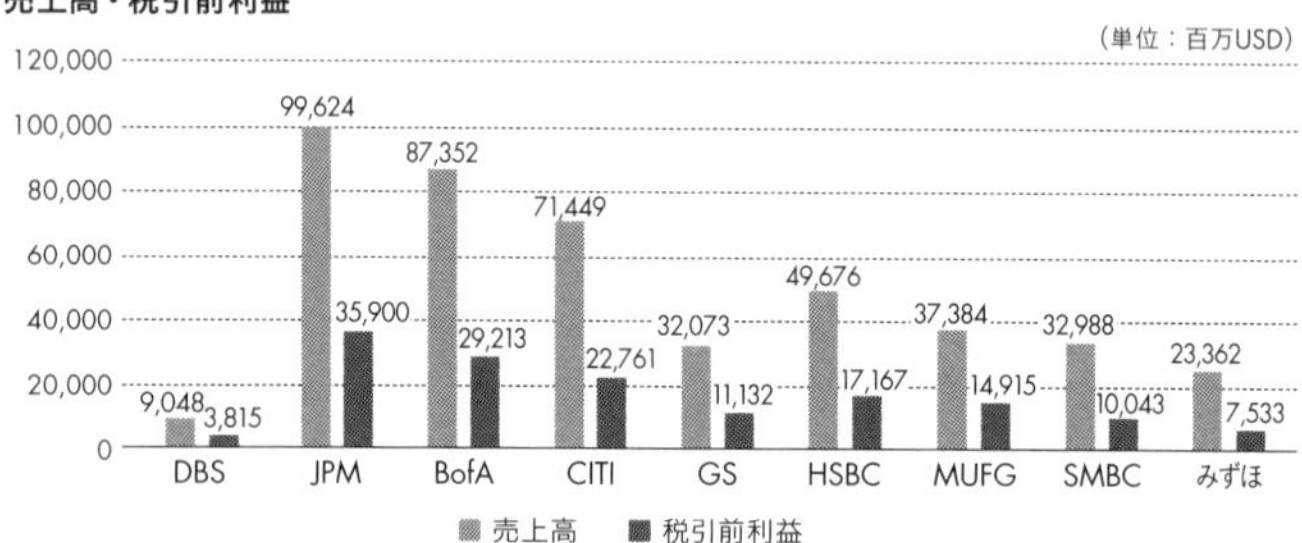

■ 総資産

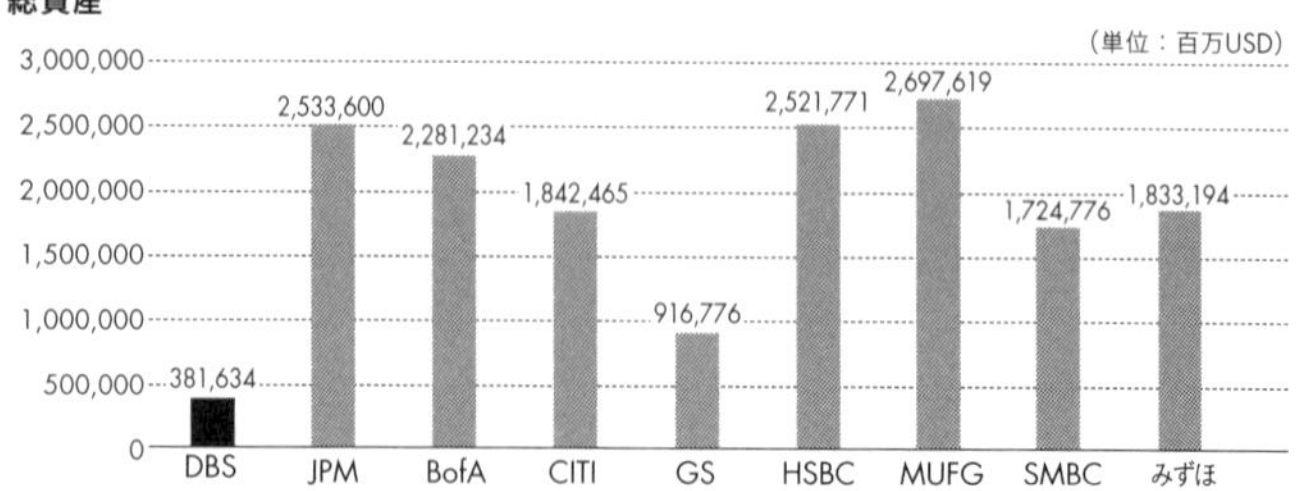

■ 時価総額

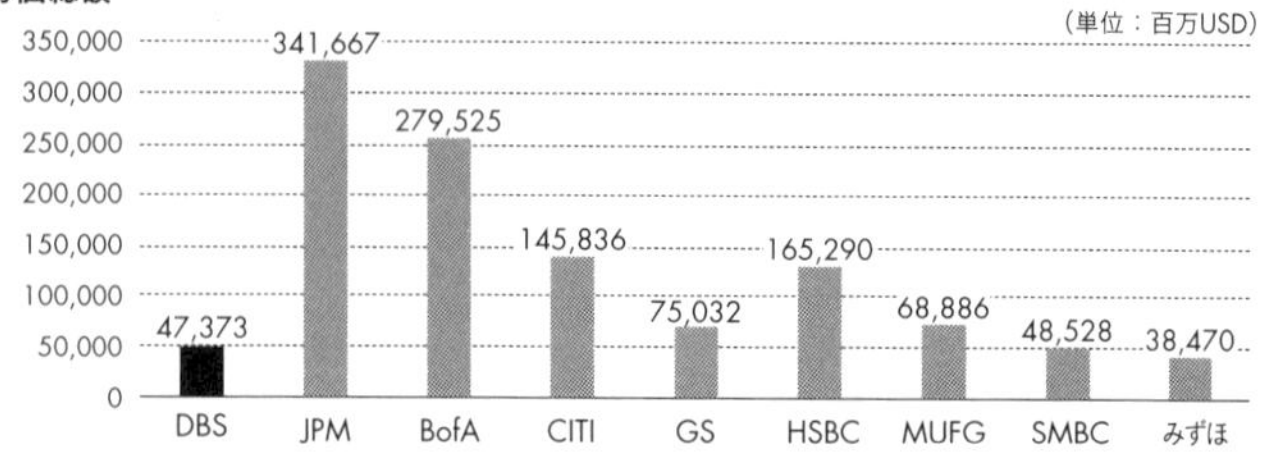

図表9-7　収益性・資本効率の比較

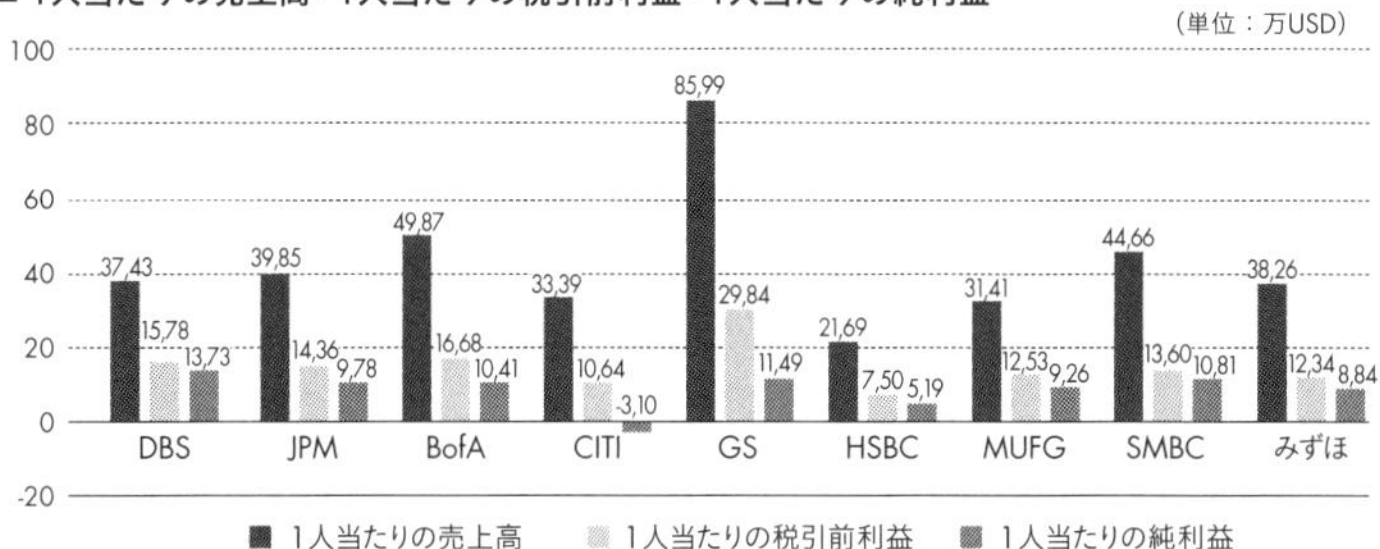

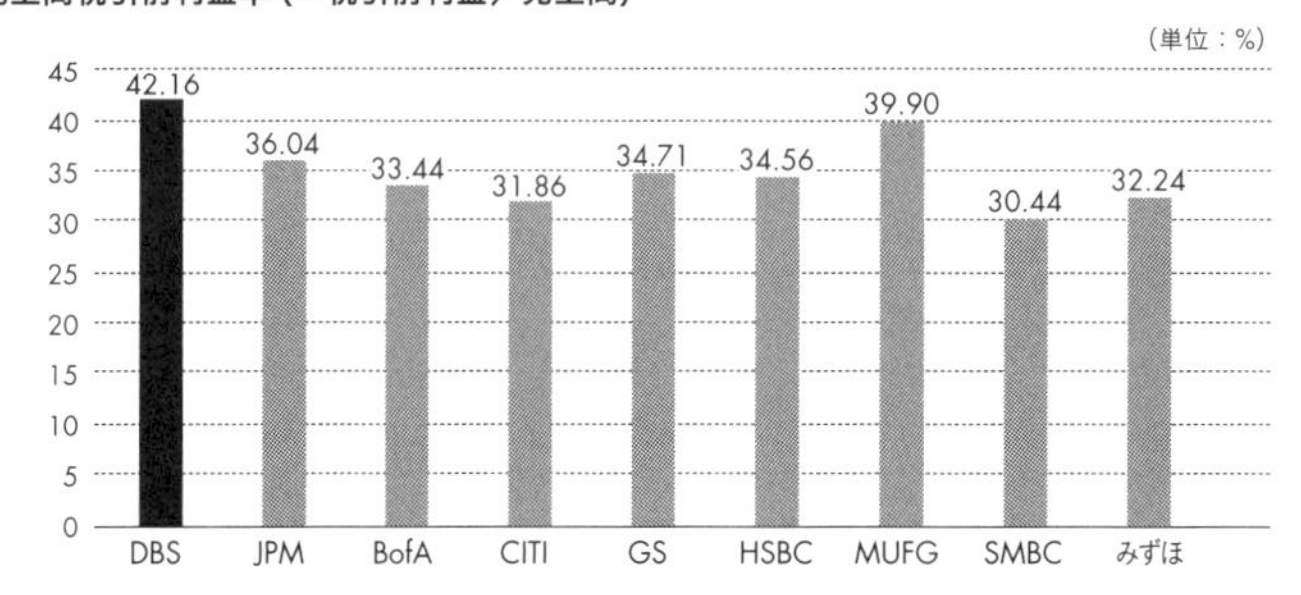

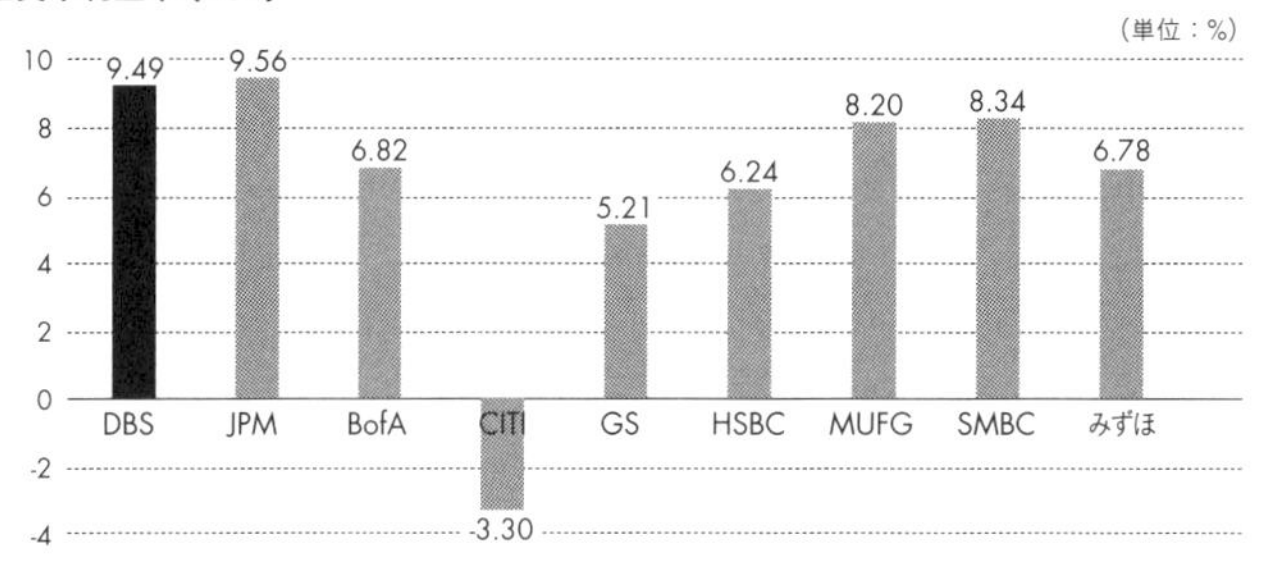

図表9-8　市場評価・安全性の比較

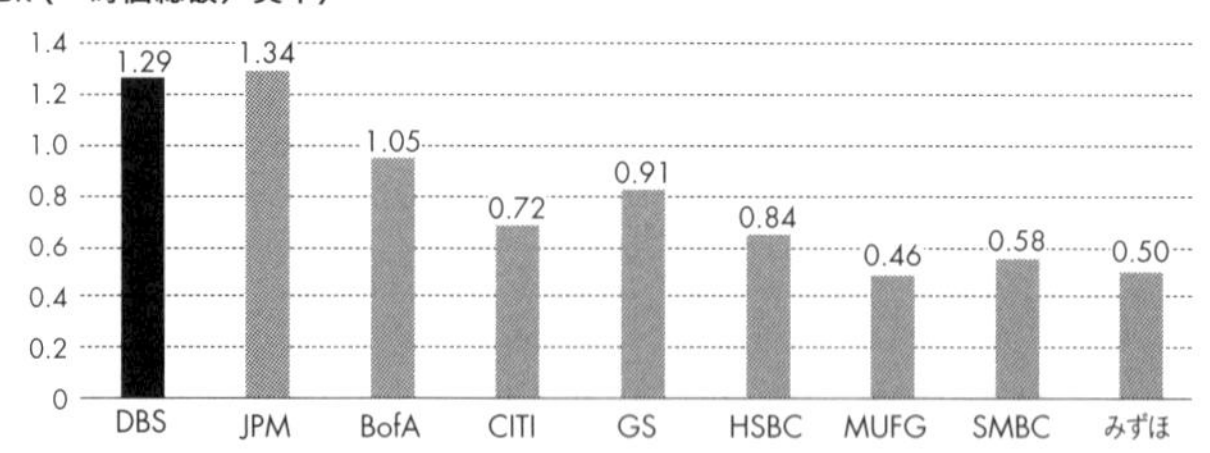

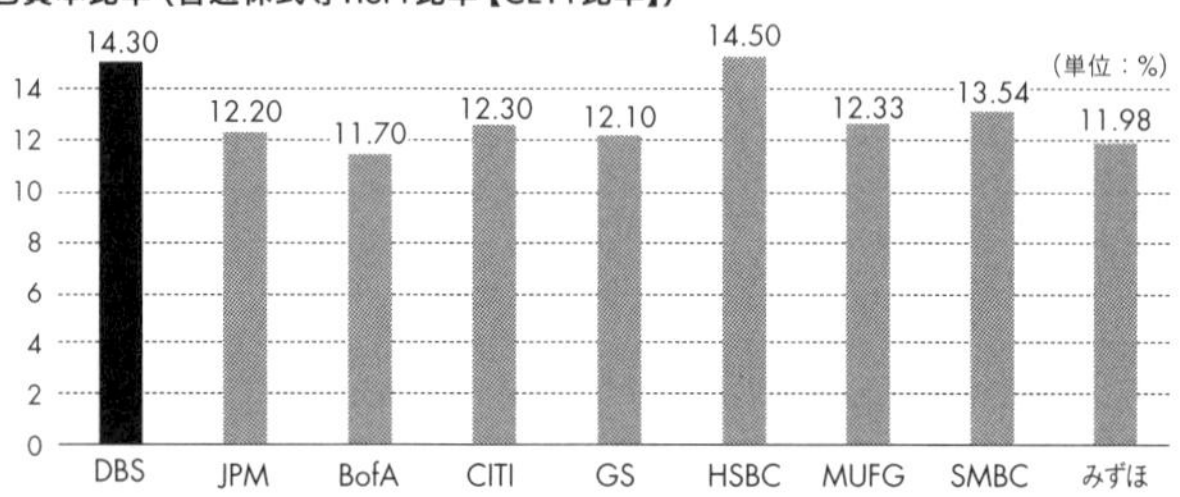

[図表9-6、9-7、9-8のデータについて]

＊売上高（Total income）、税引前利益（Profit before tax）、純利益（Net profit）、総資産（Total asset）、資本（Total equity）、株主資本（Shareholder's fund）：DBS及び欧米銀行は「2017年1月1日～2017年12月31日」の会計年度の財務諸表の数値を使用。日本の3行は「2017年4月1日～2018年3月31日」の会計年度の財務諸表の数値を使用。なお、日本の3行の財務諸表は米国証券取引委員会（SEC）へ提出された「FORM 20-F」に記載の財務諸表を使用。

＊時価総額・外国為替レート：2019年3月11日時点の株価、およびレートを使用。

＊売上高：「純金利収入（Net interest income）」と「非金利収入（Non interest income）」の合計額。

＊1人当たりの売上高・1人当たりの税引前利益・1人当たりの純利益：それぞれ「売上高÷従業員数」、「税引前利益÷従業員数」、「純利益÷従業員数」にて計算。

＊売上高税引前利益率：「税引前利益÷売上高」にて計算。

＊株主資本利益率（ROE）：上記の財務諸表に記載された数値を使用し「純利益÷株主資本」にて計算。

＊PBR：DBS及び欧米銀行のPBRは、上記の時価総額および財務諸表に記載された数値を使用し「時価総額÷資本」にて計算。日本の3行のPBRは2019年4月1日のYahoo!ファイナンスより引用。なお、日本の3行のPBRを、上記の時価総額および財務諸表に記載された数値を使用し「時価総額÷資本」にて計算すると、それぞれ0.49（MUFG）、0.43（SMBC）、0.45（みずほ）となる。

＊自己資本比率：2017年12月末時点の普通株式等Tier1比率（CET1比率）を使用。普通株式等Tier1比率（CET1比率）は「（普通株式などTier1資本に係る基礎項目の額－普通株式などTier1資本に係る調整項目の額）÷リスクアセットの額の合計額」にて計算。

＊会社名：JPM＝JPモルガン・チェース、BofA＝バンクオブアメリカ、GS＝ゴールドマン・サックス

小さくても強い銀行

こうした財務内容を、米銀や日本のメガバンクのそれと比較してみると、さらにDBS銀行の姿が浮き彫りになります。各国の競合に比べれば事業規模こそ小さいものの、収益性は高く、資本を効率良く使っていることがわかります。

図表9‐6から図表9‐8をご覧ください。DBS銀行の持株会社DBS Group Holdings Ltd.と米欧日のメガバンク8行（JPモルガン・チェース、バンクオブアメリカ、CITI、ゴールドマン・サックス、HSBC、MUFG、SMBCグループ、みずほFG）の財務内容を比較したものです。

DBS銀行は、従業員数・売上高・税引前利益・時価総額・総資産）のすべてにおいて、他行に比べて圧倒的に小規模です（図表9‐6）

一方、DBS銀行の収益性の高さ、資本効率の良さも明らかです（図表9‐7）。DBS銀行の売上高税引前利益率は42・16%でトップです。また、1人当たりの売上高では9行中6番目ですが、1人当たりの税引前利益となるとゴールドマン・サックス、バンクオブアメリカに次ぐ3番手につけています。1人当たりの純利益ではDBS銀行がトップです。さらに、ROEは9・49%で、バンクオブアメリカに次ぐ位置にいます。

株式市場の評価を見ると、DBS銀行のPBR（株価純資産倍率）は1・29です。DB

S銀行、JPモルガン・チェース、バンクオブアメリカの3行のみがPBRが1を超えています。安全性では、DBS銀行の自己資本比率（CET1比率）は14・30％で、14・50％のHSBCに次いでいます。（図表9-8）

このようにDBS銀行は事業規模こそ小さいものの、費用をさほどかけず効率良く稼いでいること、健全な経営を行っていること、その結果投資家からも高い評価を得ていることがわかります。そしてユーザーからも高い評価を得ています。いずれも、デジタルトランスフォーメーションの賜物です。「ユーロマネー」誌が「World's best digital bank」に、また「グローバル・ファイナンス」誌が「Best Bank in the World」にDBS銀行を選んだ理由が、こうした数字に集約されています。

DBS銀行が先行して推し進めてきたデジタルトランスフォーメーションを米銀や邦銀が進めているものと同じと見るのか、まったく違うものと見るのか。ミッションや本質に相違点はあるのか。その判断はそれぞれの金融機関に委ねられているのです。

最終章

「金融 4.0」は
日本から生み出される

バーゼル銀行監督委員会による近未来シナリオ

２０１７年10月31日、銀行を監督する最高機関であるバーゼル銀行監督委員会から、『健全な慣行とは何か：フィンテックの発展が銀行と銀行監督者にもたらす意味』というレポートが発行されました。銀行の企画部門やデジタルトランスフォーメーション部門などでは話題となりましたが、一般にはほとんど知られていないレポートではないかと思います。

この最終章では、まずバーゼル銀行監督委員会のレポートにある近未来シナリオを紹介し、それから私自身が考える次世代金融産業の予測やあり方などについて述べていきたいと思います。

なお、バーゼル銀行監督委員会のレポートは比較的平易な英語で書かれており、銀行の近未来シナリオのみならず様々な業界のデジタル化を占う上でも参考になる文献だと思います。リンク先を紹介しておきますので、自分自身でも直接文献を読むことをお勧めします。

(https://www.bis.org/bcbs/publ/d415.pdf)

バーゼル銀行監督委員会のレポートでは、５つのシナリオが提示されています。このシナリオ分析の大きな特徴は、顧客に商品・サービスを提供するプレイヤーを、「サービス提供者」と「顧客接点」の2つに分類していることです。これは、バーゼル銀行監督委員会でも顧客接点が重要であると考えていること、近未来においてはこれら2つの業務が分かれていく可能性も考慮していることを表しています。それでは5つのシナリオについて見ていくことにしましょう。

デジタル化によって改善された銀行（「Better Bank」）による支配

1つ目のシナリオは、既存の銀行がデジタル化やフィンテック化によって改善されていき、引き続き既存の銀行が業界内において覇権を握り続けるというものです。フィンテック企業が装備しているAI、ビッグデータ、クラウドコンピューティングを既存の銀行もキャッチアップして装備し、デジタル化によって改善された銀行として勝ち残るというシナリオです。同レポートでは、「このような兆しが一部では見られるものの、このシナリオが全体としてどの程度支配的なものになるかはわからない」としています。

新たな銀行（「New Bank」）による支配

2つ目のシナリオは、既存の銀行がチャレンジャーバンクと呼ばれる新たな銀行によって取って代わられるというものです。既存の銀行プラットフォームはデジタルプラットフォームに代替され、既存のリアル店舗はデジタル店舗に代替され、その戦いの中でレガシーを持つ既存の銀行はコストやスピードという観点から敗れ去るというシナリオです。もっともNew Bankと目されるいくつかのプレイヤーは誕生しているものの、このシナリオが有力となる証拠はまだないとしています。

既存銀行とフィンテック企業との分業(「Distributed Bank」)

3つ目のシナリオは、既存銀行とフィンテック企業が相互に分業するというシナリオです。このシナリオでは、両者がそれぞれの得意分野で分業するだけではなく、両者がジョイントベンチャーなどで協業するといったことも想定されています。ただしこのシナリオにおいては、顧客はこれまでのように限られた金融機関を使うという慣行から抜け出し、複数の金融機関を使うようになることが前提とされています。

既存銀行の格下げシナリオ(「Relegated Bank」)

4つ目のシナリオのRelegatedとは、「左遷される」「格下げされる」「退けられる」という意味を持った言葉です。このシナリオでは、既存銀行が新たな銀行やフィンテック企業などによって退けられることが予測されています。顧客接点はGAFAなどのメガテック企業や

図表10-1　バーゼル銀行監督委員会による「5つの近未来シナリオ」

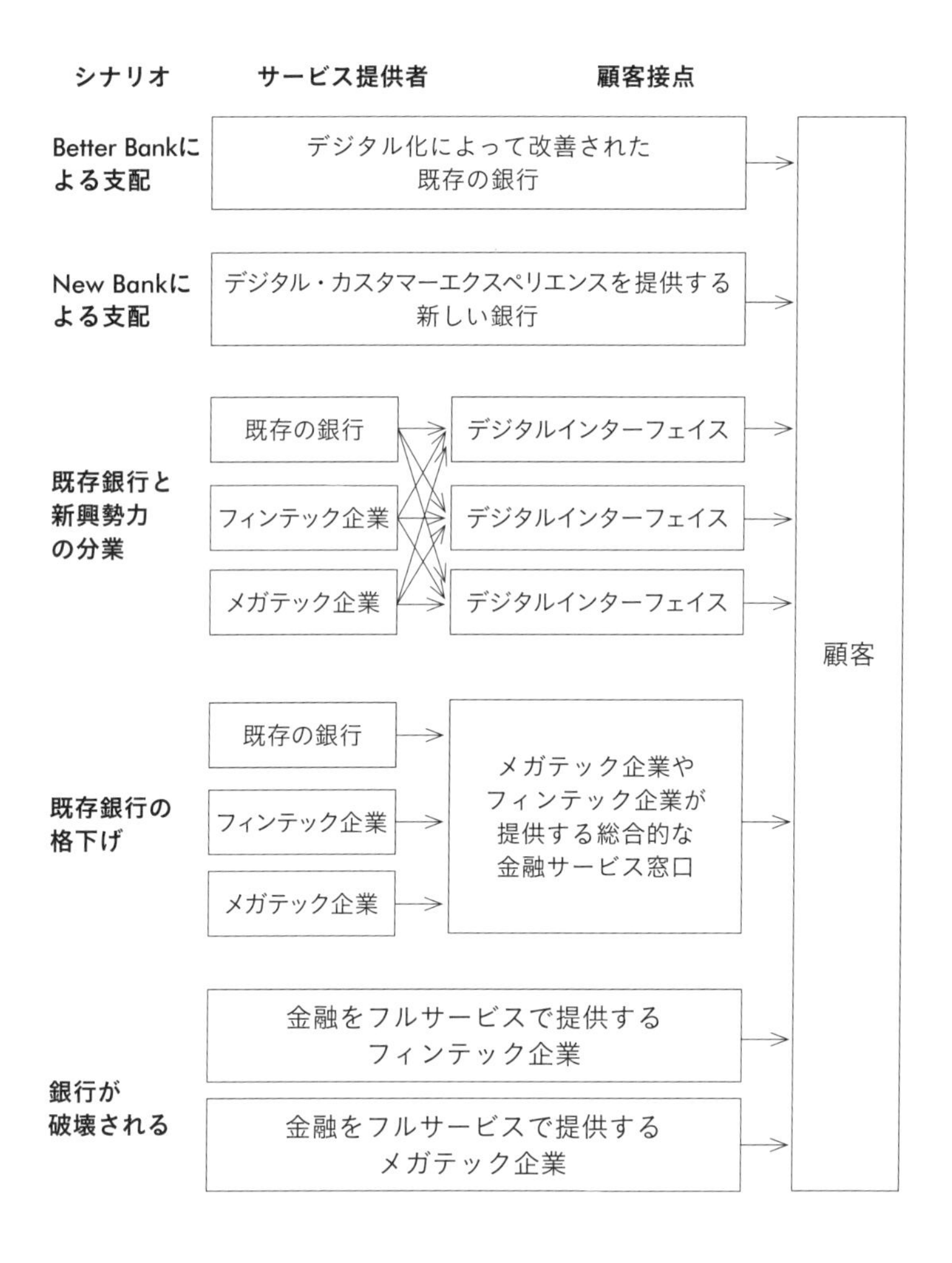

フィンテック企業が支配し、既存銀行はただ単に関連するサービスを提供するだけのサプライヤーに格下げとなるというシナリオです。このレポートでは、業界全体がこのようなシナリオに陥る可能性は小さいものの、すでに決済事業やオンラインレンディング事業などにおいては兆候も見られると指摘しています。

銀行が破壊されるシナリオ（「Disintermediated Bank」）

５つ目のシナリオにおいては、Disintermediated（中抜きされる）という表現が使われていますが、内容を見ると、図表でも明確に表されている通り、フィンテック企業とメガテック企業が顧客接点とサービス提供の両者を支配することが想定されています。「中抜き」というより「銀行が破壊されるシナリオ」と表現する方が適切なほど過激なシナリオです。現時点では最も起こりにくいシナリオであるとする一方で、ブロックチェーン技術を応用した仮想通貨は、既存銀行を介在させることなく物事の価値を移転させることができるものであり、このシナリオの有力な手段になり得ることを指摘しています。

私は、バーゼル銀行監督委員会のレポートの中で、銀行が破壊されるシナリオへの有力な手段として、仮想通貨が指摘されていることが最も重要なポイントの１つなのではないかと分析しています。

私が考える2025年の次世代金融シナリオ

バーゼル銀行監督委員会による銀行の近未来シナリオをもとにして、私が考える2025年の次世代金融シナリオを提示したいと思います。

まず重要なのは、第8章でも述べたように、顧客を法人と個人に分類し、さらには法人であれば大企業と中小企業、個人であれば一般と富裕層とで分けて考える方が適切であるということです。

大企業取引においては、既存銀行が「デジタル化によって改善された銀行」(「Better Bank」) に進化する可能性が最も高いと思います。大企業取引はコーポレートファイナンスに代表されるように専門性が最も高い分野であり、既存の取引関係も重要視されるからです。もっとも、このシナリオを実現することは簡単ではありません。大企業自体が既存銀行以上にデジタル化を進めている中で、既存銀行に求められるデジタル化やサービス水準はかなり高度化することは明白です。顧客が希望する複数のチャネルで高度なサービスを提供することはもとより、各業界の専門性をもったプロ人材の育成も不可欠になるでしょう。

中小企業取引は、新たな銀行が誕生し、フィンテック企業も活躍し、既存銀行との間で相乗りする分野になるのではないかと予測しています。特にテクノロジー企業が商流のビッグデータをもとに貸出業務をより積極化させる可能性は大きいと考えています。

既存銀行、フィンテック企業の双方において、提供する商品・サービスを標準化する一方で、顧客が人による対応を望む業務の生産性・専門性をいかに高めるかという勝負になると予想されます。地域金融機関にとっては、これまで展開してきたリレーションシップバンキングをデジタル化させた上で、さらに何らかの付加価値を提供していくことが生き残り策になってくるでしょう。大企業取引と同じように、取引先の中小企業に対してデジタル化支援をサービスとして提供できるような水準にまで、自らのデジタル化を高度化させていくことが必要になってくると思います。顧客が人による対応を望む業務に特化して、地域密着型でニッチに生き残りを図る金融機関も登場するでしょう。

一般個人向け取引は、既存銀行が最も大きな影響を受ける分野になるのは確実でしょう。テクノロジー企業は、すでにアリババが行っているように、決済業務から始まって様々なビジネスを展開しています。既存銀行はテクノロジー企業が構築したプラットフォームに銀行インフラや単発の金融サービスを提供するだけの存在になっている可能性も否定できない分野だと思います。

個人の富裕層向け取引は、既存銀行、特にメガバンクが最も死守したい分野であると考え

図表10-2 「5つのシナリオ」の実現可能性

	法人取引		個人取引	
	大企業	中小企業	一般	富裕層
Better Bankによる支配	◎	○	○	◎
New Bankによる支配	△	◎	◎	○
既存銀行と新興勢力との分業	△	◎	◎	○
既存銀行の格下げ	△	○	○	△
銀行が破壊される	△	△	△	△

られます。最近増えてきたメガバンクの近未来型店舗のレイアウトを見ると、一般個人向け取引はデジタル化で省力化する一方、富裕層取引に注力しようとする明確な意思が感じられます。この分野において新たな銀行が生まれてくる可能性もあるとは思いますが、ここを死守するために銀行全体をデジタル化をしているように見えるところもあり、後発者には厳しい戦いとなるフィールドだと考えられます。

以上のように、次世代金融のシナリオには、いくつかの重要な視点があります。顧客が法人か個人かの分類、顧客に商品・サービスを提供するプレイヤーの「サービス提供者」と「顧客接点」の分類、プレイヤーがテクノロジー志向なのか関係性志向なのかという分類、プレイヤーがプラットフォーム志向なのか否かという分類などです。そして、ここで示した分析上の基軸は、金融機関にとっては早晩、どの基軸に注力すべきかの選択を迫られる重要なものになってくるのは確実でしょう。今こそ、選択と集中が求められているのです。

日本の金融機関に対する提言

ここで、本書のここまでの考察を踏まえて、日本の金融機関への提言を記しておきたいと思います。

提言の対象を日本の金融機関に置くのは、私自身がその出自であることに加えて、次世代金融産業を巡る戦いで最も不利な立場にあると考えられる日本の金融機関への提言は、他のプレイヤーや異業種の方々の参考にもなると考えているからです。

図表10-3　3つの重要なポイント

1	デジタル化がさらに進捗していくことが確実であるためデジタル化への対応を早期に実現すべき分野と、レガシーとして残ると判断される分野とを明確に峻別すること
2	デジタル化への対応を早期に実現すると意思決定した分野については、重要な経営戦略として取り組むこと
3	レガシーとして残ると判断した分野については、人がやるべきことをさらに先鋭化させ、専門性や信頼性をさらに高める努力が必要

3つの重要なポイント

日本の金融機関が次世代の戦略と組織について考える上で重要なことは、以下の3点であると思っています。

1つ目は、デジタル化への対応を早期に実現すべき分野と、レガシーとして残ると判断される分野とを明確に峻別することです。ここが最も重要な経営判断になるでしょう。

2つ目は、デジタル化への対応を早期に実現すると意思決定した分野については、重要な経営戦略として取り組むことです。デジタル化を単なるシステム戦略と捉えてしまうと、似て非なるものを創造する結果になり、注意が必要です。

3つ目は、レガシーとして残ると判断

した分野については、人がやるべきことをさらに先鋭化させ、専門性や信頼性をさらに高める努力が必要です。

ベンチマークすべき8社

ここでは、2つ目のデジタル化についての戦略と組織について、より具体的に記述したいと思います。まず重要なことは、どの金融機関や企業をベンチマークすべきなのかという点です。先行する金融機関を徹底的に分析することは必要条件になるでしょう。

DBS銀行は米国のテクノロジー企業を競合と定義してデジタル化を進めてきました。第9章で述べた通り、彼らが目指したのは、グーグル、アマゾン、ネットフリックス、アップル、リンクトイン、フェイスブックといったメガテック企業だったのです。さらにグレッドヒルCIOは、「もしアマゾンのジェフ・ベゾスが銀行業を行うとしたら、何をするだろうか?」という視点で徹底的に考えました。そこで私は、日本の金融機関に対して、米中メガテック企業をベンチマークすることを強くお勧めします。より具体的には、以下で示していく、米国のGAFA、中国のBATHの8社です。後発する日本の金融機関が、先行するDBS銀行のようなところを凌駕していくためには、これくらいのベンチマークが必要と考えられるからです。

図表10-4　米中メガテック企業8社をベンチマークする

アマゾン	同社がミッションやビジョンとしている顧客第1主義とそれと表裏一体となっているカスタマーエクスペリエンスへのこだわりをいかに事業で実現しているのかを学ぶこと
グーグル	デジタル化によって同社がどのように情報を整理し、それを収益化しているのかを学ぶこと
アップル	デジタル化の中においても、同社がどのように対象とする顧客層に対してライフスタイルやあり方の提案を行っているかを参考にすること
フェイスブック	デジタル化によって同社がどのように人や組織をつなげようとしてきているのかを参考にすること
アリババ	デジタル化を大きな武器として、同社がどのように中国の社会インフラを構築し、金融事業を起点に事業を拡大しているのかを学ぶこと
テンセント	デジタル化によって同社がどのように生活サービスの向上を実現してきているのかを学ぶこと
バイドゥ	デジタル化によって同社がどのように複雑なものをシンプルにしようとしているかを学ぶこと
ファーウェイ	同社が次世代通信の5Gで何を実現しようとしているのかを学ぶこと

アマゾンについては、デジタル化の中においても、同社がミッションやビジョンとしている顧客第1主義と、それと表裏一体となっているカスタマーエクスペリエンスへのこだわりをいかに事業で実現しているのかを学ぶことが重要です。

グーグルからは、デジタル化によって同社がどのように情報を整理し、それを収益化しているのかを学ぶことが重要です。

アップルについては、デジタル化の中においても、同社がどのように対象とする顧客層に対してライフスタイルやあり方の提案を行っているかが参考になると思います。

フェイスブックについては、デジタル化によって同社がどのように人や組織をつなげようとしているのかが参考になると思います。

アリババについては、デジタル化を大きな武器として、どのように中国の社会インフラを構築し、金融事業を起点に事業を拡大しているのかを学ぶことが重要です。

テンセントについては、デジタル化によって同社がどのように生活サービスの向上を実現してきているのかを学ぶことが重要です。

バイドゥについては、デジタル化によって同社がどのように複雑なものをシンプルにしようとしているかを学ぶことが重要です。

ファーウェイについては、同社が次世代通信の5Gで何を実現しようとしているのかを学ぶことが重要です。

ここで述べた事項は、すべてそれぞれの企業のミッションについての内容でもあります。そういう意味においても、自社のミッションの中でどのようにデジタル化を実現するかを考えることが重要であると思います。場合によっては、ミッションを刷新することが求められるかもしれません。

なお、私は前記8社をベンチマークしてきた中で、『GAFA×BATH　米中メガテックの競争戦略』（日本経済新聞出版社）という書籍に分析をまとめました。あわせて参考にしていただければ幸いです。

戦略としてのエクスペリエンスデザイン

デジタル化における戦略にはいろいろと重要なものが指摘できます。第9章においては、「世界一のデジタルバンク」DBS銀行の戦略について詳しく記述しました。「自らを破壊する」ためのアジェンダとして、「ディスラプターに先んじて、自らを破壊する」「既存銀行を破壊する」「収益性の確保を目指し、デジタル化する」に取り組んだこと、そしてデジタル化戦略の柱として、「クラウド・ネイティブになる」「APIによってエコシステムのパフォーマンスを上げる」「顧客第1主義を徹底する」「人とスキルに投資する」を実行したことをここでも強調しておきたいと思います。

このような中で、本章においては、デジタル化における戦略として、エクスペリエンスデザインについて述べておきたいと思います。

本書では、繰り返しカスタマーエクスペリエンスについて述べてきましたが、ここでは社員の経験価値を意味するエンプロイーエクスペリエンスも加えて、顧客と社員の経験価値をデザインすることを「エクスペリエンスデザイン」と定義したいと思います。

日本の金融機関に求められているエクスペリエンスデザインについて考えてみましょう。

日本の金融機関はこれまで預金、貸出、為替などの業務別や、自社の効率性を最重要視したプロセスに基づいて社員を配置し、それらに合わせる形で顧客にサービスを提供してきました。

このプロセス、つまり日本の金融機関では当たり前のプロセスを変革していくためのエクスペリエンスデザインが必要です。そこで重要なことは、「顧客や社員がより自然で快適で自分らしくいられるか」を基軸にして、サービスを提供できるようにすることです。

顧客の行動をカスタマージャーニーと考え、潜在的に当該ニーズを感じるところから、サービスの提供を受けて、さらにはそれによってより快適な生活ができることまでをもデザインしていくのです。

図表10-5　エクスペリエンスデザイン

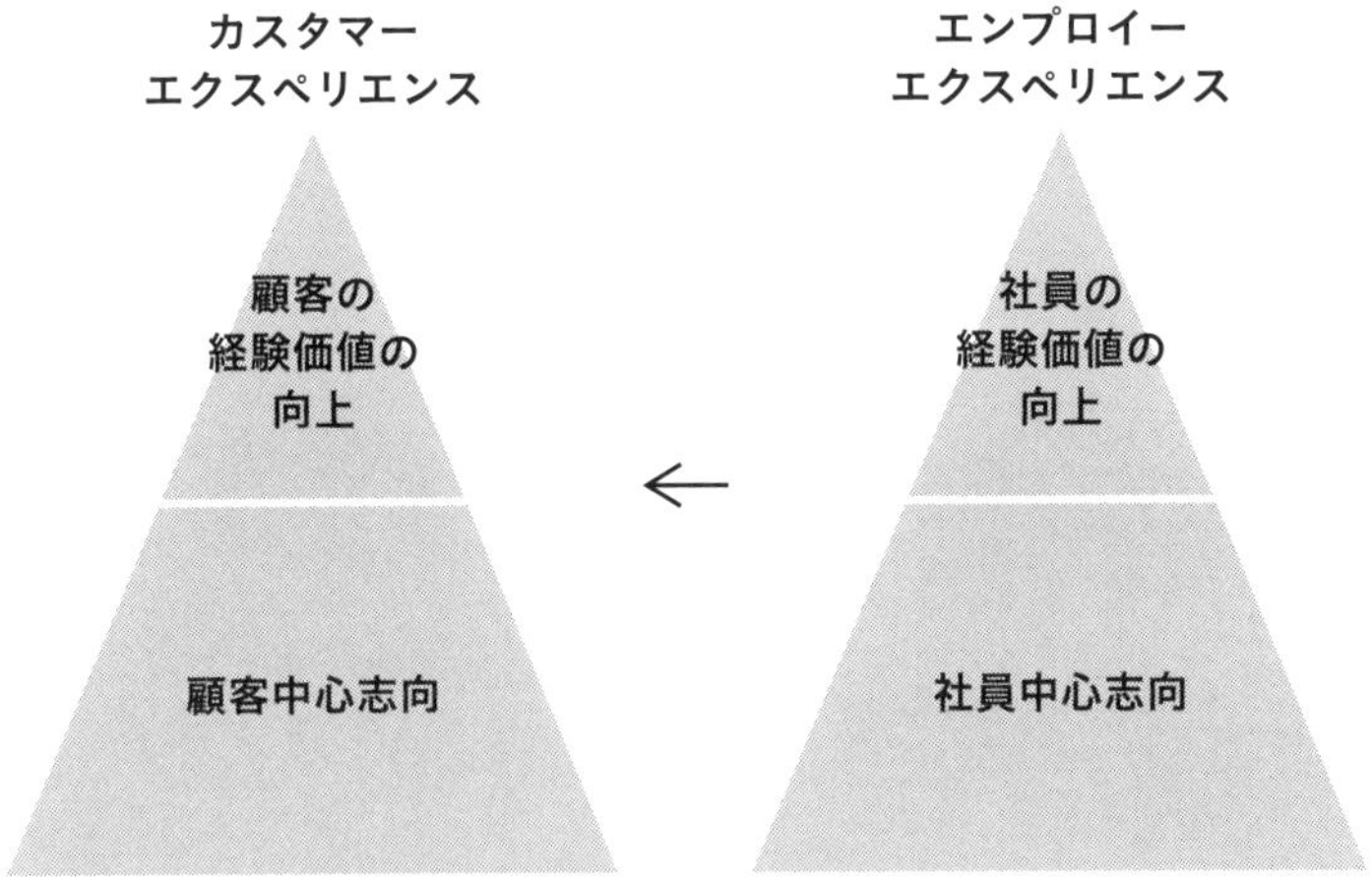

カスタマー
エクスペリエンス

顧客の
経験価値の
向上

顧客中心志向

←

エンプロイー
エクスペリエンス

社員の
経験価値の
向上

社員中心志向

社員の経験価値の向上が顧客の経験価値の向上を生み出す

そして社員が顧客に優れたエクスペリエンスを提供するためには、企業が社員に優れたエクスペリエンスを提供することが重要な条件となることがここでのポイントです。

エクスペリエンスデザインとは単にシステム上のカスタマーインターフェイス構築ではなく、顧客が潜在意識レベルにおいても自然で快適であるようにすることを目的としたものです。

そのためには、顧客が「自分に応対している社員が自然で快適に仕事をしている」と感じなければ、「優れたエクスペリエンスを得られている」と感じることは困難なのです。

以上を踏まえると、エクスペリエンス

デザインの重要なポイントは次の2点にまとめることができるでしょう。

- 1人ひとりの社員が自分の強みや個性を発揮し、自然で快適に仕事ができるようにするエンプロイーエクスペリエンスをデザインすること。
- 1人ひとりの顧客が人として本能的に望むサービスを得られるようにカスタマーエクスペリエンスをデザインすること。

顧客に優れたエクスペリエンスを提供し、顧客と長期的で良好な関係性を構築することが最も重要な経営指標になるのがデジタル化です。日本の金融機関も、社員のエクスペリエンスを考える経営が求められているのです。

オレンジ組織からティール組織への変革

カスタマーエクスペリエンスとエンプロイーエクスペリエンスの両者が充足される組織として私が注目しているものにティール組織が挙げられます。

ティール組織とは、フレデリック・ラルー氏の著書『Reinventing Organizations』の邦訳版である『ティール組織』（鈴木立哉訳、英治出版）が出版されたことで、日本でも注目されて

図表10-6　オレンジ組織からティール組織への変革

Teal	進化的、生態系、内なる正義	最新型の組織モデル
Green	多元的、家族、人間的な関係性	↑
Orange	達成、機会、成果の追求	現在の日本の金融機関
Amber	順応、軍隊、集団の規範	
Red	衝動的、群狼、欲求の充足	

いる組織戦略です。同書ではカスタマーエクスペリエンスやエンプロイーエクスペリエンスという表現は使われてはいませんが、私はそれらの実践においてティール組織の考え方は参考になると考えます。

ラルー氏は組織モデルの進化の過程を産業の発展に紐づけて5つに分類し、それぞれを色で表現しています。赤→琥珀色→オレンジ→緑と組織が進化していき、5番目にあたる最新型の組織モデルを「ティール色」で表現したので、ティール組織と呼ばれています。

日本の金融機関における組織の発展という意味において注目しておきたいのは、3番目に位置づけられたオレンジ色の組織です。産業革命によって生まれた「会社全体の目標を部門・スタッフ単位に細かく分解して任せ、それぞれの達成を積み上げることで目標を実現する」という行動パターンに基づく組織です。私は日本の金融機関の多くがまだオレンジ色の組織にとどまっているのではないかと分析しています。

オレンジ組織に対して、ティール組織では経営者や上司が社員の業務を指示・管理することはないとされています。組織がピラミッド型の構造をしておらず、全員がフラットに協力し合いながら、社会に価値を提供しているのがティール組織の特徴です。

そこでは前述したようなエンプロイーエクスペリエンスが実現され、社員は自律的に活き活きと仕事をしているのです。それによって優れたカスタマーエクスペリエンスが顧客に提供されるのです。

『ティール組織』の中では、オランダの在宅介護サービス提供団体であるビュートゾルフに多くのページがさかれています。ビュートゾルフの特徴としては、そこで働くスタッフのエクスペリエンスが優れており、その結果、顧客からの評価も高いことがまず指摘できます。組織の特徴としては、最大12人のスタッフからなる「チーム」で構成されていること、チームはビュートゾルフの6つの目標に沿って自由に行動することが促進されていることが挙げられます。

ここで指摘しておきたいのは、オランダでは比較的一般的な労働形態である個人事業主という形態、1人ひとりが自分自身にも責任を持つという形態の中で、ティール組織が実現されているという側面なのです。つまりは、社員が優れたエクスペリエンスを獲得していくためには、自己責任できちんと自分の責任を果たすという部分も見逃せない点なのであり、社員が権利だけ主張し、優れたエクスペリエンスが得られていない理由を会社のせいにしているようではティール組織を実現することは困難なのです。

ここで思い浮かぶのがDBS銀行です。DBS銀行が1人ひとりの社員にスタートアップであることを促進しているのは、権利と責任の両方が1人ひとりの社員に与えられているということでもあるのです。

ティール組織を学んだ人にとっては、私がここで日本の金融機関におけるデジタル化に必要な組織としてティール組織を挙げていることに、難度の高さを感じる人が少なくないと思います。しかし、世界一のデジタル銀行であるDBS銀行が実行してきたことを考えると、私は日本の金融機関もここまでの組織変革を実行していかないと、デジタル銀行としてのグローバルな戦いで生き残っていけないのではないかと分析しています。

顧客と社員の経験価値を創造するエクスペリエンスデザインを実現するには、ティール組織への変革が求められているのです。だからこそ、スタートアップ企業のようにスピーディーで社員が活き活きと仕事をするという企業文化が必要なのです。それが失われている組織にとっては極めて厳しい戦いになります。それがデジタルトランスフォーメーションなのです。

次世代金融シナリオの重要ポイント① ブロックチェーン

バーゼル委員会のレポートも指摘しているように、次世代金融シナリオを考える上での重要なポイントの1つが、ブロックチェーンです。

ブロックチェーンは仮想通貨から始まりました。サトシ・ナカモトと称する人物が発表した論文をもとに開発された仮想通貨「ビットコイン」によって運用が開始されたものです。

ブロックチェーンは、分散型元帳とも呼ばれます。一定の情報を1つのブロックとしてまとめ、それを最新のブロックとして過去にできたブロックにつなげていきます。ブロックが連鎖していくのでブロックチェーンと呼ばれています。

ブロックチェーンの特徴としては、改竄が困難であること、システムが安定していること、維持費が安いことなどが挙げられています。現在は金融だけでなく、様々な分野で社会実装が進んでいます。

ブロックチェーンの出発点になった仮想通貨のビットコインは、次世代の通貨になるとして大きな期待が寄せられ、一時は時価総額も急上昇しました。しかし即時決済ができないこと、相場の変動が激しいこと、不正問題やサイバーテロなどに対して脆弱であることなどから、現時点では勢いを失っています。

仮想通貨から暗号資産への進化

このような中で、2018年11月に開催されたG20首脳会議の宣言では、仮想通貨を暗号資産（Crypto Asset）と明記しました。これを受けて日本の金融庁でも同年12月に同じ呼称とすることを発表しています。

現在、G20などの国際会議の場では、さらなる分類や定義が水面下で話し合われていますが、現時点での暗号資産の分類を取りまとめてみると図表10－7のようになります。

まず暗号資産は、セキュリティートークン、ユーティリティートークン、ペイメントトークンの3種類に分類されます。この分類はスイスの金融当局やシンガポールの金融当局が使

図表10-7　暗号資産の分類

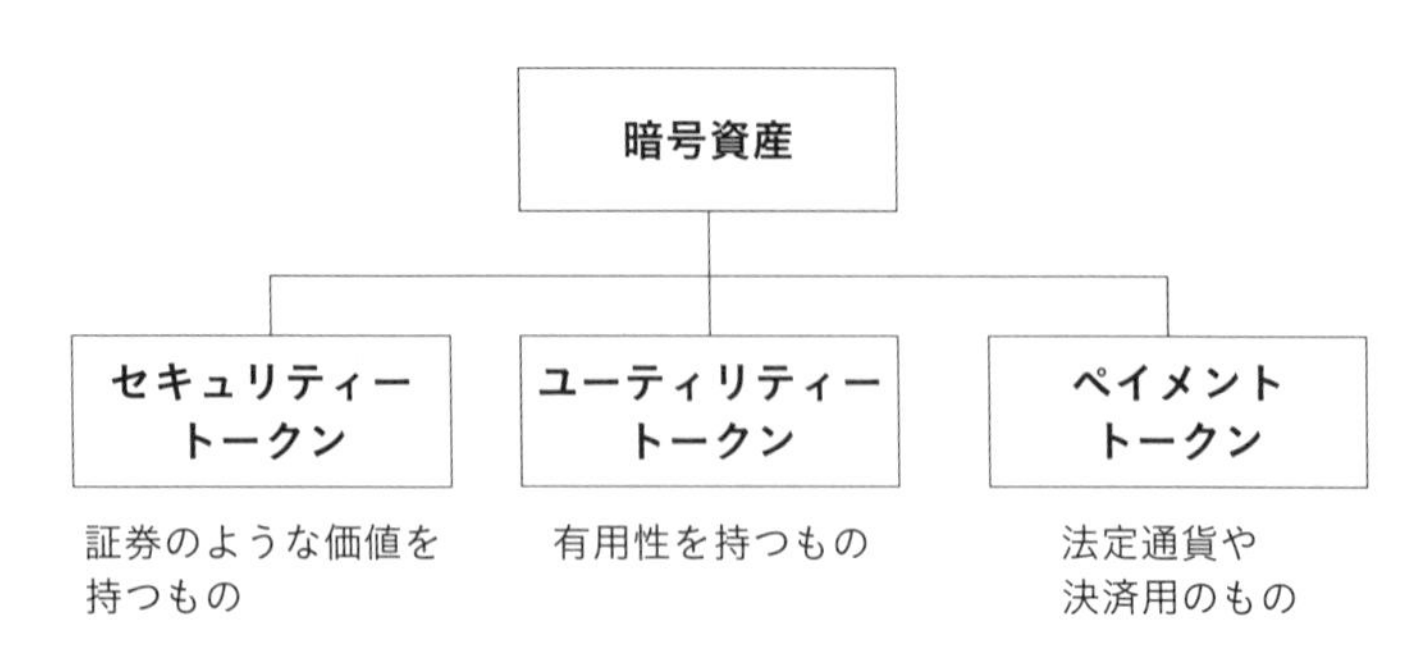

用しているものであり、今後も幅広く援用されるものになるのではないかと予想されます。セキュリティートークンとは証券のような価値を持つもの、ユーティリティートークンとは有用性を持つもの、ペイメントトークンは法定通貨や決済用のものです。

これまでイニシャル・コイン・オファリング（ＩＣＯ）と呼ばれてきた資金調達が伴うものの大半は、セキュリティートークンと見なされることになってきます。米国の証券取引委員会（ＳＥＣ）ではほとんどのＩＣＯを「証券」であると判断し、既存の法律・規制に準拠させようとしています。日本でも同様にほとんどのＩＣＯは金融商品取引法に準じた取扱になってくるものと予想されます。

なお、セキュリティートークンは、さらに債券型トークン、株式型トークン、ハイブリッド型トークン、デリバティブ型トークンなどに分類されます。この分類はこれまでの金融手段のものと同じであり、金融取引が暗号資産として進化していくことを予想させるものでもあるのではないかと思います。

それでも「仮想通貨は死んでいない」

仮想通貨が「暗号資産」と呼ばれるようになり、ほとんどのICOがセキュリティートークンとして「証券」と見なされるようになる。これだけを見ると、「仮想通貨は死んだ」ように見えてくるのではないかと思います。

しかし私は、それでも「仮想通貨は死んでいない」、むしろ混乱を極めていた状況から一歩抜け出し、「死んでいくもの」と「生き残っていくもの」が明快に定義されつつあると捉えるべきだと考えています。

CES2019でのセッション「ブロックチェーンとメディア・広告の未来」にパネリストとして参加したMITメディアラボは、次のように予測していました。

「ブロックチェーンは本年にはつまらないものになる。それは、ブロックチェーンは本年には多くの場面で実用化が進むからだ」

ＣＥＳ２０１９では、中国の小売・ＥＣの２大企業であるアリババとＪＤドットコム（東京）が、ブロックチェーンでの商品トレースシステムを展示していました。ブロックチェーンの主な特徴は、同一のデータを分散して保持・共有すること、そしてチェーンをつないでいくように過去のデータの後に新たなデータを重ねて記録できることです。この特徴を活かして、食品の流通経路を追跡し、食品偽装を食い止めることを目指して、ブロックチェーン流通管理システムを構築したのです。

日本でもブロックチェーンの実用化が進んでいます。三菱ＵＦＪニコスでは、キャッシュレス化の進展に伴って急増する少額決済取引を見据えて、ブロックチェーンを活用する新決済インフラを開発しました。現時点において、決済処理速度が２秒以下、世界最速となる毎秒１００万件の取引処理容量を持つ新決済システムが日本からも生まれているのです。

また、ＳＥＣは２０１８年６月、「仮想通貨」の中でも、ビットコインとイーサリアムは「証券ではない」と発表しました。その一方で、ＩＣＯのほとんどは規制の対象となる方針も明らかにしました。インフラとして使われているブロックチェーンネットワークが十分に分散化されているかどうかなどが判断基準となったと見られており、一定条件を充足すれば、「証券」とは見なされないことも明らかになったのです。

日本の金融庁においても同様の判断を行っており、「通貨性」のあるものは資金決済法、証券性のあるものは金融商品取引法によって規制されることを明らかにしています。より具体的には、金融庁研究会の資料では、仮想通貨ＩＣＯについて、「発行者が存在しない仮想通貨」「発行者が存在する仮想通貨」「発行者が存在し将来的に事業収益等を分配する債務を負っているもの」の3つに分類しています。前者2つについては従来通り「資金決済法」で対応するが、3つ目の配当を出す投資と見なされるものに関しては、有価証券同様、「金融商品取引法」に基づく登録制の導入を検討するとしているのです。

さらに２０１９年に入って大きなニュースが入ってきました。ＳＥＣのコミッショナーであるロバート・Ｊ・ジャクソン・ジュニア氏が、最終的にビットコインＥＴＦは承認される見通しであると発言していたことが明らかになったのです。ビットコインＥＴＦの実現の際には、仮想通貨市場に機関投資家が参入することが期待されています。私自身は実際にこれが実現するにはまだ1年程度の時間を要すると予測していますが、大きな流れ自体は変わらないと思っています。

そして私自身が仮想通貨のこれからの成長に確信を深めているのは、２０１８年の後半あたりから、外資系金融機関に勤務していた頃の仲間たちから、米国本社において優秀な人材が仮想通貨事業に移動し始めているという話をよく聞くようになってきているからでもあります。セキュリティートークンのビジネスは、デジタルアセットという新たな資産を対象とする新たな金融として注目を集め始めています。それ以上に、米国金融機関では、狭義の仮想通貨事業を水面下で準備しているのです。

こうした動きからも見えてくるように、「仮想通貨は死んでいない」、むしろ混乱を極めていた状況から一歩抜け出し、「死んでいくもの」と「生き残っていくもの」が明快に定義されつつあると捉えるべきなのです。

次世代金融シナリオの重要ポイント② 新たな価値観

次世代金融シナリオを考える上で、私はもう1つ、重要なポイントがあると考えます。それは「価値観」の変化です。

現代において、すべての変化の起点となっているのはテクノロジーの進化です。今まさに、様々なものが変化し、それぞれが影響し合って変化のスピードも増してきています。私が研究しているテーマの1つである「次世代自動車産業」においても、ITや電機・電子、さらには通信や電力・エネルギーなどの様々な産業が融合し始めています。

新しい技術の実用化スケジュールもかなり前倒しになってきました。典型は、AIが運転者となる完全自動運転車の実用化です。つい最近まで、その実用化時期は2025年、早くても2022年くらいだろうと考えられてきました。しかし、米国のゼネラルモーターズ（GM）は2018年1月、自動運転車を2019年に実用化すると発表しています。さらにグーグルは2018年12月に自動運転タクシーの商業化を実際にスタートさせてしまいました。驚くべき進化のスピードです。

テクノロジーの進化は、私たちの価値観にも大きな変化を与えるようになってきました。現実として、1人ひとりが自分の個性や自分らしさを活かして何かを生み出し、それを発信していくという形態で「働く」ことが可能な時代が到来しています。

それは例えば、個人間で売買できるフリマアプリで有名な「メルカリ」です。スマホがあれば写真を撮って簡単にモノを売ることができるようになりました。メルカリによって創造されたプラットフォームは、人々の働き方にまで影響を及ぼし、ライフスタイルの根幹まで変えてしまおうとしています。

メルカリにトイレットペーパーの芯が出品され、話題になったことをご存知でしょうか。多くの人は「ゴミが売れるわけがない」と思うことでしょう。ところが、一見、何の役にも立たないようなトイレットペーパーの芯を「ほしい」と思う人がいるのです。何十本かをまとめて出品すると、「小学生の工作の材料」という新たな用途が見つかり、新たなバリューが生まれるというのです。このように、まったく新しい価値を感じる人が見つかるのが、世界中の人をつなぐインターネットというテクノロジーです。

あらゆるモノが資産になる

これまで、洋服、家具、家電、雑貨、小物などのモノは、いらなくなれば不用品と呼ばれ、リユースやリサイクルなど、どちらかといえば環境負荷を軽減するために「資源化」されていました。しかし、メルカリはこれまでまったく値段のつかなかったものの「資産化」を可能にしました。

既製品だけではありません。ハンドメイドの得意な人は、その才能を活かしてアクセサリーやトートバッグなどを作り、出品して売ることができます。近年、新たな個人間売買のマーケットが登場したことにより、国内のホビー市場は拡大しています。

さらに、モノの「資産化」は、物理的なモノだけに限ったことではありません。みなさんの得意なこと、好きなことなどカタチのないモノも、スマホで売ることができます。例えば、イラストを描くことが得意ならば、そのスキルを活かして誰かの似顔絵を描いて売ることができます。ツイッターなどのＳＮＳでは、自分のプロフィールのアイコンとして似顔絵を使いたいという需要があるからです。

文章がうまい人、料理ができる人、漫才で笑わせられる人、映画を薦めるのが上手な人、歌で気持ちを届けられる人。ありとあらゆる個人の「スキル」がお金に換えられるようになりました。

もはや会社で仕事をすることだけが「働く」ことではありません。何かしらの手段を通じて、誰かに何かを提供できれば、それには対価が生まれます。すべてが「何かを創造すること」であり、そこに価値を生み出すことができるようになってきているのです。

「プロシューマー」と「セルシューマー」

さらには、実際の生活においては大切ではあるものの、周りからは評価されにくかったことも、新たに評価できるようになってきました。例えば、人への優しさや思いやり、人をサポートしたり応援することなど、人に何かしらの影響を与えるような行為です。

これらは、従来であればスキルのように評価に直結することではありませんでした。しかし、最新のテクノロジーとして盛り上がりつつある「ブロックチェーン」や、そうした技術を背景に広がるコインエコノミーでは、自分が思ったことを自由に発信し、どれだけまわりの人に影響を与えたかを評価する仕組みが考案されています。それぞれの人が持つ影響力の評価に応じて、報酬としてコインが得られるシステムが実用化されているのです。

メルカリやブロックチェーンなど、新たなサービスや技術を利用して生まれるのは、「セル（sell）シューマー」（筆者の造語）と呼んでもいいような消費者です。

1980年、情報革命による社会構造の変化を予想した『第三の波』（NHK出版）でアルビン・トフラーが指摘したのは、生産者（プロデューサー）と消費者（コンシューマー）が融合する「プロシューマー」の出現でした。トフラーの言う「プロシューマー」の概念は、生産の主体である企業に対して、個人が企業の生産企画に参画することで、新たな商品を生み出す消費者が生まれるというものでした。

そしてメルカリというC2Cのプラットフォームの上では、モノを販売する多数の「セルシューマー」が登場しています。つまり、今や消費者は「プロシューマー」であり「セルシューマー」でもあります。


働き方にインパクトを与える12のパラダイムシフト

その結果、ワークスタイルや働き方も大きく変化してきました。日本では政府が働き方改革を推進してきていますが、政府の施策以上に、図表10‐8に示したような要因が影響を与えています。副業などを含めて同時にいくつもの仕事をするパラレルキャリア、働く時間や

図表10-8　働き方にインパクトを与える多重的なパラダイムシフト

1 **「超高齢化社会」よりは「超長寿社会」**
高齢者が増えるという捉え方ではなく、超長寿が可能な世界が到来したと捉えて、ワークスタイルやライフスタイルを構築することへと変化

2 **「シングルキャリア」よりは「パラレルキャリア」**
単一の職場で働くシングルキャリアから、働き方や勤務形態が多様化するだけではなく、ライフワークとしての複数のキャリアを持つ時代へと変化

3 **「コンシューマー」よりは「プロシューマー、セルシューマー」**
単なる消費者という存在から、自らも生産に参画し、さらにはC2CやP2Pで自ら直販する創造者という存在へと変化

4 **「欠乏欲求」よりは「自己実現欲求」**
食べるため・生きるため・認めてもらうために働くことから、自己実現・自分のあり方・自分らしいライフスタイルを実現するために働くことへの変化

5 **「金銭的な報酬」よりは「成長と貢献」**
(4) の影響もあり、仕事において重視することが、金銭的な報酬で働くより、自己成長や社会問題解決への貢献ができるかがより重要なポイントに変化

6 **「貨幣経済」よりは「評価経済、価値経済」**
貨幣で評価できることを重視する世界から、「評価＝実際に価値のあること」「価値＝本当の価値」を重視する世界への変化

7 **「所有、購入」よりは「シェア、サブスクリプション」**
商品・サービスを所有・購入するよりは、経験価値を重視し、シェアして利用する、サブスクリプションで利用する世界へと変化

8 **「商品・サービスの提供」よりは「ライフスタイルの提案やサポート」**
商品・サービスの提供を受けるというニーズから、自分らしさを反映したライフスタイルの提案やサポートを受けるというニーズへと高度化

9 **「垂直・統合」よりは「水平・分散」**
大企業が垂直・統合してきた手法から、テクノロジーや価値観の進化により、水平分業や分散化が進み、個人のプロフェッショナルが主導することへと変化

10 **「個人の成績」よりは「チームの成績」**
職場や社会においてより重要なのは、「個人の成績」ではなく、「チームの成績」

11 **「複雑、煩雑」よりは「シンプル、ミニマル」**
複雑でモノにあふれている状況よりは、欠乏欲求の減退もあり、シンプルでミニマルな状況を求めることへと変化

12 **「AIとの競争」よりは「AIとの協業」**
AIに人の仕事が奪われると考えるのではなく、AIがすべきこと、人がすべきことを峻別し、AIとの協業を図る世界へと変化

場所にとらわれない自由な働き方も徐々に浸透してきています。

従来型のキャリアパスを重ねる一方、同時にいくつものキャリアをこなすようになってくると、自然な結果として、会社の名前や会社での肩書よりは、自分のあり方や、仕事に対するやりがいの方がより重要になってきます。実際に様々な人が集まる交流会などでは、働いている会社の名刺だけではなく、自分が社外でやっている活動での名刺を出す人も増えてきました。まさに会社の名前や会社の肩書よりは、自分のライフスタイルやワークスタイルが重要になってきているのです。

日本におけるニューエコノミー企業の誕生

ここで話題を次世代金融産業に戻したいと思います。

これまで説明してきた社会や価値観の変化は、新たな金融システムやプラットフォームを生み出す原動力となるものです。先ほども述べたように、テクノロジーの進化によって、これまでは「価値」が認められてこなかった物事の「価値」が認められるようになってきているのです。私は、新たな金融システムやプラットフォームは、これまで事例として引用してきたメルカリが生み出したようなC2C、P2Pの世界から誕生するのではないかと考えています。

Ｃ２ＣやＰ２Ｐの可能性が大きいのは、次世代のビジネスの中核になると目されているブロックチェーン、クラウドソーシング、シェアリングと融合性が高いからです。ＷＩＲＥＤ創刊編集長で米国のテクノロジー業界に大きな影響力を持つケヴィン・ケリーは著書の中で次のように述べています。

「これからの30年を考えると、最大の富の源泉――そして最も面白い文化的イノベーション――はこの方向の延長線上にある。２０５０年に最も大きく、最速で成長し、一番稼いでいる会社は、いまはまだ目に見えず評価もされていない新しいシェアの形を見つけた会社だろう。シェア可能なもの――思想や感情、金銭、健康、時間――は何でも、正しい条件が揃い、ちゃんとした恩恵があればシェアされる」（『〈インターネット〉の次に来るもの：未来を決める12の法則』服部桂訳、ＮＨＫ出版）

メルカリはすでに「モノ領域」のフリマアプリだけではなく、「コト領域」での事業（英語レッスンなど）も展開しています。Ｃ２Ｃに特化した投資ファンド事業も行っており、私はメルカリがＰ２Ｐのプラットフォーム企業になることでメルカリ経済圏を創造していこうとしているのではないかと考えています。

また、メルカリが創生し育成しているのは、強大な2次流通市場ともいえるものです。不要になったものを「シェアする」という見方をすれば、広義のシェアリングエコノミーでもあるでしょう。あるいは金融という視点から見れば、顧客のクローゼットの中にある在庫の流動化、動産・在庫・広義の有価証券（コンサートチケットなどを含む）の「資産流動化」でもあるのです。

私がメルカリにP2Pプラットフォーム企業としての大きな可能性を感じるのは、山田進太郎CEOが「インターネットは本来1人ひとりにエンパワーメントを与えるもの」であることを再三強調し、個人やチームの能力を重視した事業展開に強いこだわりを持っているからです。

メルカリのような価値観を持つ組織や人は日本でも続々と誕生しています。日本の強みには世界に誇れるものが多いということは、いまさら言うまでもありません。繊細さ、正確さ、真面目さ、器用さ、律儀さ、安全性への追求、平均レベルの高さなどです。

日本の活路が、日本の弱みを克服するところにあると考えるのか、日本の強みを活かしていくところにあると考えるのか、そもそもどちらの方向を進めることにワクワクするか。答えは明白だと思います。

これを次世代金融産業に置き換えてみると、やはり日本が強みを活かして世界をリードすべきなのは、繊細さの徹底やその要素技術なのではないかと思われます。「人に力を与える」という若い日本人の多くが持つ価値観そのものが大きな武器になるでしょう。

日本では、メルカリなどのニューエコノミー企業の誕生によって、1人ひとりが自分の個性や自分らしさを活かして何かを生み出し、それを発信していくことで働くことが可能な時代が到来しています。それに共感する人が増えています。

テクノロジーの進化により、料理や漫才、映画解説などありとあらゆる個人の「スキル」がお金に換えられるようになります。そして、シニアの人たちが、年齢や経験を積み重ねたからこそ持っている貴重なスキルもいろいろとあることでしょう。

老若男女、誰もが自分らしさを活かして価値を生み出せる社会へ。

現実世界で本当に大切だったことが、本当に価値を持つ社会へ。

そして、超長寿社会の仕組みを世界に輸出する。

超長寿社会を分散型P2P社会で実現する。

それを、ブロックチェーンを活用した分散型金融システムで支える。

分散型とは、テクノロジーのみならず、人々の価値観こそが重要だと思うのです。

そもそも「お金」とは何であったのか

そもそも「お金」（通貨）とは何であったのでしょうか。ここではその本質について考えてみたいと思います。

仮想通貨が日本のメディアでも取り上げられるようになってから、通貨が持つべき3つの本質的機能が併記されることが増えてきました。それは「価値の交換・支払いの手段であること」「価値の尺度・計算単位であること」「そして価値の保存手段であること」です。

私は、物事の本質を考える際には、すでに使われている定義を見るのと同時に、大局的に宇宙からその物事が使われている様子を鳥瞰するようなつもりで、超長期かつ地球規模のスケール感で思考するようにしています。

そうして思考してみた場合、私は、お金の本質とは、使う人々がそれに本当に一定の価値があると信用しているか否かが最も重要なのではないかと考えています。

貝殻、宝石、金、金を表象した通貨、そして金の裏付けからは切り離された通貨、さらには現在議論となっている仮想通貨。

金の裏付けから切り離されても米ドルが基軸通貨の地位を確保してきたのは、人々が「たとえ金という実物資産の裏付けがなくても米ドルはお金として通用する」と信用してきたからに他なりません。政治・経済・社会・テクノロジーなどの変化、大きな時代の変化の中で「何が実際にお金として通用するのか」ということ自体は変化してきています。

ここで重要なのは、先の項でも述べてきたように、人々の価値観が大きく変化している中で、「何が実際にお金として通用するのか」「どのような価値までお金に表象させるべきなのか」が潜在的に問い直されているということなのです。

新たな指標と新たな「お金」の定義を求める動き

政治・経済・社会・テクノロジーなどが変化し、人々の価値観も変化してきている中で、GDPをはじめとする国民経済計算や経済指標にも新たな尺度を求める機運が高まっています。

MITスローンスクール経営学教授であるエリック・ブリニョルフソンらの著作である『ザ・セカンド・マシン・エイジ』(村井章子訳、日経BP社)では、新たな時代における新たな経済指標を求める動きとして以下のようなものを紹介しています。

「新しい指標は、そもそもの発想も、計測方法も異なるものとなるだろう。ここでは、すでに実用に供されている指標と計測手法の一部を挙げておくことにしよう。国連開発計画（UNDP）が発表する人間開発指数は、健康や教育などの指数を用いて社会のゆたかさや進歩の度合いを計測する包括的な経済社会指標である。同じくUNDPが二〇一〇年に導入した多次元貧困指数（MPI）は、栄養、衛生、安全な飲料水など一〇の指標から開発途上国の貧困の状況を評価する複合指数である。この指数で使われる幼児死亡率その他の保健指標には、人口保健調査（DHS）など各国が定期的に実施している調査のデータが使われている。この方面では、有望なプロジェクトも進行中だ。経済協力開発機構（OECD）は「経済状況と社会進歩の計測に関する委員会」を設置し、経済・社会指標としてのGDPには限界があるとの認識の下、必要な追加的情報の検討を行った。同委員会はジョセフ・スティグリッツを委員長とし、アマルティア・セン、ジャン＝ポール・フィトゥシが参加した。またマイケル・ポーター、スコット・スターン、ロベルト・ローリアらは、基本的欲求の充足度や社会福祉の充実度に加え、自殺、財産権、学校の出席率、移民の待遇、女性の地位など様々な項目を調査し、社会進歩指標を発表している。またブータンは「国民総幸福量（GNH）」という独自の指標を打ち出し、世界的に注目されている。このほか世論調査企業ギャラップも、長年にわたり幸福度調査を行ってきた」

右記の内容もすべて人々の価値観が変化してきたことを主たる要因としているものと分析できるでしょう。

そして、『ザ・セカンド・マシン・エイジ』においては、現在の経済指標では計測されていない資本として、知的財産、組織資本、ユーザー生成コンテンツ、人的資本の4つを指摘しています。

知的財産は、特許、著作権などのことです。組織資本は、ビジネスプロセス、製造技術、組織形態、ビジネスモデルなどのことです。ユーザー生成コンテンツは、フェイスブック、ユーチューブ、ツイッター、インスタグラムなどのユーザーが無料で発信しているコンテンツのことです。人的資本は、4つの中でも最大最重要の無形資本財であると指摘しています。

このような中で、私は「お金」についても新たな定義が必要なタイミングが到来しているのではないかと思っています。PEST分析で考えてみましょう。

政治面においては、大国が閉じていき、メガテック企業が開いていくという正反対の構図の中で、現在の国境や経済圏を超越する新たな「お金」が求められていると思います。

経済面においては、米国式の自由資本主義と中国式の統制資本主義が対立している構図の中で、新たな資本主義における新たな「お金」が求められていると思います。

社会面においては、これまで見てきたような新たな価値や価値観が生まれてきている中で、それらを表象する新たな「お金」が求められています。

テクノロジー面においては、ブロックチェーンやデジタル化などの技術によって、前記のような新たな「お金」を生み出す技術的なインフラが整ってきているのです。

そして、新たな「お金」の定義を求める動きを象徴したものこそが、ビットコインに代表されるような仮想通貨を求める動きなのではないかと観察しているのです。

新たな金融システムとしての「金融4・0」

このような中で、本書の最終章において私が提唱したいと思っているのが、新たな金融システムとしての「金融4・0」という概念なのです。「金融4・0」は、「新たな社会における、新たな価値や価値観を表象する、新たな金融システム」です。

それでは「金融4・0」について、詳しく説明していきたいと思います。

まず、使われているテクノロジーやインフラに着目すると、対面型だった金融を「金融

1・0」、インターネットが使われるようになった金融を「金融2・0」、スマホ中心になりアリババやテンセントなど中国勢がリードして現在も進化している金融を「金融3・0」、そして分散型テクノロジーであるブロックチェーンがフル活用され、新たな評価経済のインフラとなるものを「金融4・0」と捉えることができます。

日本のメガバンクや米国のJPモルガンが、ブロックチェーンを活用した決済手段としてのデジタル通貨に取り組んでいるのは、「金融4・0」のインフラ部分が萌芽期にあることを意味していると考えています。

そして私が「新たな社会における、新たな価値や価値観を表象する、新たな金融システム」を「金融4・0」と定義している中で、最も重要な部分は、前述したような価値観の変化です。普通の人が普通の家の中で持っている普通の品物など流動性が低いもの、人が持っている様々なスキルなど、新しい「資産」を保有している場合に威力を発揮するようになるのが「金融4・0」なのです。

これまでの資産の流動化と似ている側面もありますが、ブロックチェーンで管理されること、投資家の購入したトークンが流通し得ること、個人が購入できることなどが異なってくるのです。

図表10-9 『金融4.0：2025年の次世代金融ビジネス』

ミッション

新たな社会における
新たな価値や価値観を表象する
新たな金融システム

「新たな金融ビジネスにおいて
どのような存在となるのか」とい
うグランドデザインを提示する

戦略

「定義」が変わる

- 「金融」の定義が変わる
- 「直接金融・間接金融」の定義が変わる
- 「対象資産」の定義が変わる
- 「データ」の定義が変わる
- 「リスクとリスク分析」の定義が変わる
- 「金融商品」の定義が変わる
- 金融の「UI=UX」が変わる

新たなポジショニングマップ

マスカスタマイゼーション

「マスカスタマイゼーション型」
「特定セグメント型」
「動的データ型」
「従来型金融商品」

「ビッグデータ×AI」のリスク分析力

「金融ビジネス」の変化

- P2P・C2Cが重要となる
- 「ビッグデータ×AI」が重要となる
- 従来データに動的データが加わる
- リスク分析がより精緻化する
- 金融商品の設計が多様化する
- 従来型金融商品は「低価格化」

「金融4.0型プレイヤー」の登場

- 本業での顧客接点を持つ
- より親密で高頻度の接点を持つ
- データを蓄積している
- 「ビッグデータ×AI」
- マス・カスタマイゼーション
- 本業の中で金融を垂直統合してくる
- サブスクリプションとして提供してくる

マーケティングの7P

Product	「資産」や「リスク」の定義が変わり、「金融」の定義が変わり、「金融商品」の定義が変わる（金融商品の多様化やマス・カスタマイゼーション）
Price	「生涯コスト」がより重要となる一方で、コモディティー商品は低価格化する
Place	P2P・C2Cでの販売チャネルがより重要となる
Promotion	P2P・C2Cレベルでの顧客とのフラットな関係性に基づく対話型コミュニケーションがより重要となる
People	人、人の持つ価値観、リアルな接点、顧客とのフラットで親密な関係性がより重要となる
Physical Evidence	ネットと完全統合されたOMOとしてのリアル店舗やFAがより重要となる（単なるリアル店舗に行く必然性はさらに低下する）
Process	従来のバリューチェーンは破壊され、レイヤー構造が生まれ、新たな「バリューチェーン構造×レイヤー構造」と「ユーザーインターフェース／ユーザーエクスペリエンス」を巡る戦いとなる

様々な定義が変わる

「金融４・０」は、金融の存在意義を新たに問い直すものになるでしょう。各プレイヤーには、「新たな金融ビジネスにおいてどのような存在となるのか」というグランドデザインを提示することが求められてくるでしょう。

その時、以下のように様々な定義が変わってくるでしょう。

- 「金融」の定義が変わる
- 「直接金融・間接金融」の定義が変わる
- 「対象資産」の定義が変わる
- 「データ」の定義が変わる
- 「リスクとリスク分析」の定義が変わる
- 「金融商品」の定義が変わる
- 金融の「ユーザーインターフェース／ユーザーエクスペリエンス」が変わる

金融ビジネス自体も以下のような観点で変化してきます。

- P2PとC2Cが重要となる
- 「ビッグデータ×AI」が重要となる
- 従来データに動的データが加わる
- リスク分析がより精緻化する
- 金融商品の設計が多様化する
- 従来型金融商品は低価格化する

そして、そこでは新たな「金融4・0」のプレイヤーも誕生してくるでしょう。それは、以下のような特徴を持つプレイヤーです。

- 本業での顧客接点を持つ
- より親密で高頻度の顧客接点を持つ
- データを蓄積している
- 「ビッグデータ×AI」の分析力を持つ
- マス・カスタマイゼーションを可能にする
- 本業の中で金融を垂直統合してくる

・サブスクリプションとして提供してくる

サービスマーケティングのマーケティングミックスである7Pでより具体的に見ていきましょう。

「金融4・0」では、「資産」や「リスク」の定義が変わり、「金融」の定義が変わり、「金融商品」の定義が変わってきます（Product：商品・サービス）。メルカリを事例として述べたように、金融の対象となる資産が広がり、金融商品も1人ひとりのニーズに合致したものが提供されるようになってきます。新たな「オリジネーション」（金融商品の創造や開発）が求められているのです。

「金融4・0」では、「生涯コスト」がより重要となる一方で、コモディティー商品は低価格化します（Price：価格）。顧客との継続的で長期的な関係性を重視することが必須となる一方、1回限りで従来型の金融商品の価格は低下していきます。

「金融4・0」では、P2PとC2Cでの販売チャネルがより重要となるでしょう（Place：

チャネル）。次世代金融産業の金融商品は、顧客同士のつながり合いの中で広がっていきます。顧客同士がつながってしまう世界においては、金融機関側の論理だけでは商品は広がっていきません。

「金融4・0」では、P2PとC2Cレベルでの顧客とのフラットな関係性に基づく対話型コミュニケーションがより重要となってきます（Promotion：コミュニケーション）。フラットな関係性と対話型コミュニケーションというのが、新たなレガシーとして残る未来型リアル店舗では重要になってくるでしょう。AIではなく人がやるべき仕事とはこのような部分にあるのです。

「金融4・0」では、人、人の持つ価値観、リアルな接点、顧客とのフラットで親密な関係性がより重要となってきます（People：人）。7つのPの中で最も重要な部分です。

「金融4・0」では、ネットと完全統合されたOMOとしてのリアル店舗やフィナンシャルアドバイザー（真にプロの専門家）がより重要となってくるでしょう（Physical Evidence：店舗）。リアル店舗に行く必然性はさらに低下する一方で、リアル店舗に残る要素もより明確になってきます。

「金融4・0」では、従来のバリューチェーンは破壊され、新たなレイヤー構造が生まれ、新たな「バリューチェーン構造×レイヤー構造」と「ユーザーインターフェース／ユーザーエクスペリエンス」を巡る戦いとなるでしょう（Process：プロセス）。やはり顧客の経験価値が重要なのです。

「金融4・0」に至るまでの「ゲームのルール」は、第1章から示してきた通りです。それは、顧客接点、カスタマーエクスペリエンス、顧客との継続的で良好な関係性を巡る戦いです。人、人の持つ価値観、リアルな接点、顧客とのフラットで親密な関係性がより重要となってくるのです。

その戦いにおいて、スタート時点では規模の経済はあまり関係ありません。むしろ規模が大きい金融機関の方が「レガシー」が重くて不利かもしれません。顧客接点、カスタマーエクスペリエンス、顧客との継続的で良好な関係性を巡る戦いには、規模が小さい方が有利かもしれません。

日本と日本人の使命とチャンス

日本の地方銀行や信用組合の多くは、庶民の相互扶助として始まった「無尽」という自然発生的な仕組みの中から生まれてきました。無尽は地域の金融だったのです。現在の用語を使って説明するとしたなら、1人ひとりでは無力だった「庶民」が「シェア」することで始まった金融の仕組みだったのです。

私の故郷である山梨では、今でも無尽が地域において人と人、情報と情報、ビジネスとビジネスをつなげる重要な役割を果たしています。

第5章の最後に述べたように、米中新冷戦で世界が分断されかねない状況にあります。そんな中で分散型テクノロジーであるブロックチェーンが社会実装のタイミングとなっています。既存金融機関のように中央集権的なシステムを構築する必要性は大きく低下し、むしろブロックチェーンやC2C、P2Pを活用して分散型の金融システムがより低コストで構築できるようになってきているのです。

だからこそ、私には、もう一度、日本と日本人に大きな使命とチャンスが与えられているように思えてならないのです。

それは「閉じていく世界」を新たな金融システムで「開いていく」ことなのではないでしょうか。形式的な国境ではなく、多様性や個性を活かすという価値観に共感する、新たな

「経済圏」を、金融を基軸として広げていくことなのではないでしょうか。日本や日本人に求められているのは、分断されつつある世界を新たな経済圏でつなげていくことなのではないでしょうか。

中国が「金融3・0」で進めてきた「統制型」の信用スコアリングシステムをあとから真似することではなく、日本が「金融4・0」で進めていくべきなのは、従来は信用とは認められてこなかった、でも人が普段の生活の中で持っている、その人ならではの強みや信頼を新たな「信用」として金融の「信用補完」にしていくことではないかと思うのです。学歴、勤務先、年収といった「信用」だけではなく、その人が本当に持っている「信頼」が重視され、それが本当に評価される社会。新たな金融テクノロジーは、人が本来大切にしてきた価値や価値観で生きることができるようにすることを支援するために使われるべきだと思うのです。

最後に、もう一度ケヴィン・ケリーの言葉を引用したいと思います。

「これからの30年を考えると、最大の富の源泉――そして最も面白い文化的イノベーション――はこの方向の延長線上にある。2050年に最も大きく、最速で成長し、一番稼いでいる会社は、いまはまだ目に見えず評価もされていない新しいシェアの形を見つけた会社だろう。シェア可能なもの――思想や感情、金銭、健康、時間――は何でも、正しい条件が揃い、ちゃんとした恩恵があればシェアされる」

テクノロジーの進化によって、これからより多くの人の間での協力・協調・協働が可能となり、新たな価値が生み出されるようになってくることでしょう。私は、ここで述べられているシェア可能なものがシェアされるための「正しい条件」の中で、最も重要なことは「信頼」ではないかと考えています。それは、テクノロジーが進化し、様々なものがシェアされるようになり、つながりが持てるようになったとしても、そこで生み出されるプラットフォームや仕組みに信頼が得られない限り、継続的な存続は困難であると思っているからです。そして、結局は、昔も今もこれからも、人が潜在意識において切望しているものこそが信頼であると思っているからです。

本書が、信用だけではなく信頼も評価され、多様性や個性を活かすことに貢献するような、新たな分散型金融システムやプラットフォームが、日本から生まれることのきっかけになったとしたなら、筆者として最高の幸せです。

著者紹介

田中道昭（たなか・みちあき）

立教大学ビジネススクール（大学院ビジネスデザイン研究科）教授
株式会社マージングポイント代表取締役社長

シカゴ大学経営大学院MBA。専門は企業戦略&マーケティング戦略、及びミッション・マネジメント&リーダーシップ。三菱東京UFJ銀行投資銀行部門調査役、シティバンク資産証券部トランザクター（バイスプレジデント）、バンクオブアメリカ証券会社ストラクチャードファイナンス部長（プリンシパル）、ABNアムロ証券会社オリジネーション本部長（マネージングディレクター）などを歴任し、現職。著書に『アマゾンが描く2022年の世界』『2022年の次世代自動車産業』（以上、PHPビジネス新書）、『GAFA×BATH 米中メガテックの競争戦略』（日本経済新聞出版社）、『「ミッション」は武器になる』（NHK出版新書）などがある。

編集協力：東 雄介、村上利弘

アマゾン銀行が誕生する日
2025年の次世代金融シナリオ

2019年4月22日　第1版第1刷発行

著　者　田中道昭
発行者　村上広樹
発　行　日経BP社
発　売　日経BPマーケティング
〒105-8308　東京都港区虎ノ門4-3-12
https://www.nikkeibp.co.jp/books/
装　丁　遠藤陽一（DESIGN WORKSHOP JIN.Inc）
制作・図版作成　秋本さやか（アーティザンカンパニー）
編　集　長崎隆司
印刷・製本　中央精版印刷

本書籍に関するお問い合わせ、ご連絡は下記にて承ります。
https://nkbp.jp/booksQA

ISBN978-4-8222-8966-9